행복한 교사와 부모를 위한 도움시리즈 No.3

이럴 땐 이렇게!

상황별 학습 지도 길라잡이(하)

박형배 편저

학습과제(Academic Performance)
수학 (Math)
쓰기(Writing)
철자(Spelling)
말하기(Speech)

하이퍼포먼스 브레인 연구소 (HPBI)

LEARNING INTERVENTION MANUAL

Goals, Objectives, And Intervention Strategies

Edited by Samm N. House

이 책을 내면서

20년 전 ADHD를 연구하기 시작 한 이래 ADHD로 인해 발생하는 정서, 행동 학습문제를 어떻게 하면 해결해 줄 수 있을까에 대한 관심에서 출발하여 신경생리학적, 즉 학습정보처리과정에서 생긴 학습 및 행동 문제를 어떻게 평가하고 평가 결과에 대한 해결책을 학교나 가정상황에서 담당 선생님이나 부모가 직접 해결해 줄 수 있는 방법이 꼭 필요하다는 결론에 도달하여 이 책을 출간하게 되었다. 저자는 20년간의 경험을 통해 교육은 가르침만이 아니라 보살핌과 예방주사의 기능이 반드시 포함되어야 한다는 것을 깨닫게 되었다. 그리고 우리 학생들이 올바르게 성장하기 위해서는 이 학생들이 학교 현장에서 보이는 행동의 특성이나 학습 상황에서의 어려움에 대한 정확한 의미를 이해하고 이를 어떻게 하면 해결할 수 있을지에 대한 실질적인 방법들을 하루 중 교실이나 가정에서 학생들과 가장 많은 시간을 함께하는 교사와 부모님이 이를 해결하는데 있어서 중심이 되어야 행복하면서 긍정적으로 성장하는 학생들을 만들 수 있다고 확신하게 되었다.

이 책은 여기에 나오는 140여 가지 학습에 관련된 행위에 대한 목적, 목표 및 개입 전략을 그룹별로 분류한 것을 편집한 것이다. 이는 교육 현장에서 학생들이 보인 전형적인 행위의 대부분을 모은 것이다. 개입방법들은 학습문제를 보이는 학생들에게 적절하게 만들었으며, 이것은 분류보다 학습문제 자체에 초점을 맞추고 있다. 여기에 선택한 개입방법은 교사의 긍정적인 학생 지도 방법을 의미하며, 긍정적인 교실 분위기를 조성하고, 학생의 성공에도 도움이 되는 것으로 증명된 방법들이다. 여기에 나오는 개입방법은 모두 교사, 상담사, 학부모 및 학생을 돕는 위치에 있는 모든 이들이 성공적으로 사용한 방법들이다.

본 매뉴얼에 나오는 개입방법들은 예방적이고 즉시 사용할 수 있는 방법들이다. 예방적 개입방법들은 학업에 방해가 되는 변수(잡음, 동작, 다른 학생 등)를 줄이는 데 사용되는 환경 조절을 의미한다. 반응적인 개입방법은 학생으로 하여금 자신의 행위를 다루는 방법을 가르치는 것이다. 이러한 전략에는 자기제어, 문제해결 기술 등이 포함되어있다.

어떤 개입방법들은 대부분의 학생에 적용이 가능하며, 학습 촉진을 위한 일반적인 방법으로 우선적으로 제공해야 한다. 다른 개입방법들은 좀 더 구체적이며, 특정 학생과 상황을 고려하면서 선택해야 한다.

학생의 학습 문제를 위하여 환경적인 요소와 이러한 요소의 영향을 먼저 평가하는 것이 중요하다. 학습 환경을 개선하는 첫 단계로, 제도상의 변수들을 평가하고 감소시켜야 한다.

개별 상황에 적절하게 반응하기 위해, 학생에게 영향을 주는 모든 관련 변수들을 학생의 성공을 위한 적절한 개입방법을 선택할 때에 식별하고 고려해야한다. 특정 학생을 위해 개입방법을 선택할 때에는 전문적인 판단을 요한다. 학생의 연령, 성별, 학력 수준, 지역사회 표준 및 장애관련 사항 등을 고려하면서 특정 학생을 위한 적절한 개입 전략을 선택해야 한다. 학생의 교육적 실행능력에 영향을 주는 과거나 현재에 존재하는 결정적인 요소를 간과하지 않기 위해 고려해야 될 다른 요소에는 시력, 청력, 일반적인 건강 상태, 영양 및 가족력 등이 있다. 이러한 부분에 대한 내용은 앞으로 나올 행복한 교사와 부모를 위한 도움 시리즈 다른 편에서 설명하였다.

이 매뉴얼에 나오는 목적과 목표들은 개별적 교육 계획(IEP)을 작성할 때에 보기로 사용할 수 있도록 개발하였다. 학생이 목적과 목표를 달성했는지 여부를 측정하는 기준은 학생의 현재 능력과 프로그램 추천 사항을 잘 아는 전문 교육자와 학부모가 결정해야 한다.

개입방법들은 학교 선생님, 학급 내의 특수 교육자, 상담사 혹은 인턴 교사 등이 선택해야 한다. 본 개입방법들은 특수 교육이나 정규 교육 환경에서 사용해도 되는 것으로 판명되었다.

이 개입방법들은 모든 교사나 학생들을 직접 가르치는 사람들에 의해서 모든 상황에서 사용하여도 학생의 성공에 도움이 될 것이다. 본 매뉴얼에 나오는 이 개입방법들은 학생의 다양한 수업환경에서 연속성을 잃지 않고 도움을 줄 수 있는 프로그램이다.

저자는 여기에서 제시된 여러 개입방법들이 학습 문제로 고생하는 많은 학생들과 이로 인해 많은 수고와 노력을 아끼지 않는 선생님과 학부모님들에게 많은 도움이 되기를 바란다.

끝으로 이 책이 학교 현장에서 이해될 수 있는 용어로 교정하기 위해서 헌신적으로 노력해주신 서울시 서부 교육청 장은미 장학사님, 서울시 북가좌초등학교 이자혜 선생님, 금화초등학교 이성과 선생님, 북성 초등학교 김동현 선생님, 그리고 우리 연구소 김령희, 남소현, 박선기, 신민정, 최지회, 표진호 연구원에게 감사의 뜻을 간곡히 전하고자 합니다.

그리고 긍정적인 자아 존중감을 갖고 성장할 수 있는 행복한 학생을 만들기 위한 "행복한 교사와 부모님을 위한 도움 시리즈"는 계속 이어질 것을 약속드립니다.

감사합니다.

2011년 12월
올림픽 메인 스타디움이 내려다보이는 연구실에서
박형배 드림

차 례

■ 이 책을 내면서

Ⅰ. 목적, 목표 및 개입방법

Part 1. 학습과제와 관련된 문제

Part 2. 수학과 관련된 문제

Part 3. 쓰기와 관련된 문제

Part 4. 철자쓰기와 관련된 문제

Part 5. 말하기와 관련된 문제

I

목적, 목표 및 개입방법

Part 1. 학습과제와 관련된 문제

1. 순서를 기억하지 못한다.

목적

1. 학생은 단기 기억력이 개선될 것이다.
2. 학생은 장기 기억력이 개선될 것이다.
3. 학생은 추상적 개념의 이해력이 개선될 것이다.
4. 학생은 시각적 기억력이 개선될 것이다.
5. 학생은 청각적 기억력이 개선될 것이다.

목표

1. 학생은 일상에서 일어나는 이벤트를 ____% 정확하게 기억할 것이다.
2. 학생은 요일을 ____% 정확하게 기억할 것이다.
3. 학생은 월을 ____% 정확하게 기억할 것이다.
4. 학생은 사계절을 ____% 정확하게 기억할 것이다.
5. 학생은 알파벳을 ____% 정확하게 기억할 것이다.
6. 학생은 숙제하거나 점심식사 준비할 때 등에서 정해진 일상을 ____% 정확하게 따를 것이다.

개입방법

1. 학생으로 하여금 필요한 순서대로 정보를 적어두는 노트를 유지하게 한다(예 : 해야 할

일에 대한 목록, 특별 활동 일정표, 요일, 월 등).

2. 학생에게 당일에 학교에서 할 활동에 대한 일정표를 제공한다.
3. 지침이나 설명이나 교육 내용을 전달할 때 다양한 모드를 활용한다(예 : 시각적, 청각적, 촉각적 등).
4. 학생이 잘해낼 수 있으며 자신에 대해 좋은 느낌을 가질 수 있는 활동에 학생을 참여하게 한다. 반복되는 실패는 욕구불만과 참을성의 결핍을 낳는다.
5. 학생으로 하여금 순차를 사용해야 하는 활동을 많이 하게 하여 순서를 기억하는 능력을 향상시킨다.
6. 과제를 주기 전에 지침이나 설명을 명확히 해준다.
7. 학생으로 하여금 지침이나 설명에서 학생이 잘 이해하지 못하는 부분이 있으면 반드시 질문하게 한다.
8. 학생이 활동의 긴 순서를 기억할 것을 기대하기 전에 학생의 연령과 경험을 세심하게 고려한다.
9. 학생으로 하여금 다른 사람들이 하는 말에 이해하지 못하는 부분이 있으면 반드시 질문하게 한다.
10. 학생으로 하여금 숙제/프로젝트에 집중하기 위해 자신에게 질문하게 한다(예 : "다음에는 무엇을 하지?").
11. 학생으로 하여금 기억력에 영향을 줄 수 있는 물질(예 : 약, 알코올, 감기약 등)을 섭취하지 않도록 한다.
12. 학생으로 하여금 수첩을 항상 갖고 다니면서 기억해야 할 정보가 있으면 필기하도록 한다.
13. 당신이 하는 설명이 건설적인 비판이어야지 모욕적이거나 위협적으로 들려서는 안 된다(예 : "너는 늘 똑 같은 것을 틀린다."라고 말하는 대신 "더 좋은 방법이 있는데 말이야…"라고 말한다).
14. 학생으로 하여금 도움이 필요할 때에는 반드시 도움을 청하도록 한다.
15. 경쟁에 대한 강조를 줄인다. 경쟁적인 활동은 학생으로 하여금 과제에 나오는 필요한 단계를 건너뛰게 할 수 있다.
16. 숙제를 완성하는 데에 필요한 단계별 시간표를 만든다. 학생으로 하여금 각 단계의 마감 시간을 엄수하면서 프로젝트를 완성하게 한다.
17. 학생으로 하여금 과제에 나오는 단계를 잘 따라하는 또래와 함께 공부하게 한다.
18. 순서대로 기억 활동을 매일 실행한다. 학생이 기억해야 할 순차를 먼저 연습한다(예 : 중요한 전화번호들, 주소 등).

19. 학생으로 하여금 자신과 주변을 인식하도록 격려한다. 학생에게 가끔 뒤로 물러 서서 자신에게 다음과 같이 질문하게 한다 : "내가 과제에 집중하면서 필요한 단계를 밟고 있는가?" "이제는 무엇을 해야 하는가?"
20. 학생으로 하여금 어떤 과제를 완성하는 데에 필요한 단계를 설명하는 흐름도를 만들게 한다.
21. 학생이 숙제를 완성하는 데에 필요한 점검표/차트를 만드는 것을 돕는다.
22. 정보를 설명할 때 여러 지점에서 멈추면서 학생이 이해하고 있는지 점검한다.
23. 학생으로 하여금 균형식과 충분한 휴식을 통해 기억력을 촉진하게 한다.
24. 학생으로 하여금 전자 목록표를 이용하여 일상 과정을 다르게 한다(예 : 컴퓨터프로그램, 음성 메일 등).
25. 학생에게 주변적인 신호와 목록표(예 : 해야 할 일의 목록, 당일 일정표, 타이머 등)를 제공한다.
26. 제반 활동에서 일관성이 있는 순서를 유지하여 학생이 잘해낼 수 있게 한다(예 : 매일 한 시에 수학을 한다, 두 시에 휴식시간을 갖는다 등).
27. 학생으로 하여금 주간 시간표와 주말 시간표를 만들어 일상을 확립하게 한다. 학생이 매일 완성해야 할 숙제에 대한 점검목록/차트를 개발하게 한다.
28. 기억력을 향상시키기 위해 학생으로 하여금 하루 종일 순차를 암송하는 기회를 많이 제공한다.
29. 학생이 문서 자료에 나오는 순서대로 정보를 중요표시 하도록 허락한다.
30. 학생이 어떤 과제를 시작하기 전에 이를 완성하기 위한 단계를 상상하도록 한다.
31. 학생이 참여하는 활동이 학생에게 너무 힘들지 않도록 한다.
32. 단계가 짧은 과제를 준다.
33. 학생에게 목록표(예 : 노트, 목록 등)를 스스로 만들게 한다.
34. 학생으로 하여금 시각적 목록표를 사용하게 한다(예 : 메모를 백팩 뒤에 부착한다, 사물함 안에 접착 메모지를 붙인다 등).
35. 학생으로 하여금 노트, 문서 목록표 등을 사용하여 순차를 기억하게 한다.
36. 다양 사람들(예 : 또래, 상담사, 보조교사 등)의 도움으로 학생의 기억 기술을 개선하도록 한다.
37. 학생이 이해하지 못하는 부분에 대해 질문하는 것을 즐겁고 긍정적인 경험으로 만든다. 학생을 도와주고, 축하하고, 칭찬함으로써 상을 준다.
38. 학생으로 하여금 쉽게 접근할 수 있는 곳(예 : 폴더, 책상 위, 교과서 표지 등)에 순차에 관한 정보를 부착하도록 한다.

39. 학생이 인내력을 키우고 과제에 필요한 단계들을 따라하는 연습을 시킨다. 학생이 참을성이 부족하면 순서에 나오는 단계를 빠뜨릴 수 있다.
40. 학생에게 필요한 순차적 활동에 참여시킴으로써 순서를 기억하는 연습을 시킨다(예 : 장비 운전하기, 요리법 따라 하기, 다이얼 자물쇠 등).
41. 학생이 순서를 잘 기억하면 잘 기억해낸 횟수에 따라 상을 준다. 학생이 잘해내면, 상을 받을 수 있는 순서의 길이를 점차적으로 늘인다.
42. 학생이 순서를 잘 기억하면 상을 준다 : (a) 유형의 상을 준다(예 : 학급 보상, 모둠장, 심부름, 5분간 자유 시간 등) 혹은 (b) 무형의 상을 준다(예 : 칭찬, 악수, 미소 등)
43. 학생으로 하여금 지침, 설명 등을 큰소리로 말하게 하여 기억 유지도를 높인다.
44. 학생으로 하여금 또래 한 사람이 순서를 기억하는 것을 돕게 한다.
45. 학급에서 하루 일상을 일정하게 유지한다.
46. 학생에게 짧은 순서(예 : 두 개의 요소, 세 개의 요소 등)를 주고 기억하게 한다. 학생이 잘해냄에 따라 순서의 길이를 늘인다.
47. 짜증나고 불안하게 하는 상황이 일어나지 않도록 예방한다(예 : 순서 기술을 요하는 경쟁적인 상황에 학생을 참여시키면 안 된다).
48. 어떤 과제에 나오는 단계를 기억하기 위해 다양한 전략을 가르치고 연습하게 한다 :
    - 반복,
    - 연상기호,
    - 두문자어,
    - 연상.
49. 학생의 기억 능력을 초과하는 양의 정보를 배우도록 강요하면 안 된다.
50. 학생이 지침이나 정보를 받을 때에 주요 정보를 찾아 경청하는 요령을 가르치고 이를 연습하게 한다(예 : 주요점, 아이디어, 단계적 지침 등을 적는다).
51. 학생에게 일대일로 정보를 제공하거나, 혹은 또래 개인 교사를 이용한다.
52. 규칙 하나를 정한다(예 : 침착하게 순서대로 지침을 따른다). 이 규칙은 일관성이 있어야 하며 전 학급생들이 따라야 한다. 이 규칙에 대해 자주 토론하며, 이 규칙을 잘 따라하는 학생에게는 상을 준다.
53. 학생으로 하여금 수업 내용를 녹음하고 이를 이용하여 노트를 준비하도록 한다.
54. 과제 순서에 대한 문서 목록표를 제공한다.
55. 과제의 난이도를 평가하여 학생이 추가적인 정보, 순서, 시간, 도움 등이 필요한지 확인한 다음에 과제를 시작하게 한다.
56. 학생으로 하여금 방금 읽은 짧은 글에서 주인공을 확인하고, 사건의 순서를 맞히게 하

고, 이야기의 결론을 설명하게 한다.

57. 새로운 기술을 시범해 보인다. 학생으로 하여금 새로운 기술을 실습을 통해 학습하게 한다.
58. 지침을 학생에게 의미 있게 한다. 지침을 과거 경험과 연계시킨다.
59. 현지답사나 특별 활동에서 일어난 활동을 순서대로 맞히게 한다.
60. 순서를 기억하는 학생들에게 상을 준다.
61. 과제에 나오는 필요한 단계들을 잘 따라하는 학생들에게 상을 준다.
62. 과제의 적절성을 평가하여 다음 사항을 확인한다 : (a) 과제가 너무 쉬운지, (b) 과제가 너무 어려운지, 그리고 (c) 과제를 마치는 데에 배정된 시간이 적절한지.
63. 문서/말의 반복으로 정보에 대한 기억 유지도를 향상 시킨다.
64. 지침이나 정보를 받을 때에 무엇을 찾아 경청해야 하는지를 말해준다.
65. 순서를 작은 단위로 나누어 학생으로 하여금 한 번에 한 단위씩 공부하게 한다.
66. 학생으로 하여금 주변 학습자료을 이용하여 순서를 기억하게 한다(예 : 달력, 사전 등).
67. 학생으로 하여금 연상 신호나 연상 기호를 이용하여 순서를 기억하게 한다.
68. 학생으로 하여금 방금 들은 정보를 자신에게 말하게 함으로써 중요한 개념을 기억하는 데에 도움이 되도록 한다.
69. 학생으로 하여금 전자 자료를 이용하여 전화번호, 목록표 및 메시지를 기억하게 한다.

2. 지침을 받을 때 집중을 잘 못한다.

목적

1. 학생은 학습 시간에 경청하는 기술이 개선될 것이다.
2. 학생은 학습 시간이 아닌 상황에서 경청하는 기술이 개선될 것이다.
3. 학생은 주변에서 나는 소리 중에 특정 소리에 더 잘 집중하게 될 것이다.

목표

1. 학생은 정보가 전달될 때 눈 접촉을 시간적으로 ____% 유지할 것이다.
2. 학생은 말로써 정보가 전달될 때 시간적으로 ____% 조용히 경청할 것이다.

3. 학생은 들은 것을 ____% 정확히 복창할 것이다.
4. 학생은 약간의 도움으로 들은 말에 ____% 정확히 적절하게 반응할 것이다.
5. 학생은 도움 없이 들은 말에 ____% 정확히 적절하게 반응할 것이다.

개입방법

1. 학급 규칙을 정한다 :
   - 과제에 집중한다.
   - 조용히 공부한다.
   - 자리를 떠나지 않는다.
   - 과제를 마친다.
   - 과제 기대치를 충족시킨다.

   규칙을 자주 검토한다. 규칙을 지키는 학생들에게 상을 준다.
2. 학생이 지침에 잘 집중한 시간의 길이에 따라 상을 준다. 학생이 잘해내면 상을 받을 수 있는 시간의 길이를 점차적으로 늘인다.
3. 어떤 행동을 기대하는지(예 : 지침을 집중해 듣는다), 그리고 계약 조건이 충족되었을 때 어떤 상을 줄지에 대해 구체적으로 설명한 후 학생과 약속한다.
4. 학생에게 준 지침, 설명 등의 완성도와 난이도를 평가한다.
5. 산만하게 하는 자극을 줄이도록 환경을 조성한다(예 : 학생을 앞자리에 앉힌다, 개인용 독서 책상을 제공한다, 산만하게 하는 자극으로부터 먼 곳에 조용한 자리를 마련한다 등). 이는 산만하게 하는 자극을 줄이기 위함이지 학생을 처벌하는 것이 아니다.
6. 다양한 방법으로 지침을 전달하여 학생으로 하여금 이해를 촉진하게 한다(예 : 학생이 말로써 지침을 이해하지 못하면 문서 지침을 전달한다).
7. 덜 재미있는 과제를 준 다음에 아주 재미있는 과제를 제공한다. 처음 과제를 완성해야 다음 과제를 준다.
8. 큰 과제를 적게 나눈다(예 : 북 리포트의 개요를 내게 한 다음에 초안을 제출하게 한다 등).
9. 또래 개인교사를 선정하여 학생과 함께 공부하게 함으로써 지침에 집중하는 것을 배우게 한다.
10. 말로써 혹은 문서 지침을 분명하게 설명하여 제공한다(예 : 지침을 가능한 한 간단하게 그리고 구체적으로 전달한다).
11. 학생으로 하여금 지침은 한번만 전달한다는 사실을 명심하게 한다.

12. 지침을 단계적으로 제공한다(예 : 학생에게 한 번에 한 단계씩 제공한다).
13. 다양한 모둠을 시도하여 학생이 가장 잘 집중할 수 있는 환경을 확인한다.
14. 학생이 과제를 시작할 때, 작업할 때, 그리고 과제를 완성할 때에 칭찬해준다.
15. 학생에게 짧은 과제를 제공한다. 학생이 잘해냄에 따라 점차적으로 과제의 길이를 늘린다.
16. 학생의 학업 과제가 학생의 수준에 맞는지 확인한다.
17. 숙제를 적게 내준다(예 : 10 문제씩 숙제를 내준다, 워크북에서 한 페이지 전체를 내준다).
18. 학생을 부적절한 행동을 하게 하는 또래로부터 떨어져 앉힌다.
19. 학생과 얘기를 하는 동안 신체적 접촉을 유지한다(예 : 학생의 어깨에 손을 얹는다).
20. 학생에게 1단계, 2단계, 3단계 지침을 전달한다. 학생이 집중을 잘하면 단계의 수를 늘인다.
21. 학생이 읽어야 할 숙제의 중요한 정보를 중요표시 하거나 밑줄을 긋게 한다.
22. 학생으로 하여금 다양한 수준의 주의력을 요하는 활동에 참여하게 한다(예 : 퍼즐맞추기, 체커, 체스 등).
23. 학생의 책상 내에, 혹은 주변에서 나오는 산만하게 하는 자극을 줄인다(예 : 책상 안이나 위에 있는 자료들 등).
24. 다양한 유형을 사용하여 학생과 대화를 하게 한다(예 : 청각적, 시각적, 촉각적 등).
25. 지침이나 설명을 들을 때 무엇을 경청해야 하는지를 학생에게 말해준다.
26. 학생으로 하여금 지침을 전달할 때에 눈 접촉을 유지하게 한다.

3. 분류하는 것이 어렵다.

목적

1. 학생의 단기 기억력이 개선될 것이다.
2. 학생의 장기 기억력이 개선될 것이다.
3. 학생은 추상적 개념에 대한 이해가 개선될 것이다(예 : 공간적 거리감, 방향성, 분류, 일반화).
4. 학생의 시각적 기억력이 개선될 것이다.

5. 학생의 청각적 기억력이 개선될 것이다.
6. 학생의 주변에 정보와 활동에 대한 인식과 주의력이 개선될 것이다.

목표

1. 학생은 사람, 장소, 물건 및 개념 간의 유사성을 ____%로 정확히 인식할 것이다.
2. 학생은 사람, 장소, 물건 및 개념 간의 차이점을 ____%로 정확히 인식할 것이다.
3. 학생은 사람, 장소, 물건 및 개념 간의 유사성을 ____%로 정확히 맞출 것이다.
4. 학생은 사람, 장소, 물건 및 개념 간의 차이점을 ____%로 정확히 맞출 것이다.
5. 학생은 사람, 장소, 물건 및 개념 간의 유사성을 말로써 혹은 문서으로 ____% 정확히 구별할 것이다.
6. 학생은 사람, 장소, 물건 및 개념 간의 차이점을 말로써 혹은 문서로써 ____% 정확히 구별할 것이다.

개입방법

1. 모든 물건들, 사람들, 아이디어, 행동 등이 유사성에 따라 한 그룹이 된다는 사실을 학생이 이해하고 있는지 확인한다. 학생에게 구체적인 예를 들어준다.
2. 학생에게 어떤 물건을 한 쌍씩 주고 이들의 유사성과 다른 점을 설명하게 한다. 보고 만질 수 있는 간단한 것들로 시작하여 보거나 만질 수 없는 좀 더 추상적인 것으로 간다.
3. 학생에게 범주나 그룹의 이름을 대주고 이 그룹에 속하는 것들을 가능한 한 많이 구별하게 한다. 큰 범주(예 : 생물들)부터 시작하여 작은 범주(예 : 초록색 생물들)로 간다.
4. 새로 배운 모든 단어가 어떤 범주에 속한다는 사실을 학생에게 설명해준다. 단어를 정의할 때 먼저 어떤 범주에 속하는지 말해준다(예 : 망치는 연장이다, 분노는 감정이다 등).
5. 학생에게 일련의 물건을 제시하고 이들이 속하는 범주를 구별하게 한다.
6. 학생에게 일련의 물건이나 단어를 제시하고 어느 것이 다른 것들과 같은 범주에 속하지 않는지 확인하게 한다.
7. 학생에게 단어나 그림을 여러 개를 제시하고 이들이 속하는 범주를 구별하게 한다(예 : 사랑과 증오는 모두 감정이다. 사랑은 좋은 감정에 속하며 증오는 나쁘거나 불행한 감정에 속한다).
8. 단어들은 크기나 기능이나 질감 등과 같은 속성에 따라 분류할 수 있음을 설명한다.

9. 학생으로 하여금 큰 범주에 들어가는 범주의 목록을 만들게 한다(예 : 꽃, 나무, 관목 등은 모두 식물이라는 범주에 속한다).
10. "나는 어떤 물건을 생각하고 있다"라고 하는 게임을 한다. 여기서는 어떤 물건을 묘사해주고 학생으로 하여금 이에 대한 질문을 하면서 그 물건이 무엇인지 맞추게 한다.
11. 부모에게 시장에 갈 때 학생으로 하여금 특정 식품 그룹에 속하는 품목에 대한 목록을 작성하게 하도록 제안한다(예 : 유제품, 고기 등).
12. 학생으로 하여금 좋아하는 음식이나 TV 프로그램이나, 혹은 다른 범주에 속하는 것들의 그림을 오려서 모으게 한다. 그리고 학생으로 하여금 이들을 그룹 별로 분류하게 한다.
13. 그림, 도표, 칠판이나 몸짓을 사용하면서 학생에게 정보를 전달한다.
14. 학생에게 특정 범주를 정해주고 이에 속하는 항목들을 가능한 한 많이 구별하게 한다(예 : 물건, 사람, 장소 등).
15. 학생에게 단어 하나를 주고 이와 유사한 의미를 갖는 단어를 가능한 한 많이 식별하게 한다(즉, 동의어).
16. 학생에게 주제의 의미를 설명해준다(예 : 숙제의 목적을 설명해준다, 주제를 학생의 주변에 있는 것과 연계한다 등).
17. 정보를 설명할 때 여러 지점에서 멈추면서 학생이 이해하고 있는지 확인한다.

4. 범주, 기능, 구성, 유사점 및 차이점, 그리고 기타 속성을 포함하는 다양한 차원에서 물체나 사건을 묘사하는 것이 어렵다.

목적

1. 학생은 그의 어휘기술이 향상될 것이다.
2. 학생은 대상이나 사건을 다차원적으로 묘사할 것이다.

목표

1. 학생은 주어진 범주를 ____% 정확하게 식별할 수 있을 것이다.
2. 학생은 최소한 2가지 속성으로 주어진 범주를 식별할 수 있을 것이다.

3. 학생은 유사점과 차이점을 ____% 정확하게 식별할 수 있을 것이다.
4. 학생은 적어도 4가지 속성으로 주어진 대상을 ____% 정확하게 묘사할 수 있을 것이다.
5. 학생은 대상의 특성을 ____% 정확하게 식별할 수 있을 것이다.
6. 학생은 2가지로 분류할 수 있는 기술이 향상될 것이다.
7. 학생은 대상을 정확하게 범주화할 수 있을 것이다.
8. 학생은 여러 특수한 차원에서 대상을 묘사할 수 있을 것이다.

개입방법

1. 학생이 최근에 청각을 점검한 적이 없으면 지금 점검하게 한다.
2. 학생이 다양한 차원에서 물건이나 사건를 묘사하면 상을 준다 : (a) 유형의 상을 준다(예 : 학급 보상, 모둠장, 자료 배포 담당, 5분간 자유 시간 등), 혹은 (b) 무형의 상을 준다(예 : 칭찬, 악수, 미소 등).
3. 학생이 표현적 혹은 수용적 어휘가 제한적이어서 다양한 물체나 사건을 묘사하는 능력에 영향을 주는지 확인한다.
4. 학생으로 하여금 어떤 명사의 다양한 분야의 속성을 묘사하는 그림을 그리거나 오려내게 한다(예 : 자동차-색깔 : 빨강/까만/베이지; 기능 : 수송/스포츠; 크기 : 소/중/대; 등).
5. 학생에게 특정 범주를 주고 이 범주에 속하는 품목을 가능한 한 많이 거론하게 한다.
6. 학생으로 하여금 주변에 있는 사람이나 장소 등에 관한 물체, 그림, 카드 등을 유사한 속성(예 : 기능, 색깔, 크기, 용도, 구성 등)에 따라 구분하게 한다. 범주를 바꾸면서 이들 항목들의 유사성과 차이점을 지적해준다(예 : 공과 사과는 모두 빨갛거나 둥글거나 매끄러울 수 있으나 사과만 먹을 수 있다).
7. 교실에 있는 학생들 중에 어떤 물체나 사건을 묘사할 때 다양한 정보를 사용하는 학생들에게는 상을 준다.
8. 모든 물체, 사람, 아이디어, 행위 등이 유사성에 따라 같은 그룹으로 분류될 수 있음을 학생이 이해하고 있는지 확인한다. 학생에게 구체적인 예를 들어준다.
9. 학생에게 다양한 특성에 따라 새로운 단어들을 분류하는 방법을 가르쳐 학생 자신의 기억 속에 단어를 "그룹화"하는 방법을 갖게 한다.
10. 학생에게 물건 한 쌍을 주고 이들의 유사점을 식별한 후에 차이점을 식별하게 한다. 볼 수 있고 터치할 수 있는 간단한 것들로부터 시작하여 볼 수도 없고 터치할 수도 없는 추상적인 아이디어로 진행한다.
11. 범주나 그룹을 말해준 다음 학생으로 하여금 이 범주에 속하는 것들을 가능한 한 많이

구별하게 한다. 큰 범주(예 : 살아있는 것들)로부터 시작하여 작은 범주(예 : 초록색 생물들)로 진행한다.

12. 새로 배운 단어는 모두 어떤 범주의 예가 된다는 사실을 설명한다(예 : 망치는 연장이다, 분노는 감정이다 등).
13. 일련의 물체나 단어들을 제공한 다음, 학생으로 하여금 어떤 것들이 그 범주에 속하지 않다고 생각하는지 설명하게 한다. 그리고 왜 그런지 말하게 한다.
14. 학생에게 일련의 물건을 주고 이들이 속하는 범주를 맞추게 한다. 학생으로 하여금 이 물건들이 공통으로 갖고 있는 특성을 말로 설명하게 한다.
15. 학생이 선택하는 범주에 따라 책들을 정리하게 한다(예 : 색깔, 높이, 주제, 두께 등).
16. 학생에게 일련의 단어를 주고 이러한 단어들이 속하는 범주를 구별하게 한다(예 : 사랑과 증오는 모두 감정이다. 사랑은 좋은 감정이다. 사랑은 좋은 느낌이라는 작은 범주에 속하고 증오는 나쁜 혹은 불행한 느낌이라는 작은 범주에 속한다).
17. 학생으로 하여금 더 큰 범주에 속하는 범주의 목록을 작성하게 한다(예 : 꽃, 나무 및 관목은 식물이라는 범주에 속하는 작은 범주들이다).
18. 또래 한 사람을 선정하여 학생이 다양한 차원에서 물체와 사건를 묘사하는 능력을 개선하는 것을 돕도록 한다.
19. 학생에게 물체나 사건를 주고 이를 묘사하게 한다. 그가 묘사하는 것을 녹음하여 이를 재생해 듣게 함으로써 그가 자연스럽게 사용하는 묘사 용어의 유형을 식별하게 한다(예 : 기능, 크기, 구성, 범주 등).
20. 학생에게 단어 목록을 주고 반대어나 연상 단어를 말하게 하여 그의 묘사하는 능력을 개선하게 한다.
21. 학부모와 학생의 어휘 능력을 향상시키기 위한 여러 가지 방법을 의논한다(예 : 학생으로 하여금 신문, 소설, 잡지 등을 많이 읽도록 권장한다; 다양한 정브원을 이용하여 묘사능력을 향상시킨다 등).
22. 새로운 단어 목록을 집으로 보내어 학부모로 하여금 집에서 하는 활동이나 일반 대화에서 이러한 단어를 많이 사용하게 한다.
23. 학부모에게 학생으로 하여금 특정 그룹에 속하는 식료품(예 : 유제품, 고기류 등) 중에서 필요한 품목에 대한 목록을 작성하게 함으로써 쇼핑하는 데에 도움을 받도록 권장한다.
24. 어떤 물건이나 사건를 묘사하는 과정에서 학생에게 공브하고자 하는 몇 가지 속성 범주를 제공한다(예 : 기능, 분류, 구성, 크기, 색깔 등). 학생으로 하여금 교사가 설명하는 과정에서 특정 묘사 단어를 사용할 때마다 해당 속성 범주 밑에 체크하게 한다.

25. 학생들을 위해 물건을 묘사하는 놀이를 만들어 낸다 :
   - 학생으로 하여금 지구를 방문해본 적이 없는 외계인을 위해 "지구에서 흔히 볼 수 있는 물건들"에 대한 목록을 작성하게 한다.
   - 학생으로 하여금 잡동사니를 속성(예 : 색깔, 기능, 크기, 성분, 유사성/차이점 등)에 따라 분류하는 연습을 시킨다.
   - 학생으로 하여금 물건의 다중 속성에 유념하면서 "나는 몰래 훔쳐보고 있다" 놀이를 하게 한다(예 : "나는 엄지손가락으로 사용하는 금속과 플라스틱 등으로 만들어진 빨간 물건을 몰래 훔쳐보고 있다.").
   - 학생으로 하여금 쐐기벌레를 만들게 한다. 머리에는 주요 단어를 쓰고, 각 매듭에는 이 단어의 속성을 쓰게 한다.
   - 학생으로 하여금 한 쌍의 유사한 사진 중에 하나를 다른 학생에게 충분한 속성을 제공함으로써 이 학생이 맞는 사진을 선택할 수 있도록 묘사하게 한다.
   - 학생으로 하여금 TV, 신문 등에 나오는 광고 내용을 검토하게 한 후, 이들의 속성을 식별하게 한다. 학생으로 하여금 많은 속성을 사용하면서 스스로 광고 문안을 작성하게 한다.
26. 학생으로 하여금 자신의 오감을 기초로 한 정보를 제공하도록 한다(예 : 미각 : 맛있다, 달다, 쓰다; 촉각 : 거칠다, 울퉁불퉁하다, 매끄럽다; 시각 : 예쁘다, 아름답다, 못생기다; 청각 : 소리가 크다, 시끄럽다, 조용하다; 후각 : 향기로운, 달콤한, 톡쏘는). 각 감각을 이용하면서 다양한 묘사 단어를 구사하게 한다.
27. 학생으로 하여금 주변에 있는 흔한 물건 하나를 구성하는 모든 요소의 이름을 대면서 그 물건을 묘사하게 한다(예 : 책상 : 서랍, 다리, 손잡이, 연필통 등). 학생이 자신이 보고 있는 물건들을 잘 묘사하기 시작하면 주변에서는 바로 볼 수 없지만 흔히 있는 물건들을 묘사하게 한다(예 : 학교 버스).
28. 학생으로 하여금 자신이 좋아하는 물건이나 상황을 선택하여 이를 묘사하는 방법을 목록화하게 한다. 학생이 다양한 속성의 분류에 능숙해짐에 따라 그로 하여금 이 목록에 묘사 단어를 계속 추가하게 한다.

5. 가장놀이하기, 역할놀이하기, 상상하기 등이 어렵다.

목적

1. 학생의 추상적 사고 능력이 개선될 것이다.
2. 학생은 가장하기, 역할놀이하기, 상상하기에 대한 능력이 생길 것이다.

목표

1. 학생은 이야기, 영화, 일상적인 상황 등에서 ____번 중에서 ____번은 현실과 공상의 차이를 구분할 수 있게 될 것이다.
2. 학생은 동사 단어를 무언극으로 ____% 정확하게 묘사할 수 있을 것이다.
3. 학생은 해설이 있는 일련의 동작을 ____% 정확하게 묘사할 수 있을 것이다.
4. 학생은 친숙한 이야기 속에 등장인물의 역을 ____% 정도는 해낼 수 있을 것이다.
5. 학생은 상상적인 역할에서 ____번의 시도 중 ____번은 어떤 성인이나 또래의 흉내를 잘 낼 수 있을 것이다.
6. 학생은 ____번의 시도 중 ____번은 상상속의 역할을 만들어 낼 수 있을 것이다.
7. 학생은 "만약에 ...하다면"이라는 질문에 ____% 정확하게 맞는 답을 제공하는 능력을 보일 것이다.

개입방법

1. 학생으로 하여금 당신이나 다른 학생이 하는 말을 그대로 말하게 하는 연습을 하게 한다. 학생에게 들은 말을 그대로 말하게 하는 것 외에 억양 패턴과 안면 표현도 흉내 내는 요령을 가르친다. 이러한 활동을 녹화하여 학생 자신이 자신의 성공 여부를 분석하게 한다.
2. 학생에게 설명이 없는 그림을 보여주고 여기에 말을 붙이게 한다.
3. 학생으로 하여금 자신의 그림을 그리게 하고 자신이 주인공인 이야기를 만들게 한다.
4. 학생을 또래 한 사람과 짝을 만들어 서로 번갈아 가면서 인터뷰하게 한다. 여기에서는 학생이 실제의 자신으로써 역할도 하고 다른 사람이나 혹은 가공속의 인물 역할로도 한다.

5. 학생으로 하여금 비디오나 TV 프로그램을 보게 한다. 학생으로 하여금 이야기 전이나 후에 어떤 일이 있었을 것인지 맞춰보게 한다.
6. 학생으로 하여금 다양한 연령대에 자신의 모습을 찍은 사진을 가져오게 한다. 학생으로 하여금 자신이 그러한 연령대 있을 때에 특정 상황에 대해 어떻게 반응했을 것으로 생각하는지, 그리고 현재로부터 10년 후에는 어떤 반응을 할 것 같은지 추측해보게 한다.
7. 학생으로 하여금 인쇄된 일련의 동작에 따라 무언극을 하게 한다(예 : 과자 봉지를 연다, 과자를 입에 넣는다, 맛이 상당히 시다 등).
8. 인형을 사용하여 한 이야기의 내용을 연출하고 학생들로 하여금 따라하게 한다.
9. 일련의 동작에 설명을 붙이고 학생들로 하여금 이에 따라 연기하게 한다(예 : 자전거를 탄다, 개를 산책시킨다 등). 혹은 일련의 동작을 무언극으로 표현하고 학생들로 하여금 무슨 동작인지 알아맞히게 한다.
10. 학생으로 하여금 녹음한 동물이나 물체의 소리를 구별하게 한다(예 : 고양이, 사자, 기차 등). 그리고 이 동물이나 물체의 동작을 연출하게 한다.
11. 학생으로 하여금 "만약 ...하다면"이라는 질문에 대답하게 한다(예 : "당신이 키가 10미터라면?" "공룡이 아직도 지구에 산다면?").
12. 학생으로 하여금 특정 상황에서 다른 사람으로 행동하게 한다(예 : 전화하고 있는 모습, 식품점 점원으로 일하고 있는 모습 등).
13. 학생들이 가상적인 단체의 규칙을 정하는 모둠 활동을 연출한다.
14. 학생으로 하여금 자막을 제거한 그림/만화에 자신이 만든 이야기를 달게 한다.
15. 학생이 최근에 청력 검사를 한 적이 없으면 이번 기회에 받도록 한다.
16. 학생으로 하여금 샌드위치를 만드는 장면, 말 타는 장면 등을 무언극으로 연기하게 한다.
17. 교실에 가상적인 상황(예 : 레스토랑, 주유소, 식품점 등)을 준비하고 학생으로 하여금 "일하는" 연기를 보이게 한다. 그의 역할을 자주 바꾸게 한다.
18. 적절한 상황에서 가장하기, 역할 놀이하기, 그리고 상상하기를 잘해내면 상을 준다 : (a) 유형의 상을 준다(예 : 학급 보상, 모둠장, 자료 배포 담당, 5분간 자유 시간 등) 혹은 (b) 무형의 상을 준다(예 : 칭찬, 악수, 미소 등).
19. "순서 카드"를 사용하여 학생으로 하여금 이 카드를 적절한 순서로 정리하게 한 다음 이 순서를 설명하게 한다. 학생에게 이러한 순차 이전과 이후에 어떤 일이 있었을 것이라고 생각하는지 질문한다.
20. 학생으로 하여금 동사 단어들을 연출하게 한다(예 : 균형 잡는 동작, 넘어지는 동작, 먹

는 동작 등).

21. 학생으로 하여금 다른 사람이나, 어떤 동물로서 질문에 응답하게 한다.
22. 학생으로 하여금 학교에 있는 다른 사람들(예 : 사서, 학교 상담사, 고장 등)에게 문서 메시지를 쓰는 연습을 하게 한 다음 이 메시지를 말로 전달하게 한다.
23. 교실 상황에서 모든 학생들이 번갈아가면서 역할을 맡는 단막극을 연출한다.
24. 당신이나 또래가 하는 연기나 얼굴 표정을 학생으로 하여금 흉내 내게 한 다음 역할을 바꾼다.
25. 가장하기, 역할놀이하기, 상상하기를 잘하는 학생들에게 상을 준다.
26. 과제의 적절성을 평가하여 다음 사항을 검토한다 : (a) 과제가 너무 쉬운지, (b) 과제가 너무 어려운지, 그리고 (c) 과제 완성에 배정된 시간의 길이가 적당한지.
27. 학생으로 하여금 헤어브러시, 망치, 페인트브러시 등의 기능을 무언극으로 연기하게 한다.
28. 학생이 흥미를 갖는 과제를 중심으로 하는 촌극을 창작하고 연출하게 한다.

6. 물체, 사람, 장소, 개념 등을 검색, 기억 혹은 표현하는 것이 어렵다.

목적

1. 학생의 단기 기억력이 개선될 것이다.
2. 학생의 장기 기억력이 개선될 것이다.
3. 학생의 추상적 개념에 대한 이해력이 개선될 것이다(예 : 공간적 거리감각, 방향성, 분류, 일반화).
4. 학생의 시각적 기억력이 개선될 것이다.
5. 학생의 청각적 기억력이 개선될 것이다.
6. 학생의 주변에 있는 정보와 활동에 대한 인지력과 주의력이 개선될 것이다.

목표

1. 학생에게 물건, 사람, 장소 등을 보여준 다음 이를 치웠을 때 학생은 이들을 ____% 정

확히 기억할 것이다.
2. 학생은 자신에게 보여준 물건, 사람, 장소 등을 짧은 기간 동안(10~15분) ____% 정확히 기억할 것이다.
3. 학생은 자신에게 보여준 물건, 사람, 장소 등을 몇 시간 동안 ____% 정확히 기억할 것이다.
4. 학생은 자신에게 보여준 물건, 사람, 장소 등을 며칠 혹은 몇 주 동안 ____% 정확히 기억할 것이다.
5. 학생은 자신에게 보여준 물건, 사람, 장소 등을 시각적 혹은 말로 신호를 주었을 때 ____% 정확히 기억할 것이다.
6. 학생은 자신에게 보여준 물건, 사람, 장소 등을 아무 도움 없이 기억할 수 있는 확률이 ____%는 될 것이다.

개입방법

1. 학생으로 하여금 빈칸 채우기 문장을 적절한 단어로 완성하게 한다(물체, 사람, 장소 등).
2. 개념을 육하원칙(누가, 무엇을, 어디서, 언제, 어떻게, 그리고 왜)에 따라 설명한다.
3. 학생으로 하여금 당일 활동 일정표를 이용하여 공부할 숙제를 기억하게 한다.
4. 학생으로 하여금 학급 전달자 역할을 하게 한다. 학생으로 하여금 말로 메시지를 다른 교사나 비서, 행정관 등에게 전달하게 한다. 학생이 잘해냄에 따라 메시지의 길이를 점차적으로 늘인다.
5. 학생 주변에서 나는 산만하게 하는 자극(예 : 잡음 및 움직임)을 줄인다(예 : 학생을 앞줄에 앉힌다; 개인용 독서 책상이나 산만하게 하는 것으로부터 떨어진 조용한 곳 등을 제공한다). 이는 산만하게 하는 자극을 줄이기 위함이지 처벌하는 것이 아니다.
6. 학생으로 하여금 일련의 물체 사진의 이름을 얼마나 빨리 대는지 시간을 측정함으로써 자신과 경쟁하게 한다. 학생은 자신의 속도를 매번 증가하려고 노력한다.
7. 개념을 설명할 때에 학생으로 하여금 육하원칙(누가, 무엇을, 어디서, 언제, 어떻게, 그리고 왜)에 따라 경청하고 노트 필기를 하게 한다.
8. 학생으로 하여금 학교가 끝날 때 자신이 당일에 참여한 활동 세 가지를 기억하게 한다. 학생이 잘해내면 학생이 기억해야 할 활동의 수를 점차적으로 늘인다.
9. 지침 내용을 설명할 때 여러 양식(예 : 청각적, 시각적, 촉각적 등)을 사용한다.
10. 학생에게 특정 범주를 제공하고 그 범주(예 : 물체, 사람, 장소 등)에 속하는 품목을 가능한 한 많이 대게 한다.

11. 학생의 학습장에 해답의 선택을 준다(예 : 빈칸 채우기, 다중 선택 등). 이는 학생이 정답을 맞히는 데에 도움이 될 것이다.
12. 전에 소개한 기술, 개념, 과제 등을 매일 복습한다.
13. 학생이 정확한 기술을 보이면 상을 준다 : (a) 유형의 상을 준다(예 : 학급 보상, 모둠장, 심부름, 5분간 자유 시간 등) 혹은 (b) 무형의 상을 준다(예 : 칭찬, 악수, 미소 등).
14. 학생이 정확한 기억 기술을 보이면 학생이 잘해낸 시간의 길이에 따라 상을 준다. 학생이 잘해내면 상을 받는 데에 필요한 시간의 길이를 점진적으로 늘인다.
15. 학생이 정보를 기억하는 데에 어려움이 있으면 학생에게 이러한 일은 누구에게나 있을 수 있으므로 화를 낼 필요가 없음을 상기시킨다. 누구나 약한 부분이 있는가 하면 강한 부분도 있음을 말해준다.
16. 정보를 제공할 때에 학생이 이해하고 있는지를 확인하기 위해 여러 지점에서 멈춘다.
17. 학생에게 가장 효율적인 양식을 구별한다. 이를 일관성 있게 사용하여 학생의 이해력을 도모한다(예 : 학생이 말로써 정보를 이해하지 못하면 문서로 전달한다; 학생이 문서 정보를 이해하는 데에 어려움이 있으면 이를 말로 전달한다 등).
18. 물체, 사람, 장소 등을 묘사해주고 학생으로 하여금 그 이름을 대게 한다.
19. 주변에 있는 물건, 사람, 장소 등에 표지를 붙여 학생이 이들의 이름을 기억하는 데에 도움을 준다.
20. 구체적인 예와 경험을 이용하면서 학생과 정보를 공유한다.
21. 공부 자료가 학생에게 의미가 있게 만든다. 공부 자료가 의미가 있고 실생활 경험과 연계될 때 기억하는 것이 좀 더 쉬워진다.
22. 학생으로 하여금 시험 준비를 할 때에 육하원칙(누가, 무엇을, 어디서, 언제, 어떻게 그리고 왜)을 이용하게 한다.
23. 학생이 다양한 경험을 통해 정보를 되풀이해 공부하면 기억하는 데에 도움이 된다.
24. 학생으로 하여금 기억해야 정보를 중요표시하고, 밑줄 긋고, 요약하게 한다.
25. 학생이 설명에 집중하고 있는지 확인한다(예 : 눈 접촉을 하고 있는지, 손에 들고 있는 물건이 있는지, 학생이 숙제를 보고 있는지 등).
26. 연상 학습법으로 개념을 가르친다(즉, 전에 학습한 것을 바탕으로 새로운 개념을 공부한다).
27. 학생으로 하여금 기억해 두어야 할 정보는 녹음하게 한다.
28. 학생으로 하여금 수업시간, 강의시간, 프레젠테이션 등에서 필기하도록 하여 잘 기억나게 한다.
29. 학생으로 하여금 기억해야 할 내용을 메모하거나, 목록을 만들게 한다. 학생은 이러한

자료를 늘 갖고 다녀야 한다.

30. 학생에게 어떤 물건이나 이러한 물건의 사진을 몇 초 보여준 후 이를 치운다. 학생으로 하여금 이 물건의 속성(예 : 색상, 크기, 모양 등)을 설명하게 한다.
31. 체험학습에 다녀온 후에 학생으로 하여금 그곳에서 일어난 활동들을 기억하게 한다.
32. 또래 한 사람으로 하여금 학생과 함께 기억력 활동에 참여하게 한다(예 : 기억력 게임, 학습개념카드, 수학 개념 등).
33. 학생으로 하여금 다양한 학습자료(예 : 교과서, 토론, 필름, 슬라이드 프리젠테이션 등)를 통해 정보를 얻게 함으로써 기억이 잘나게 한다.
34. 학생으로 하여금 단어 게임을 하게 한다.
35. 학생이 육하원칙(누가, 무엇을, 어디서, 언제, 어떻게, 그리고 왜)을 사용하는 시험이나 퀴즈를 개발한다.
36. 학생에게 배운 내용에 관련되는 주요 단어들을 인식하는 방법을 가르쳐 학생으로 하여금 기억력을 촉진하게 한다.
37. 학생으로 하여금 배운 내용을 반복 연습하게 함으로써 기억력을 촉진하게 한다 (예 : 이름, 전화번호, 이벤트 날짜 등을 반복하기).
38. 학생이 어떤 정보를 기억해야 할 때에 학생이 그 정보를 최초로 배웠을 때의 상황을 상기시킨다(예 : "어제 이 얘기 한 것 생각나지?", "어제 우리 밖에 있을 때 내가 ...에 관해 말하던 것 생각나지?"등).
39. 학생에게 물건, 사람, 장소 등을 묘사하는 일련의 단어들을 제공하고 학생으로 하여금 반대어를 식별하게 한다.
40. 학생에게 물건, 사람, 장소 등을 묘사하는 일련의 단어들을 제공하고 학생으로 하여금 유사한 의미를 갖는 단어(즉 : 동의어)를 모두 목록으로 만들게 한다.
41. 학생에게 일련의 단어나 그림을 주고 학생으로 하여금 이들이 속하는 범주(예 : 물건, 사람, 장소 등)를 구별하게 한다.
42. 짧은 이야기를 읽어주고 학생으로 하여금 주인공, 연결된 사건, 그리고 이야기의 결론을 기억하게 한다.
43. 학생으로 하여금 반복해 공부하게 함으로써 내용을 기억하는 데에 도움이 되도록 한다.
44. 학생으로 하여금 시, 노래 등에서 첫 번째 문장을 외우게 한다. 학생이 잘해내면 외워야 할 문장의 수를 늘인다.
45. 기억해야 할 정보의 적절성을 평가하여 다음 사항을 확인한다 : (a) 과제가 너무 어려운지, 그리고 (b) 과제를 마치는 데에 배정한 시간의 길이가 적절한지.
46. 학생에게 정보를 작은 단위로 정리하는 방법을 가르친다(예 : 긴 숫자를 작은 단위로 분

리한다; 132563을 13, 25, 63으로).

47. 학생에게 시각적 기억력을 촉진하기 위해 의미망 활동(semantic mapping) 기법을 사용할 것을 권장한다.
48. 학생에게 말로써 신호를 제공하여 먼저 설명한 내용을 기억하게 한다(예 : 주요 단어, 간략한 말로 설명 등).
49. 학생이 가장 성공적으로 반응할 수 있을 때에 질문한다.

7. 유추를 이해하는 것이 어렵다.

목적

1. 학생의 어휘력이 개선될 것이다.
2. 학생의 비판적 사고 능력이 개선될 것이다.
3. 학생은 유추를 이해하고 사용할 수 있게 될 것이다.

목표

1. 학생은 ____번의 시도 중에서 ____번은 표적 어휘를 의미하는 물체/그림을 지적하거나 행동으로 실행해 보일 것이다.
2. 학생은 ____번의 시도 중에서 ____번은 표적 어휘를 의미하는 물체/그림을 표식하거나 행동으로 실행해 보일 것이다.
3. 학생은 첫 번째 제공한 한 쌍의 단어 간의 상호 관계를 설명함으로써 유추에 대한 이해력을 ____% 정확히 보일 것이다.
4. 학생은 표적 어휘에 대한 동의어, 반대어 및 동음이의어를 ____번의 시도 중에서 ____번 제공할 것이다.
5. 학생은 주어진 유추를 ____번의 시도 중에서 ____번은 완성해 낼 것이다.
6. 학생은 주어진 유추들 간의 상호관계를 ____번의 시도 중에서 ____번은 설명할 수 있을 것이다.
7. 학생은 배우/연기 유추를 ____% 정확히 완성함으로써 유추에 대한 이해력을 보일 것이다.

8. 학생은 조직화된 말로 혹은 문서 학습에서 ____번의 시도 중에서 ____번은 유추을 사용하게 될 것이다.
9. 학생은 일상적인 대화 속에서 ____번의 시도 중에서 ____번은 유추를 사용하게 될 것이다.
10. 학생은 사회학, 영어, 및 과학 자료에서 ____% 정확하게 유추를 구별할 것이다.

개입방법

1. 학생이 최근에 청력 검사를 받은 적이 없으면 지금 받도록 한다.
2. 학생이 유추를 이해하면 상을 준다 : (a) 유형의 상을 준다(예 : 학급 보상, 모둠장, 심부름, 5분간 자유 시간 등), 혹은 (b) 무형의 상을 준다(예 : 칭찬, 악수, 미소 등).
3. 학생이 유추를 이해하는 능력에 영향을 주는 제한적 표현력이나 수용적 어휘력을 갖고 있는지 여부를 확인한다.
4. 학생이 동의어와 반대어, 혹은 다양한 차원에서의 분류가 어려운지 여부를 확인한다. 이러한 분야에서 능력이 향상되면 유추의 이해력도 촉진될 것이다.
5. 가능한 한 시각적 학습자료를 이용하여 유추에 내포되어 있는 상호 관계를 설명한다.
6. 학생으로 하여금 유추적 관계를 설명할 때 물건의 사용을 신체적으로 보여주게 한다(예 : 계란 거품기와 계란과의 관계는 밀대와 과자 반죽과의 관계와 같다, 나사 돌리개와 나사와의 관계는 망치와 못과의 관계와 같다).
7. 학생으로 하여금 유사한 방법으로 함께 가는 물건의 짝을 맞추게 한다(예 : 큰 항아리와 큰 뚜껑은 작은 항아리와 작은 뚜껑과 함께 간다). 그런 다음에 한 품목을 치우고 학생으로 하여금 무엇이 없어졌는지 맞히게 한다.
8. 유추에 사용된 표현(예 : 디저트가 마지막과 관계있는 것처럼 샐러드는 처음과 관계있다.)을 전형적인 문장(예 : 디저트는 마지막에 나오고 샐러드는 처음에 나온다)으로 바꾸어 학생의 이해력이 개선되었는지 확인한다. 학생으로 하여금 이런 방식으로 유추 단어를 바꾸는 방법을 가르친다.
9. 학생으로 하여금 유추에서 빠진 부분을 찾아내는 연습문제를 완성하게 한다(예 : 개는 짖고 고양이는 ___한다, 혹은 사과는 빨갛고 ____은 노랗다.).
10. 유추를 이해하는 또래 한 사람을 선정하여 학생과 함께 공부하게 함으로써 학생의 유추에 대한 이해력과 사용능력을 향상시킨다. 이들로 하여금 유추 문제를 같이 풀게 한 다음, 이들 자신이 새로운 유추를 개발하게 한다.
11. 학급 학생들로 하여금 유추를 자신들의 경험에 응용한 것을 말이나 문서로 설명하게

한다.

12. 학생으로 하여금 오감을 바탕으로 하는 유추를 만들게 한다(예 : 미각 : 설탕은 달고 레몬은 시다; 촉감 : 사포는 거칠고 종이는 매끄럽다; 시각 : 토끼는 귀엽고 괴물은 징그럽다; 청각 : 심벌은 소리가 크고 피리는 부드럽다; 후각 : 장미는 향기롭고 쓰레기는 냄새가 독하다).
13. 학생으로 하여금 어떤 유추에서 처음 두 개의 품목 간의 관계를 식별하게 한 다음, 두 번째 두 품목도 같은 관계를 갖는지 여부를 확인한다. 이러한 유형의 관계는 유추를 만드는 데에 필요하다는 사실을 지적한다.
14. 학생으로 하여금 어떤 유추에서 각 쌍에 나오는 첫 번째 품목들과 각 쌍에 나오는 두 번째 품목들과의 관계를 구별하게 한다(예 : 망치는 두드리는 것이고 나사 돌리개는 나사를 돌리는 것이다. 그리고 망치와 나사돌리개는 모두 연장이다; 두드리다와 돌리다는 모두 행동이다). 이러한 유형의 관계는 유추를 만드는 데에 필요하다는 사실을 지적한다.
15. 유추에 나오는 용어의 의미를 가르친다(예 : "처럼"은 "같은" 등을 의미한다; 그리고 "…이고"는 "처럼", "어울리고", "이다" 등을 의미한다).
16. 하루 종일 모든 과목에서 유추를 사용하여 이해의 일반화와 유추의 사용을 촉진하게 한다(예 : 2차 대전이 독일과 관계되는 것처럼 월남전은 월맹과 관계된다. 나무의 수액은 인체의 혈액과 같다. 곱셈과 나눗셈과의 관계는 덧셈과 뺄셈과의 관계와 같다.).
17. 유추를 이해하고 사용하는 학생들에게는 상을 준다.

8. 원인과 결과의 관계를 이해하는 것이 어렵다.

목적

1. 학생의 원인과 결과의 관계에 대한 이해가 개선될 것이다.

목표

1. 학생은 원인을 나타내는 단어를(예 : 만약, 언제, 후에, 전에, 만약 ...하지 않는다면, 만약에, 비록...할지라도, 그 이후에, ...까지, 마찬가지로, 일지라도 등) ____% 정확하게

이해할 것이다.

2. 학생은 원인을 나타내는 단어를 (예 : 만약, 언제, 후에, 전에, 만약 ...하지 않는다면, 만약에, 비록...할지라도, 그 이후에, ...까지, 마찬가지로, 일지라도 등) ____% 정확하게 사용할 것이다.
3. 학생은 어떤 사건이 왜 일어났는지(예 : 컵이 테이블 끝에 놓여 있었기 때문에 떨어졌다.)를 ____번의 시도에서 ____번은 설명할 수 있을 것이다.
4. 학생은 논리적인 결론과 비논리적인 결론의 차이를 ____번의 시도 중에서 ____번은 구분할 수 있을 것이다.
5. 학생은 어떤 결론이 왜 논리적이거나 비논리적인지를 ____번의 시도 중에서 ____번은 설명할 수 있을 것이다.
6. 학생은 일상적인 사건에서 발생할 수 있는 결과를 ____번의 시도 중에서 ____번은 즉각적으로 확인할 수 있을 것이다.

개입방법

1. 학생의 청력을 지난해에 점검하지 않았으면 지금 점검하도록 한다.
2. 과제의 적절성을 평가하여 다음과 같은 사항을 확인한다 : (a) 과제가 너무 쉬운지, (b) 과제가 너무 어려운지, 그리고 (c) 과제를 완성하는 데에 배정한 시간의 길이가 적절한지.
3. 학생이 원인과 결과 관계를 이해하면 상을 준다 : (a) 유형의 상을 준다(예 : 학급보상, 모둠장, 심부름, 5분간 자유 시간 등) 혹은 (b) 무형의 상을 준다(예 : 칭찬, 악수, 미소 등)
4. 논리적인 사고와 원인과 결과 관계를 이해하는 학생들에게 상을 준다.
5. 학생으로 하여금 지침, 설명, 절차 및 개념에서 이해하지 못하는 부분이 있으면 반드시 질문하게 한다.
6. 학생에게 논리적인 사고를 요하는 책임을 맡긴다(예 : 학생에게 화초에 물주는 책임을 맡기고 물 조루와 유리컵을 주고 이 중에서 더 편리한 용기를 선택해 사용하도록 한다).
7. 학생으로 하여금 규칙을 정하게 하고, 왜 그러한 규칙이 모두 필요한지 설명하게 한다.
8. 매일 학생에게 원인과 결과의 이해를 요하는 문제해결 상황을 제공한다(예 : "학생이 살얼음을 걷고 있는데 얼음에 금이 가기 시작한다. 어떻게 하면 좋을까?" "이웃집에서 연기가 나오는 것이 보인다. 어떻게 하면 좋을까?").
9. 학생이 자신이 한 행동에 대한 결과를 경험하게 한다(예 : 적절한 행동은 긍정적인 결과

를 가져오고 부적절한 행동은 부정적인 결과를 가져온다).

10. 학생에게 논리와 원인 · 결과에 관련된 일련의 질문을 제공하고 학생으로 하여금 말로 응답하게 한다(예 : "페인트 주의 표지를 왜 붙이나?" "교차로에는 왜 정지 사인이 있는가?" "안전띠는 왜 착용하나?" 등).
11. 학생으로 하여금 자료와 도구를 잘 정리하고 유지하고 수리하는 것에 대한 유용성을 논하게 한다.
12. 어떤 물건이 부서지거나 분실되는 등과 같은 일이 발생했을 때, 학생으로 하여금 그러한 상황을 예방하려면 어떤 조치를 취해야 하는지, 그리고 이를 수습하려면 어떤 과정이 필요한지를 설명하게 한다.
13. 학생으로 하여금 결과, 결론 등을 설명하게 한다(예 : 학생이 상이나 특권을 받을 때 그 상이 힘들게 일한 결과이었음을 설명할 수 있는지 확인한다).
14. 학생으로 하여금 "...하면 어떻게 될까?"라는 질문에 응답하게 한다(예 : "40일간 밤낮으로 비가 온다면 어떻게 될까?" "규칙이나 법이 없다면 어떻게 될까?"등).
15. 학생이 한 상황에서 배운 것을 다른 상황에 비교해준다(예 : 배운 단어들이 독서물이나 수학 응용문제나 이야기 쓰기 등에서 나오면 이를 지목해준다).
16. 학교에서 일어나는 일을 미래에 있을 실제 상황으로 일반화해 설명한다(예 : 제시간에 등교하는 것은 제시간에 출근하는 것과 같다; 공부 시간에 마치지 못한 숙제는 학교 시작하기 전이나 방과 후나 레크리에이션 시간에 보완해야 하는 것은 마치 직장에서 맡은 일을 근무시간에 마치지 못했으면 저녁이나 주말에 마쳐야 하는 것과 같다.).
17. 학생으로 하여금 교훈이 들어있는 이야기를 읽고(예 : "토끼와 거북이", "양치기 소년" 등) 그 이야기의 결론에 대한 이유를 설명하게 한다.
18. 학생에게 상황이나 그림을 주고 이에 관련된 변수를 설명하게 한다(예 : "눈이 내리고 바람이 불고 있다. 날씨가 더운가 혹은 추운가? 무엇을 입고 나갈 것인가?").
19. 만화를 잘라서 섞어 놓은 다음, 학생으로 하여금 이를 순서대로 정리하게 한다. 순서대로 맞춘 것에 대해 원인과 결과를 설명해준다.
20. 학생에게 다중 선택이 있는 빈칸 채우기 문제를 제공한다(예 : 소년이 창문에 돌을 던졌더니 창문이 ______다[열렸, 닫혔, 부서졌].).
21. 학생으로 하여금 또래들과 토론을 하여 문제를 해결하게 한다.
22. 다양한 교육 방법을 사용하여 학생이 배운 지식을 실제 생활 상황으로 일반화할 수 있도록 돕게 한다(예 : 사법제도를 공부한 후에 모의 재판을 제공한다).
23. 학생이 자기 자신의 언어로 단의 뜻이나 개념을 정의하게 한다. 이 기술은 의사결정 기술의 일반화에 대한 이해력을 쌓게 한다.

24. 학생에게 위험한 상황의 사진을 보여주고 그로 하여금 왜 이것이 위험한 상황인지 설명하게 한다(예 : 아이가 주차한 차들 사이를 지나 길로 뛰어 들어간다, 아이가 핸들을 잡지 않고 자전거를 타고 간다 등).
25. 원인 결과 관계가 어떻게 자연과 사람들에 적용되는지를 설명한다. 이야기 속에서 무엇이 어떤 특정 상황으로 이어졌는지, 다음에는 무슨 일이 일어날지 등을 논한다.
26. 학생이 실제 생활에서 행동으로 인해 발생하는 결과에 대한 이유를 말로 설명할 수 있는지 확인한다(예 : 학생이 휴식 시간에 왜 교실을 나갔는지, 학생이 왜 모둠장의 특권을 얻었는지 등).
27. 학생으로 하여금 규칙에 따르는 적절한 결과를 구별하게 한다(예 : 규칙을 지켰을 때의 결과, 규칙을 안 지켰을 때의 결과). 학생으로 하여금 그가 확인한 결과의 선택에 관해 설명하게 한다.
28. 학생으로 하여금 다음과 같은 질문에 답하게 한다 : "규칙은 왜 있는가?" "왜 특정 나이가 되어야 운전할 수 있는가?" 등.
29. 학생으로 하여금 유추를 완성하게 한다(예 : 차고와 차의 관계는 집과 ____와의 관계와 같다).
30. 학생으로 하여금 점진적으로 복잡해지는 일련의 질문(예 : 누가, 무엇을, 언제, 왜, 어떻게, 몇 개를, 그리고 얼마나 많이)에 답하게 한다. 학생의 연습문제집, 문학서적 등에 나오는 자료나, 혹은 학생의 취미 분야의 내용이 담긴 질문들을 사용한다.
31. 전 학급을 문제 해결 단위로 만든다. 학생을 작은 모둠에 배정하여 참여할 수 있는 충분한 기회를 갖도록 한다.
32. 원인과 결과의 관계를 이해하면 학생은 자신에게 많은 질문을 하게 한다. 학생으로 하여금 당일 학습이나 일정표에 대한 질문을 하게 한다.
33. "사고 구술 기법(think out loud)"을 계획하고 이를 본받도록 권장한다.
34. 문제 해결 게임, 원인과 결과에 대한 토론, 유추, 의사결정 활동, 맡은 바 책임 등을 위한 시간을 매일 마련한다.
35. 학생으로 하여금 문제 해결을 과학적으로 접근하게 한다 : 문제를 설명한다, 가설을 설정한다, 가설을 실험해본다, 평가한다, 그리고 결론을 내린다.

9. 과제에 대한 집중력과 완성도가 떨어진다.

목적

1. 학생은 숙제를 완성할 것이다.
2. 학생은 과제에 대한 집중력이 개선될 것이다.
3. 학생은 주변에 있는 정보와 활동에 대한 인지력과 주의력이 개선될 것이다.

목표

1. 학생은 하루 ____분 중에 ____분은 숙제에 사용할 것이다.
2. 학생은 ____번의 시도 중에 ____번은 숙제를 마칠 때까지 집중할 것이다.
3. 학생은 어떤 활동에 ____분 동안 집중할 것이다
4. 학생은 ____번의 시도 중에 ____번은 활동을 마칠 때까지 집중할 것이다.
5. 학생은 ____번의 시도 중에 ____번은 어떤 과제를 마친 후에 다음 과제로 갈 것이다.

개입방법

1. 과제의 적절성을 평가하여 다음 사항들을 확인한다 : (a) 과제가 너무 쉬운지, (b) 과제가 너무 어려운지, 그리고 (c) 과제를 완성하는 데에 배정한 시간의 길이가 적절한지.
2. 또래 한 사람을 선정하여 학생이 교실에서 하는 숙제를 돕게 한다.
3. 과제의 난이도를 학생의 과제 실행 능력과 비교 평가한다.
4. 학생에게 짧은 과제를 내준다(예 : 20문제 수학 공부를 5문제씩 4활동으로 나누어서 학교에 있는 동안 짬짬이 하게 한다). 학생이 잘해내면 활동 당 문제 수를 늘이고 활동 수는 줄인다.
5. 과제를 가장 흥미 있는 방법으로 내준다.
6. 산만하게 하는 자극을 줄인다(예 : 학생을 앞자리에 앉힌다, 산만하게 하는데서 떨어진 조용한 곳이나 개인용 독서 책상을 제공한다). 이는 자극을 줄이기 의한 방법이지 처벌의 한 형태가 아니다.
7. 학생과 자주 대화하여 학생이 숙제에 집중할 수 있게 한다(예 : 학생에게 질문한다, 학생의 견해를 묻는다, 학생 가까이 선다, 학생을 교사 책상 가까운 곳에 앉힌다 등).

8. 학생에게 수업 시간에 하는 숙제를 마치는 데에 추가 시간을 허락한다.
9. 학생이 숙제하고 있는 동안 잘 감독하여 과제에 집중하는 습관을 갖도록 한다.
10. 학생이 학교 숙제를 잘 이해할 수 있도록 지침을 말로써 제공한다.
11. 학생이 지침을 잘 이해할 수 있도록 이를 반복한다.
12. 숙제에 대한 지침을 잘 이해할 수 없을 때에는 반드시 질문하도록 한다.
13. 재미없는 과제를 하고 나면 아주 재미있는 과제를 준다. 전자를 마친 다음에 후자를 실행하게 한다.
14. 다양한 방법으로 지침을 주어 학생으로 하여금 잘 이해할 수 있도록 한다(예 : 학생이 말로써 지침을 이해하지 못하면 문서로 지침을 준다).
15. 수업 중 숙제를 위한 지침은 단계별로 된 문서 지침을 준다.
16. 학생이 쉽게 도움을 받을 수 있는 환경을 조성한다(예 : 학생을 교사 책상에 가까운 곳에 앉힌다, 도움을 주고 있는 또래의 가까운 곳에 앉힌다 등).
17. 학생에게 대안적 숙제를 내준다. 이러한 숙제를 일상적으로 잘해내면 정규 숙제 내용을 점진적으로 더 많이 포함시킨다.
18. 학생의 능력 수준과 일치하는 기대치를 유지한다.
19. 학생에게 숙제를 다른 시간에 할 수 있는 옵션을 허락한다(예 : 아침 일찍, 오후 늦게, 다른 날에, 집에서 등).
20. 학생에게 숙제를 다양하게 내준다. 숙제의 전체 양에서 최소한의 양을 선택하여 완성하게 한다(예 : 과제를 10개 내주고 여기서 당일에 6개를 마치도록 한다).
21. 숙제를 마치지 못하면 발생하는 결과를 학생이 알고 있는지 확인한다(예 : 학생이 숙제를 마치지 못하면 더 재미있는 활동에 참여하지 못한다).
22. 학생을 문자로 된 학습자료(예 : 칠판, 프로젝터 등)에 가까이 앉힌다.
23. 학부모와 연락(예 : 가정 통신, 전화 등)하여 학생의 발전 상황에 대한 정보를 공유한다. 학부모는 학생이 학교에서 과제를 마치면 집에서 상을 준다.
24. 숙제를 다르게 고쳐 학생이 숙제를 수업시간에 마칠 수 있도록 한다(예 : 학생의 능력 수준에 맞게 철자 목록을 특별히 만든다).
25. 학생에게 기초적인 기술을 가르친다(예 : 주요 단어나 구를 찾는다, 중요한 개념에 밑줄 긋는다, "누가, 무엇을, 어디서, 언제, 어떻게, 그리고 왜"를 구별한다 등).
26. 지침 따르는 요령을 가르친다(예 : 지침에 나오는 주요 단어, 지침에 나오는 순차적 단어들을 사용하여 처음, 그러고 나서, 다음에 등과 같은 단계를 실행한다).
27. 학생으로 하여금 주어진 시간 내에 과제를 마치기 위해 타이머를 사용하게 한다.
28. 지침을 받을 때에 학생으로 하여금 "무엇을, 어떻게, 자료 내용, 및 언제" 양식을 따라

메모하게 한다.

29. 숙제를 설명할 때에는 "무엇을, 어떻게, 자료, 그리고 언제" 양식을 따른다.
30. 일일 활동에서 일상을 일관성 있게 유지한다.
31. 학생과 문제 몇 개를 같이 풂으로써 학생이 숙제 시작하는 것을 돕는다.
32. 학생이 숙제를 시작하고, 집중하고, 마칠 때마다 칭찬해준다.
33. 또래 한 사람을 선정하여 학생이 숙제를 마치는 과정을 따라할 수 있게 한다.
34. 학생으로 하여금 지침이나 설명에서 잘 이해하지 못하는 부분이 있으면 반드시 질문하게 한다.
35. 학생에게 전달하는 지침이나 설명의 완성도와 난이도를 평가한다.
36. 학생이 숙제를 마쳐야 할 시간을 명확하게 말해준다.
37. 학생이 숙제를 마쳐야 할 일자를 명확하게 말해준다.
38. 학생으로 하여금 숙제를 정해진 시간 내에 마칠 수 있도록 숙제 소요 시간을 측정하고 자신의 속도를 모니터하도록 한다.
39. 학생으로 하여금 자신이 읽은 지침이나 설명서를 큰소리로 말하게 한다.
40. 학생에게 과제를 마치는 데에 필요한 시간을 충분히 준다. 학생이 잘해내면 점진적으로 시간의 양을 줄인다.
41. 또래 한 사람을 선정하여 학생에게 지침이나 설명 등을 읽어주어 학생이 잘 이해할 수 있도록 한다.
42. 학생에게 하루 활동 일정표를 제공하여 그로 하여금 당일에 정확히 무엇을 얼마큼 해야 하는지를 알 수 있도록 한다.
43. 학생으로 하여금 어떤 활동으로 지나치게 흥분하지 않도록 미리 조치한다(예 : 짜증이 난다, 화가 난다 등).
44. 숙제를 마치는 데에 필요한 것들을 정확하게 말해준다(예 : 시작하는 지점과 중단하는 지점들을 표시해준다, 최소한의 양을 표시해준다 등).
45. 학생으로 하여금 특정 시간 내에 숙제를 시작하게 한다(예 : 3분, 5분 등).
46. 학생에게 과제를 짧게, 그러나 자주 내준다(예 : 수학 문제 5개를 하루에 네 번 준다).
47. 문서, 혹은 말로써 지침을 분명하게 전달한다(예 : 지침을 가능한 한 간략하고 구체적으로 전달한다).
48. 활동이 진행되는 동안 학생과 자주 대화하여 학생이 숙제 지침을 따르는 것을 돕는다.
49. 문서 지침에 대한 대안을 제공한다(예 : 녹음한 지침, 요약한 지침, 또래가 주는 지침 등).
50. 학생으로 하여금 비 학업 과제에서 지침 따르는 요령을 익히게 한다.
51. 지침을 단계로 줄인다(예 : 지침 한 단계를 마치고 나면 다음 단계를 제공한다).

52. 학생이 지침을 따를 때 반드시 잘해내도록 한다.
53. 과제를 빨리 마친다고 상을 주면 안 된다. 서둘러 과제를 마치려고 하다가 과제에 집중하지 못할 수가 있다.
54. 필요에 따라 지침이나 설명서를 학생에게 읽어준다.
55. 숙제 규칙을 정한다 :
    - 지침을 경청한다.
    - 지침이 모두 전달될 때까지 기다린다.
    - 이해하지 못하는 부분이 있으면 반드시 질문한다.
    - 숙제는 당신이 무엇을 해야 할지를 확실히 알고 난 후에 시작한다.
    - 필요한 자료가 모두 있는지 확인한다.
56. 지침이 모두 전달된 후에만 연필, 펜 등을 이용하게 한다.
57. 지침을 전달할 때에 학생이 교사에게 집중하고 있는지 확인한다(예 : 눈 접촉하기, 손에는 필기도구가 없어야 한다, 숙제를 보고 있어야 한다 등).
58. 학생이 집중하고 있는지 확인하기 위해 학생과의 사이에 시야를 유지해야 한다. 교사는 학생을 볼 수 있어야 하고, 학생은 교사를 볼 수 있어야 한다. 가능하면 눈 접촉을 항상 유지하고 있어야 한다.
59. 숙제는 한 번에 하나씩 주어야 한다. 숙제를 하나씩 완성해감에 따라, 다음 숙제를 줄 때에 상도 함께 준다.
60. 학생에게 다양한 방법으로 숙제/활동을 마칠 수 있는 기회를 준다(예 : 녹음 테이프로, 계산기로, 말로 등).
61. 학생으로 하여금 자신이 숙제를 마치기 위해 필요한 것이 무엇인지 교사에게 설명하게 한다.
62. 숙제에 필요한 읽기 수준이 학생의 능력 수준 내에 들어있는지 확인한다.
63. 학생에게 지침이나 설명서를 읽을 때에 주요 단어들을 찾는 방법을 가르친다(예 : 동그라미, 밑줄 긋기, 짝 맞추기 등).
64. 지침이나 설명을 녹음하여 학생이 잘해내도록 한다.
65. 숙제의 길이를 짧게 하여 다른 학생들과 같은 시간 내에 숙제를 마칠 수 있도록 한다.
66. 필요에 따라 학생이 숙제를 마칠 수 있도록 추가 시간을 허용한다.
67. 학생을 시험할 때에 지침이나, 설명서나, 정보를 읽는 능력이 아니라 학생의 공부 내용에 대한 지식이 평가되도록 한다.
68. 항상 움직이면서 학생에게 자주 가까이 가서 읽기를 돕도록 한다.
69. 학생으로 하여금 시간을 정해놓고 지침, 설명서 등을 읽는 훈련을 시켜 읽는 시간을 단

축하게 한다.

70. 문서 지침은 가능한 한 간략하고 구체적으로 준비한다.
71. 지침서를 칠판, 교실 벽 등 외에도 학생 책상에 추가로 붙여놓게 한다.
72. 학생을 위해 활자를 큰 것으로 사용하여 학생이 과제 잘 마칠 수 있도록 한다.
73. 학생이 잘해냄에 따라 문서로 된 지침, 정보, 설명 등의 난이도/복잡성을 점진적으로 증가시킨다.
74. 학생에게 주는 자료는 학생의 읽기 수준에 맞게 다시 작성하거나 개조한다.
75. 경쟁에 대한 강조를 줄인다. 경쟁적인 활동은 학생으로 하여금 숙제 마치는 것을 어렵게 만든다.
76. 학생이 숙제를 성공적으로 마친 양에 따라 상을 준다. 학생이 잘해냄에 따라 상을 받을 수 있는 숙제의 양을 늘린다.
77. 학생에게 조용한 자리(예 : 개인용 독서 책상이나 부스 등)를 마련해주어 학생으로 하여금 편안하게 독서활동을 할 수 있게 해준다.
78. 학생과 계약을 맺는다. 여기에는 학생에게 어떤 행동을 기대하는지(예 : 교실에서 하는 숙제를 시도하기/완성하기), 그리고 계약 조건이 충족되었을 때에는 어떤 상을 줄 것인지에 대한 내용이 포함된다.
79. 학생이 학생 수준에 맞는 시간 안에 숙제를 마치면 상을 준다. 학생에 잘해냄에 따라 유용한 시간을 점진적으로 줄인다.

10. 기술을 향상시키거나 실수로부터 배우는 것 등이 잘 안 된다.

목적

1. 학생의 기술이 향상될 것이다.
2. 학생은 자신의 실수로부터 배운 정보를 사용하는 능력을 보이면서 실행능력이 개선될 것이다.
3. 학생의 독립적인 행동이 개선될 것이다.

목표

1. 학생은 도움 없이 개념을 검토할 것이며, 검토한 내용은 ____%의 정확도로 교사의 인정을 받을 것이다.
2. 학생은 문서 학습 내용에서 틀린 것을 ____개 중에 ____개를 정정할 것이다.
3. 학생은 주어진 정보, 혹은 학습한 정보를 문제 해결 상황에 ____% 정확히 일반화할 것이다.
4. 학생은 학습한 정보를 퀴즈, 시험, 숙제 등에 ____% 정확히 일반화할 것이다.
5. 도움을 주면, 학생은 ____번의 시도 중에서 ____번은 자신의 경험을 바탕으로 발전하는 능력을 보일 것이다.
6. 도움 없이, 학생은 ____번의 시도 중에서 ____번은 자신의 경험을 바탕으로 발전하는 능력을 보일 것이다.

개입방법

1. 학생에게 어떤 활동을 마치는 데에 충분한 시간을 준다. 학생이 잘해냄에 따라 점차적으로 시간의 양을 줄인다.
2. 학생에게 짧은 활동을 배정한다. 학생이 잘해냄에 따라 점진적으로 활동의 길이를 늘인다.
3. 교실에서 일상을 일관성 있게 유지한다.
4. 기대치를 학생의 능력 범위 내에서 일관성 있게 유지한다.
5. 학생에게 모든 상황에 대한 기대치를 명확하게 설명해준다.
6. 다른 환경에 대한 기대치를 구별하고, 학생으로 하여금 그러한 상황에서 성공할 수 있도록 기술 개발하는 것을 돕는다.
7. 학생 주변에서 일어나는 산만하게 하는 자극을 줄인다(예 : 학생을 앞줄에 앉힌다, 개인용 독서 책상을 제공한다, 산만하게 하는 자극에서 떨어진 자리를 준다 등). 이는 자극을 줄이기 위한 방법이지 어떤 형태의 처벌이 아니다.
8. 과제의 적절성을 평가하여 다음 사항을 확인한다 : (a) 과제가 너무 쉬운지, (b) 과제가 너무 어려운지, 그리고 (c) 과제를 마치는 데에 배정한 시간의 길이가 적당한지.
9. 학급에서 자신의 기술을 향상시키거나 실수로부터 배우는 학생들에게 상을 준다.
10. 학급 규칙을 정한다 :
    - 과제에 집중한다.
    - 조용히 공부한다.

· 자리를 떠나지 않는다.
· 과제를 마친다.
· 과제 기대치를 충족시킨다.

규칙을 자주 점검한다. 규칙을 지키는 학생들에게는 상을 준다.

11. 학생이 특정 정보나 기술을 배우고 있는 이유를 반드시 설명해준다(예 : 우리는 의사소통하기 위해 철자와 읽기와 쓰기를 배운다; 우리는 가계부를 정리하고, 측정하고, 요리하기 등을 위해 수학문제 풀기를 배운다).
12. 구체적인 경험과 직접 체험을 제공함으로써 추상적인 것을 줄인다. 간단한 시범을 사용한다.
13. 어떤 상황이나 환경에서 배운 것을 다른 상황과 연계한다(예 : 배운 단어가 독서물, 수학 응용문제, 작문 등에 나오면 반드시 지적해준다).
14. 학생의 청각과 시각을 최근에 점검했는지 확인한다.
15. 학생으로 하여금 편지를 쓰거나, 신청서를 작성하게 하여 필체, 철자, 문법, 문장 구조 등이 실제생활에서 사용하는 것과 어울리는지 확인한다.
16. 수학에서 배운 기술을 실제 생활에서 일반화할 수 있는 상황을 학생에게 제공한다(예 : 잔돈 계산하기, 자동차 융자받기, 적금에서 번 이자 계산 등).
17. 학생으로 하여금 지침이나 설명에서 이해하지 못한 부분이 있으면 반드시 질문하게 한다.
18. 모든 지침이나 설명을 분명하고 간략한 방법으로, 그리고 학생에게 적절한 속도로 전달한다.
19. 학생에게 지침 따르는 요령을 가르친다(예 : 다른 일은 중단한다; 말하고 있는 것을 경청한다; 모든 정보가 나오기 전에는 시작하지 않는다; 이해하지 못하는 지침이나 설명에 대해서는 반드시 질문한다).
20. 학생이 질문하는 방법, 지침을 요구하는 방법 등을 알고 있는지 확인한다.
21. 학생으로 하여금 또래 개인 교사로서 자신이 완전히 이해한 개념을 다른 학생에게 가르치게 한다. 이는 학생에게 칭찬이 된다.
22. 학생이 해당 단계에 나오는 개념을 완전히 이해한 것을 확인한 후에 새로운 수준의 기술로 간다.
23. 전에 배운 기술과 개념과 과제 등을 매일 복습한다.
24. 학생의 가장 효율적인 학습 상태를 구별한다. 이를 일관성 있게 이용하여 학생이 잘 이해할 수 있도록 한다(예 : 학생이 말로써 지침이나 정보를 이해하지 못하면 이를 문서로 제공한다; 학생이 문서 정보나 지침을 잘 이해하지 못하면 말로 전달한다).

25. 정보를 제공할 때 시범도 해준다.
26. 새로운 개념을 설명할 때 전에 설명한 것과 관련되는 부분을 지적해준다.
27. 학생에게 다음과 같은 사항을 설명해준다 : (a) 잘못하고 있는 점(예 : 어떤 과제을 마칠 때 전에 한 실수를 참고하지 않는 것), 그리고 (b) 학생이 해야 할 점 (예 : 전번에 한 실수로부터 배운 정보를 현재 과제에 응용하는 것).
28. 학생의 기술이 향상되면 상을 준다 : (a) 유형의 상을 준다(예 : 학급 보상, 모둠장, 5분간 자유 시간 등) 혹은 (b) 무형의 상을 준다(예 : 칭찬, 악수, 미소 등).
29. 학생에게 공부하는 요령을 가르친다.
30. 학생으로 하여금 자신이 마친 과제의 수와 각 과제의 정확도를 나타내는 차트를 유지하게 한다.
31. 학생에게 노트 필기 요령을 가르친다.
32. 개선이 보이면 그 규모에 관계없이 상을 준다.
33. 학생이 일관성 있게 기술 개선에 실패하거나 실수로부터 배우는 것이 안 되면 과제의 적절성을 평가한다.
34. 학생으로 하여금 기초적인 공부 기술을 배우게 한다(예 : 주제를 찾으면서 읽는다, 필기한다, 요약한다, 밑줄 긋는다, 좋은 환경에서 공부한다, 시간을 현명하게 사용한다 등).
35. 학생이 공부하는 것을 모니터하여 틀린 곳을 찾아 어디에 학습문제가 있는지 확인한다.
36. 경쟁에 대한 강조를 줄인다. 공부에서 경쟁하다가 실패하는 학생은 노력을 중단하여 실력보다 못한 성적을 낼 수가 있다.
37. 숙제 점검을 처음 받은 후에 학생으로 하여금 틀린 것을 정정하게 한다.
38. 숙제 양식과 기대치를 일관성 있게 유지하여 학생이 혼동하지 않게 한다.
39. 학생에게 완성한 숙제에 대한 평가 결과를 제공한다(예 : 학생이 잘해낸 것과 실수한 것과 틀린 것을 정정하기 위해 무엇을 해야 하는지 등을 식별한다).
40. 대화를 자주하고 격려함으로써 학생으로 하여금 자신감과 성공에 대한 낙관적인 생각을 갖게 한다(예 : 다음과 같은 말을 해준다 : "너 잘하고 있어!" "계속 이렇게만 해" "넌 정말 자랑스럽다" 등).
41. 숙제에 다양한 수준의 난이도를 도입하여 학생으로 하여금 자신감을 갖게 하고 동시에 도전의식을 갖게 한다(예 : 쉬운 문제를 실력을 측정하도록 고안한 문제들과 섞어 놓는다).
42. 학생이 기억할 수 있는 것보다 더 많은 정보를 배우게 하면 안 된다.
43. 학생에게 스스로 확인할 수 있는 자료를 주고 아무도 없는 곳에서 공부한 것을 점검하

게 함으로써 여러 사람들 앞에서 실수하는 것에 대한 두려움을 줄여준다.

44. 학생이 어떤 기술을 습득하자마자 이를 실제 생활에 응용하는지 확인한다(예 : 학생이 5 단위로 덧셈하는 것을 배울 때 50원 짜리 동전을 사용하게 한다).

45. 학생에게 완벽을 이루는 것보다 최선을 다하는 것으로 만족해야 한다고 설명해준다.

46. 다양한 교육 방법을 이용하여 학생으로 하여금 얻은 지식을 실제 생활에서 응용할 수 있도록 돕는다(예 : 사법 체계를 공부한 후에 모의재판을 제공한다 등).

47. 학생에게 어떤 개념을 가르치거나 정보를 공유할 때에 구체적인 사례와 경험을 이용한다.

48. 학생이 어떤 상황에서 얻은 지식을 다른 상황에서 일반화할 때 학생에게 시각적 및 청각적 신호를 제공하여 전에 설명 들은 정보를 기억할 수 있도록 돕는다(예 : 주요 단어들을 제공한다, 그림의 일부를 보여준다 등).

49. 정보를 말로써 전달할 때에 그림, 도표, 칠판, 제스처 등을 사용한다.

50. 설명이나 정보를 전달할 때 학생의 이해 수준에 맞는 어휘를 사용한다.

51. 일일 연습 활동을 통해 학생이 수학 개념, 일견 단어 등을 외울 수 있게 한다.

52. 학생이 자신의 행동을 조절하는 데에 성공하면 잘해낸 시간의 길이에 따라 상을 준다. 학생이 잘해냄에 따라 상을 받을 수 있는 시간의 길이를 점진적으로 늘인다.

53. 학부모와 연락하여(예 : 가정 통신, 전화 등) 학생의 발전에 관한 정보를 공유한다. 학생이 경험에 따라 자신의 행동을 조절하면 집에서 상을 준다. 부모로 하여금 아이들이 경험으로부터 배울 때에는 상을 주도록 권장한다.

54. 학생에게 어떤 행동을 기대하는지(예 : 학생이 하는 행동이 수락될 수 없는 것이면 이를 중단하는 것), 그리고 조건이 충족 될 때에는 어떠한 상을 주는지를 구체적으로 설명한 후 학생과 약속한다.

55. 학생으로 하여금 지침이나 설명에서 이해하지 못하는 부분이 있으면 반드시 질문하게 한다.

56. 학생에게 행동 조절을 위한 최선의 노력을 통해 얻을 수 있는 이점을 학생의 실수와 경험을 바탕으로 하여 설명해준다.

57. 확실한 시간제한을 설정하고 이러한 정보를 활동을 시작하기 전에 학생에게 제공한다.

58. 과제를 마치기 위해 정확히 무엇을 해야 하는지 말해준다(예 : 확실한 시작 지점과 중단 지점, 최소한의 필수 조건 등을 설정한다).

59. 어떤 활동을 틀리지 않게 실행하려면 학생 생각에 무엇을 해야 하는지를 설명하게 한다.

60. 실수가 행동적 문제로 인한 것이라면 학생에게 적절한 문제 신호, 혹은 “빨간 깃발” 한

세트를 제공한다. 학생이 문제가 있는 상황을 다룰 수 있도록 도움을 준다(예 : 본연의 자세를 회복할 수 있는 조용한 장소를 제공한다; 소리 없이 다섯까지 세게 한다; 등).

61. 시간제한을 정하여 학생으로 하여금 얼마큼 공부해야 하는지, 언제까지 마쳐야 하는지를 정확히 알 수 있게 한다.
62. 활동과 활동 사이에 전환 기간을 두어 학생으로 하여금 새로운 환경에 적응하고 전에 활동을 복습할 수 있는 기회를 갖게 한다. 이 전환 기간에 다가오는 활동에 대한 연습을 하게 한다.
63. 학생에게 짧은 활동을 제공한다. 학생이 잘해내면 점차적으로 활동 시간을 늘린다.
64. 일상적인 지역사회 활동에 대한 기대치를 일관성 있게 유지한다.
65. 교육할 때, 성공과 실패로 인한 결과에 대해 확실하게 말해준다(예 : 덜 재미있는 활동을 마친 후에는 아주 재미있는 활동을 하게 한다).
66. 학생이 활동에 필요한 자료를 모두 갖고 있는지 확인한다.
67. 학생으로 하여금 교사에게 지침을 큰소리로 말하게 한다.
68. 학생이 하는 과제에서 문제 몇 개를 같이 푼다. 시간이 지나면서 도와주는 문제의 수를 점차적으로 줄인다.
69. 학생에게 숙제를 다른 때에(예 : 다른 날에) 할 수 있는 옵션을 줌으로써 실패할 확률을 줄인다.
70. 학생이 활동으로 인해 지나치게 자극을 받아 자신을 제어할 없는 일이 생기지 않도록 예방조치를 한다.
71. 학생이 자신의 실수로부터 배우는 점을 가치 있게 생각하도록 돕는다.
72. 전략 개발 과정에서 학생의 현재 기술 수준을 관찰하면서 과제를 가르친다. 이는 욕구불만을 최소화하고 과제를 위한 전략을 개발하는 데에 도움이 될 것이다.
73. 학교에서 공부하는 과정에서 얻은 경험을 통해 배우는 것을 강화한다.
74. 학생에게 일기 쓰기를 권하여 당일에 경험한 성공과 실패를 돌아보게 한다.
75. 위험도가 낮은 사회적 및 교육적 활동을 쌓아간다. 여기서 자신의 실수로부터 배우게 된다.
76. 실패에 대한 두려움을 최소화하고 의사소통은 극대화하기 위해, 아무도 없는 곳에서 학생과 실패에 대한 이야기를 나눈다.
77. 다음에 줄 과제는 틀린 것을 당장 고치게 하는 교습 방법 대신, 현재 학생의 실수와 성공률을 바탕으로 하여 개발한다.
78. 성적이나 사회적 실패를 돋보이게 하는 말은 자제하는 것이 좋다.
79. 공부할 때 방향을 바꾸는 시점에서 학생이 적절하게 반응할 수 있도록 돕는다(예 : 학생

이 틀린 것을 한 개 혹은 두 개를 정정하는 것을 도와 학생이 숙제를 시작할 수 있게 한다).

80. 학생이 공부나 사회적 상황에서 방향을 바꿀 때 적절하게 반응하지 못하면 학생을 활동에서 빼낸다.
81. 학생과 함께 단계별로 연습을 같이 하여 학생이 좀 더 성공적으로 과지를 마칠 수 있게 한다.

11. 생각이나 정보를 처리하는 것이 느리다.

목적

1. 학생의 개념을 포착하는 능력이 훨씬 빠른 속도르 개선될 것이다.
2. 학생의 추상적 개념을 이해하는 능력이 개선될 것이다.

목표

1. 학생은 시각적 신호를 사용함으로써 개념을 파악하는 능력이 ____%의 정확도와 훨씬 빠른 속도로 개선될 것이다.
2. 학생은 청각적 신호를 사용함으로써 개념을 파악하는 능력이 ____%의 정확도와 훨씬 빠른 속도로 개선될 것이다.
3. 학생은 시각적 및 청각적 신호를 사용함으로써 개념을 파악하는 능력이 ____%의 정확도와 훨씬 빠른 속도로 개선될 것이다.
4. 학생은 매주 ____개의 새로운 개념을 배울 것이다.
5. 학생은 도움 없이 개념을 복습하고 교사의 주간 점검을 ____%의 정확도로 통과 할 것이다.
6. 학생은 도움 없이 개념을 복습하고 교사의 월간 점검을 ____%의 정확도로 통과 할 것이다.
7. 학생은 추상적 개념(예 : 차원, 크기, 공간, 모양 등)의 그림을 유형의 조상(彫像)과 ____% 정확하게 짝을 맞출 수 있게 될 것이다.
8. 학생은 추상적 개념(예 : 차원, 크기, 공간, 모양 등)을 시각적 및 말 또는 신호로 ____%

정확하게 구별할 수 있게 될 것이다.

9. 학생은 추상적 개념(예 : 차원, 크기, 공간, 모양 등)을 도움 없이 ____% 정확하게 구별할 수 있게 될 것이다.

개입방법

1. 학생에게 한번 배울 개념의 수를 적게 준다. 학생이 정확히 배울 때까지 개념 하나에 충분한 시간을 보낸다.
2. 또래 한 사람을 선정하여 학생과 함께 매일 연습하게 한다.
3. 학생으로 하여금 새로운 개념을 하루 종일 자주 사용하게 한다.
4. 학생으로 하여금 읽기숙제, 신문, 잡지 등에서 주요 단어, 구절 및 문장에 밑줄 긋게 한다.
5. 학생이 공부하고 있는 철자 단어만이 들어있는 크로스워드 퍼즐을 개발하여 학생으로 하여금 이를 완성하게 한다.
6. 학생이 읽을 문장, 구절, 단락 등을 써서 학생으로 하여금 새로운 개념에 대한 이해를 강화하게 한다.
7. 학생으로 하여금 방금 배운 개념을 또래 개인교사로서 다른 학생에게 가르치게 한다.
8. 학생으로 하여금 새로운 개념을 긴 시간 동안 매주 두어 번 복습하는 것보다 매일 짧은 시간 동안 복습하게 한다.
9. 새로운 개념을 표에 나오는 그림과 같은 시각적 이미지로 소개하여 학생으로 하여금 전에 배운 개념을 연상하게 한다.
10. 학생과 "하루에 개념을 하나씩 배우기" 프로그램을 시작하여 배운 개념을 당일 숙제에 짜 넣도록 한다.
11. 학생으로 하여금 자원(예 : 백과사전, 사전 등)을 사용하여 과제를 할 때에 잘해 낼 수 있도록 한다.
12. 학생으로 하여금 장치(예 : 계산기, 곱셈표, 주판, 사전 등)를 사용하여 과제를 잘해낼 수 있도록 한다.
13. 학생으로 하여금 매일 저녁 짧은 시간 동안 새로운 개념을 복습하도록 권장한다.
14. 하루를 통해 학생에게 교사, 보조 교사, 또래 등과 함께 연습 활동을 할 수 있는 시간을 제공한다.
15. 학생에게 가장 재미있는 방법으로 연습할 수 있는 기회를 제공한다(예 : 컴퓨터로 공부하기, 계산기 사용하기, 교육적 게임하기, 필름 보기, 녹음테이프 듣기 등).

16. 새로운 개념을 소개할 때마다 이에 관련되는 주요 단어, 구절, 혹은 주요점에 대한 목록을 학생에게 제공한다.
17. 학생이 공부할 자료에 나오는 중요한 정보를 밑줄 긋거나 중요표시를 한다(예 : 과학, 수학, 지리 등).
18. 학생이 배울 필요가 있는 정보를 가장 직접적인 방법으로 제공한다(예 : 개념 목록, 주요점에 대한 요약, 중요한 사건에 대한 개요 등).
19. 중요한 정보는 녹음하여 학생이 자주 들을 수 있도록 한다.
20. 일반적인 개념과 중요단어를 반복적으로 연습할 수 있는 소프트웨어를 구입한다.
21. 학생이 개인적으로 필요한 철자, 개념 등을 프로그램 할 수 있는 소프트웨어를 구입하여 학생이 반복적으로 연습할 수 있도록 한다.
22. 학생에게 새로운 정보와 개념을 가르칠 때 구체적인 사례를 사용한다.
23. 연속물을 작은 단위로 나누어 학생으로 하여금 한 번에 한 단위씩 공부하게 한다.
24. 학생이 여러 가지 경험을 통해 정보를 반복할 수 있는 충분한 기회를 가져서 잘 기억하도록 한다.
25. 학생으로 하여금 다양한 방법(예 : 교과서, 토론, 필름 등)으로 정보를 받게 하여 이를 잘 기억할 수 있도록 한다.
26. 학생이 정보를 기억해야 할 때에 그러한 자료를 처음 받았을 때의 상황을 상기시킨다(예 : "우리가 이에 대해 말하던 것 생각나지?").
27. 개념에 대해 설명하는 동안 학생으로 하여금 "누가, 무엇을, 어디서, 언제, 어떻게, 그리고 왜" 양식에 따라 경청하고 노트 필기를 하도록 한다
28. 다음과 같은 개요에 따라 개념을 설명한다 : (1) 누가, (2) 무엇을, (3) 어디서, (4) 언제, (5) 어떻게, 그리고 (6) 왜.
29. 학생으로 하여금 시험 준비를 다음과 같은 양식에 따라 하게 한다 : "누가, 무엇을, 어디서, 언제, 어떻게, 그리고 왜."
30. 시험과 퀴즈를 다음과 같은 양식을 따라 개발한다 : "누가, 무엇을, 어디서, 언제, 어떻게, 그리고 왜."
31. 교실에 있는 유형의 물체에 추상적 개념을 나타내는 표지를 붙인다(예 : 더 큰, 더 작은, 사각형, 삼각형 등).
32. 구체적인 예를 사용하여 추상적인 개념을 가르친다(예 : 물체의 수로 "더 많은" 혹은 "더 적은"의 개념을 전달한다; 줄자로 "높이" 혹은 "폭"의 개념을 전달; 등).
33. "사이먼이 말하기를" 게임으로 추상적인 개념의 이해를 촉진한다(예 : "가장 큰 책상을 찾아라.""사각형인 물건을 찾아라." 등).

34. 보물찾기 놀이를 한다. 학생으로 하여금 가장 작은 연필, 가장 키가 큰 소년 등을 찾는다.
35. 주변에 있는 물체로 모양이라는 개념을 가르친다(예 : 둥근 돌, 직사각형 책상, 마루에 깔린 정사각형 타일 등).
36. 신체적 시범으로 추상적 개념을 반복해 보여준다(예 : 학생으로부터 저 멀리에 있는 물건, 가까이에 있는 물건, 큰방에 있는 작은 박스 등을 구별한다;).
37. 이 시점에서는 학생에게 추상적 개념을 가르치는 것이 적절한지 평가한다.
38. 추상적 개념으로 짝 맞추기를 시도하기 전에 추상적 개념을 한 번에 하나씩 가르친다.
39. 전에 소개한 추상적 개념들은 매일 복습한다. 새로운 추상적 개념은 학생이 먼저 배운 것을 완전히 이해한 후에만 소개한다.
40. 추상적 개념을 소개할 때에는 유형의 물체를 사용한다(예 : 차원은 박스로, 크기는 식구로, 거리 공간은 교실에서, 모양은 쿠키 커터로 등). 추상적 개념을 유형의 물체 없이 정사각형, 직사각형, 삼각형 등과 같이 설명적 이름만으로 가르치면 안 된다.
41. 학생으로 하여금 추상적 개념의 이름(예 : 삼각형, 정사각형, 원 등)과 물체(예 : 바닥 타일, 시계 등)를 맞추게 한다.
42. 학생에게 지침 따르기 숙제를 내준다(예 : "가장 멀리 있는 그네로 가라.""가장 가까이에 있는 모래상자로 가라."등).
43. 또래 한 사람을 선정하여 매일 학생과 함께 교실에 있는 추상적인 개념을 지적하게 한다(예 : 직사각형 모양의 전기 스위치 판, 둥근 전등, 키가 가장 큰 소녀 등).
44. 학생으로 하여금 지침, 설명 등에서 이해하지 못하는 부분이 있으면 반드시 질문하게 한다.
45. 학생으로 하여금 공간적 거리 관계를 신체적으로 실행해 보이게 한다(예 : 학생으로 하여금 교사에게 "가까이," 교사로부터 "멀리," 테이블 "위에," 테이블 "밑에," 있게 한다.).
46. 주변에서 자연적으로 일어나는 공간적 거리관계로 주의를 끈다(예 : 새가 나뭇가지 "위로" 날아간다, 다람쥐가 관목 "밑으로" 달려 들어간다 등).
47. 매일 연습하고 복습한다.
48. "왼쪽과 오른쪽,""북쪽, 남쪽, 동쪽, 서쪽,"등과 같은 추상적 개념을 배우기 위해 학생으로 하여금 간단한 지도 공부를 하게 한다. 처음에는 학교 교내 지도로 시작하고, 차츰 동네 지도, 시내지도, 전국지도 등으로 발전해 간다.
49. 학생 손목에 "왼쪽"과 "오른쪽"이라고 쓴 종이 띠를 채운다. 학생이 "왼쪽"과 "오른쪽"을 잘 구별하면 띠를 벗긴다.

50. 동전, 지폐, 시계 등을 사용하면서 돈에 대한 개념, 시계 보기 등을 가르친다.
51. 저울, 자, 계량 컵 등을 사용하여 계량하는 개념을 가르친다.
52. 학생에게 주는 지침의 일부에서 "오른쪽" "왼쪽"이라는 용어를 반드시 사용한다(예 : 방 왼쪽 면에 있는 유리창들, 방 오른쪽 면에 있는 칠판 등).
53. 학생으로 하여금 지면에서 지침을 따르는 연습을 하게 한다. 학생에게 지침에 따라 지면의 오른쪽, 왼쪽, 중앙, 상부, 그리고 하단에 표시를 하거나 그림을 그리도록 지시한다.
54. 학생에게 오른쪽과 왼쪽 지침을 줄 때 학생 곁에 서야 미러 이미지 문제를 피할 수 있다.
55. 학생으로 하여금 왼쪽과 오른쪽 장갑, 신발 등을 분류하게 한다.
56. 학생으로 하여금 어떤 상황에서 배운 것을 다른 상황에서 식별하도록 한다(예 : 배운 단어를 독서물, 수학문제, 작문 등에 나올 때마다 지적해준다).
57. 추상적 개념이 나오는 지침을 전달할 때 학생이 정보가 나오는 곳을 주목하고 있는지 확인한다(예 : 눈 접촉을 하고 있는지, 손에 다른 물건들이 있는지 등).
58. 학생이 기억할 수 있는 것 이상의 정보를 가르치면 안 된다.
59. 교실 전반에 걸쳐 추상적 개념이 있는 물체에 표지를 붙여서(예 : 물건의 꼴과 그 이름들을 벽에 붙인다, 책상의 양쪽에 오른쪽과 왼쪽을 표시한다, 벽에 나침반 방향을 표시한다 등) 학생이 이러한 개념을 이해할 수 있도록 돕는다.
60. 숙제의 양을 적게 준다(예 : 10 문제만 준다, 연습문제집에서 숙제 부분만을 떼어낸다 등).
61. 학생이 집에서 숙제나 공부할 때에 도움이 될 정보를 학부모에게 제공한다.
62. 학부모나 보호자들과 정보 교환하면서 학생이 시험이나 퀴즈 준비하는 것을 돕도록 한다(예 : 시험이나 퀴즈에 나올 내용에 대한 지침이나 설명서를 집으로 보낸다).
63. 학생으로 하여금 공부 내용에 관한 정보가 있는 학습 보서를 사용하게 한다(예 : 도서관에는 순례자, 남북전쟁, 사법제도 등에 관한 필름, 슬라이드, 비디오, 강의녹음 등이 있다).

12. 숙제를 할 때 부주의하다.

목표

1. 숙제의 정확도가 개선될 것이다.
2. 숙제의 완성도가 개선될 것이다.

목표

1. 학생은 학교 숙제를 ____% 정확히 실행하게 될 것이다.
2. 학생은 학교 숙제에서 ____번의 시도 중에서 ____번은 틀린 것을 정정할 것이다.
3. 학생은 학교 숙제에서 ____번의 시도 중에서 ____번은 숙제를 제출하여 교사가 교정하고 정정과 개선에 대한 결과를 제공할 수 있도록 할 것이다.
4. 학생은 정정된 학교 숙제를 ____%의 정확도로 다시 할 것이다.
5. 학생은 ____번의 시도 중에서 ____번은 또래로 하여금 자신의 학교 숙제를 점검하고 틀린 것을 정정하게 할 것이다.

개입방법

1. 학생에게 수락할 수 있는 숙제를 분명하게 설명한 기준을 제공한다.
2. 학생에게 다음과 같은 사항을 설명해준다 : (a) 무엇을 잘못하고 있는지(예 : 읽을 수 있는 글씨로 숙제를 완성하여 제출하는 것) 그리고 (b) 무엇을 해야 하는지 (예 : 시간을 충분히 가지면서 숙제를 마치는 것, 충분히 시간을 가지면서 교정하기).
3. 학생에게 어떤 행동을 기대하는지(예 : 공부의 완성도를 개선하는 것), 그리고 조건이 충족될 때에는 어떠한 상을 주는지를 구체적으로 설명한 후 학생과 약속한다.
4. 학부모와 연락(예 : 가정통신, 전화 등)하여 학생의 발전 사항에 대해 정보를 공유한다. 학부모는 학생이 학교에서 공부의 완성도가 나아진 날에는 집에서 상을 준다.
5. 과제의 적절성을 평가하여 다음과 같은 사항을 확인한다 : (a) 과제가 너무 쉬운지, (b) 과제가 너무 어려운지, 그리고 (c) 과제를 마치도록 배정한 시간의 길이가 적절한지.
6. 또래 한 사람을 선정하여 학생과 함께 공부하여 숙제를 정확하게 마치는 요령을 배우게 한다.

7. 학생을 산만하게 하는 자극이 덜한 조용한 장소(예 : 개인용 독서 책상, 도서관, 학습자료실 등)에서 공부하게 한다.
8. 학생에게 짧은 과제를 제공하면서 완성도에 대한 기대치는 높인다.
9. 학생이 학교숙제를 하는 동안 감독하면서 완성도를 점검한다.
10. 학생으로 하여금 자신의 학교 공부를 교사와 함께 읽거나 검토하여 자신이 한 공부의 완성도에 대해 좀 더 인식을 높이게 한다.
11. 학생에게 수락할 수 있는 완성도에 대한 예시을 제공한다(즉 : 숙제를 제출하기 전에 학생이 공부한 내용의 완성도가 제공해준 예시와 비슷해야 한다).
12. 학생이 숙제의 완성을 달성하기 위해 충분한 추가 시간을 제공한다.
13. 학생에게 숙제를 완성할 수 있는 요령을 가르친다(예 : 지침을 경청한다, 지침을 이해했는지 확인한다, 적절한 속도로 공부한다, 틀린 것을 점검한다, 숙제 내용을 복사한다 등).
14. 학교숙제의 완성도가 훌륭하면 인정해준다(예 : 학생이 한 숙제를 전시한다, 학생을 축하해준다 등).
15. 학생이 한 숙제를 미리 점검한다. 학생으로 하여금 숙제를 제출하여 채점 받기 전에 마지막으로 틀린 것을 교정하게 한다.
16. 학생에게 숙제를 마치는 데에 필요한 물건을 모두 제공한다(예 : 지우개 달린 연필, 종이, 사전, 필기체 예시 등).
17. 학생과 같이 공부하는 모든 교육자들은 학생이 한 숙제의 완성도에 대한 기대치를 일관성 있게 유지하는 것을 잊으면 안 된다.

13. 지침을 따라 하는 데에 개별적인 도움이 필요하다.

목적

1. 공부할 때 경청하는 기술이 개선될 것이다.
2. 공부하는 환경이 아닌 때에 경청하는 기술이 개선될 것이다.
3. 학생은 주변에서 나는 특정 소리에 더 성공적으로 집중하게 될 것이다.
4. 학생은 주변에서 일어나는 활동과 정보에 대한 인식력과 주의력이 개선될 것이다.

목표

1. 학생은 정보가 전달될 때 시간적으로 ____%는 눈 접촉을 유지할 것이다.
2. 학생은 말로써 정보가 전달될 때 시간적으로 ____%는 조용히 경청할 것이다.
3. 학생은 자신이 들은 말을 ___% 정확하게 복창할 것이다.
4. 학생은 목록표 도움으로 자신이 들은 말에 ___%는 적절하게 반응할 것이다.
5. 학생은 도움 없이 자신이 들은 말에 ___%는 적절하게 반응할 것이다.

개입방법

1. 학생이 최근에 청력 검사를 한 적이 없으면 지금 검사를 받도록 한다.
2. 학생에게 다음과 같이 설명해준다 : (a) 무엇을 잘못하고 있는지(예 : 지침, 설명 등을 잘 따르지 못하고 있다), 그리고 (b) 무엇을 해야 하는지(예 : 지침, 설명을 잘 따라야 한다).
3. 지침, 설명 등을 잘 따르는 학생들에게는 상을 준다.
4. 경청을 잘하는 학생에게는 잘해낸 시간의 길이에 따라 상을 준다. 학생이 경청을 잘해 냄에 따라 상을 받을 수 있는 시간의 길이를 점차적으로 늘린다.
5. 학생에게 어떤 행동을 기대하는지(예 : 지침, 설명 등을 잘 따르는 것), 그리고 조건이 충족 될 때에는 어떠한 상을 주는지를 구체적으로 설명한 후 학생과 약속한다.
6. 학생으로 하여금 지침이나 설명에서 이해하지 못하는 부분이 있으면 반드시 질문하게 한다.
7. 주변에서 일어나는 자극 중에서 어떤 것이 학생이 경청하는 것을 어렵게 하는지 확인한다. 그리고 그러한 자극을 주변에서 제거한다.
8. 학생의 주변에서 학생을 산만하게 하는 자극을 제거한다(예 : 책, 필기도구, 사유물 등).
9. 주변에서 학생의 경청하거나 지침을 따르는 능력을 방해하는 시각적 및 청각적 자극이 있으면 이를 제거한다(예 : 교실 문이나 창문을 닫는다, 커튼을 친다 등).
10. 지침을 전달할 때 학생이 잘 들을 수 있도록 크게 말한다.
11. 학생에게 정보를 전달할 때에는 일대일로 한다. 학생의 경청하는 능력이 개선됨에 따라 점차적으로 학생을 모둠에 포함시킨다.
12. 정보를 전달할 때에는 학생과 눈 접촉을 유지한다. 학생이 경청하는 능력이 개선됨에 따라 눈 접촉하는 것을 점차적으로 줄인다.
13. 정보는 분명하고 간략하게 전달한다.

14. 정보를 말이나 문서로 전달한다.
15. 학생과의 사이에 시야를 항상 유지하여 학생의 주의력을 확인할 수 있어야 한다.
16. 학생에게 전달된 정보의 난이도를 평가하여 이러한 정보가 학생이 이해할 수 있은 수준인지 확인한다.
17. 정보를 전달하기 전에 미리 약속한 신호를 학생에게 전달한다(예 : 수신호, 전등을 껐다 켰다 한다 등).
18. 학생이 지침, 설명 등을 받는 데에 방해가 되는 활동을 하고 있는지 확인한다 (예 : 다른 자료를 보고 있다, 자료를 치우고 있다, 다른 아이들에게 말을 걸고 있다 등).
19. 학생으로 하여금 들은 정보를 말하게 하거나 요약하게 하여 학생이 잘 경청하고 있는지를 확인한다.
20. 학생에게 경청하는 기술(예 : 손에 필기도구가 있으면 안 된다, 책상에 불필요한 물건이 있으면 모두 치우게 한다, 정보가 나오는 곳에 집중하게 한다 등)을 가르쳐 잘 경청할 수 있게 해준다.
21. 정보를 전달하기 전에 학생의 이름을 부른다.
22. 학생의 실행 능력에 도움이 된다면 말로써 정보를 제공한다.
23. 정보를 말로써 전달할 때에는 학생으로 하여금 필기하도록 한다.
24. 말로써 정보를 전달할 때에는 그 양식을 일관성 있게 유지한다.
25. 정보를 전달할 때 학생을 가까이 앉혀 교사의 말이 정확하게 들리도록 한다.
26. 지침을 설명할 때에는 다음 양식을 따른다 : (1) 무엇을, (2) 어떻게, (3) 자료, 그리고 (4) 언제.
27. 지침을 전달할 때에는 학생으로 하여금 다음과 같은 양식에 따라 필기하도록 한다 : (1) 무엇을, (2) 어떻게, (3) 자료, 그리고 (4) 언제.
28. 학생을 집중할 수 있는 곳에 가까이 앉힌다. 학생이 잘해냄에 따라 학생을 점차적으로 멀리 앉힌다.

14. 개념을 설명할 때 속도가 느리고 자주 주저한다.

목적

1. 학생의 단기 기억력이 개선될 것이다.

2. 학생의 장기 기억력이 개선될 것이다.
3. 학생은 추상적 개념에 대한 이해력이 개선될 것이다(예 : 공간적 거리감각, 방향성, 분류, 일반화).
4. 학생의 시각적 기억력이 개선될 것이다.
5. 학생의 청각적 기억력이 개선될 것이다.
6. 학생은 주변에서 일어나는 정보와 활동에 대한 인식력과 주의력이 개선될 것이다.
7. 학생은 논리적 사고에 필요한 기술이 개선될 것이다.

목표

1. 학생은 천천히 설명해 준 것을 ____% 정확하게 이해할 것이다.
2. 학생은 자신에게 정보가 전달될 때에 전달 시간의 ____%는 눈 접촉을 유지할 것이다.
3. 학생은 말로 지침이 전달될 때 전달 시간의 ____%는 조용히 경청할 것이다.
4. 학생은 자신에게 설명한 내용을 ____% 정확하게 반복할 수 있을 것이다.
5. 학생은 자신에게 설명한 내용에 아무 도움 없이 ____% 정확하게 반응할 수 있을 것이다.

개입방법

1. 지침이나 설명을 할 때에 다중 양식을 사용한다. 이 중에서 가장 효과가 좋은 양식을 찾아내어서, 그 양식을 사용한다.
2. 학생에게 개념을 가르칠 때 구체적인 경험을 사례로 가르친다.
3. 전에 배운 기술, 개념, 과제 등을 매일 복습한다.
4. 말로써 정보를 전달할 때에 그림, 도표, 칠판 및 제스처를 사용한다.
5. 학생이 설명하는 것을 경청하면 상을 준다 : (a) 유형의 상을 준다(예 : 학급 보상, 모둠장, 심부름, 5분간 휴식 등) 혹은 (b) 무형의 상을 준다(예 : 칭찬, 악수, 미소 등).
6. 학생이 들은 내용을 확인하기 위해 학생에게 설명한 것을 학생으로 하여금 말하거나 요약하게 한다.
7. 학생이 잘 경청한 시간의 길이에 따라 학생에게 상을 준다. 학생이 잘해내면 상을 받을 수 있는 시간의 길이를 점차적으로 늘린다.
8. 학생에게 다음과 같은 사항을 설명한다 : (a) 학생이 무엇을 잘못하고 있는지(예 : 경청하지 못하는 것) 그리고 (b) 학생은 무엇을 해야하는지(예 : 경청하는 것).
9. 학생에게 말로써 전달한 정보의 난이도를 평가한다(즉, 정보는 학생의 능력 수준에서

전달되어야 한다).

10. 학생으로 하여금 지침이나 설명에서 학생이 잘 이해하지 못하는 부분이 있으면 반드시 질문하게 한다.
11. 학생에게 개념을 설명할 때에는 짧게 한다. 학생이 잘해냄에 따라 개념 설명의 길이를 점차적으로 늘린다.
12. 말로써 지침을 전달할 때에는 그 양식을 일관성 있게 유지한다.
13. 학생이 설명에 주의를 기울이고 있는지 확인한다(예 : 눈 접촉을 한다, 손에 필기도구가 있으면 안 된다, 숙제를 본다 등).
14. 말로써 지침이나 설명을 보완하기 위해 문서 지침이나 설명을 제공한다.
15. 단어 끝부분이나 주요 단어 등을 강조하거나 반복한다.
16. 지침이나 설명을 전달할 때에는 분명하고 간략하게 해야 한다.
17. 학생을 정보가 나오는 곳에 가까이 앉힌다.
18. 산만하게 하는 자극(예 : 학급 내에 잡음이나 움직임)을 줄여서 학생이 잘 경청할 수 있게 해준다.
19. 지침이나 설명을 할 때에 주요 지점에서 멈추면서 학생이 이해하고 있는지를 확인한다.
20. 적절한 속도로 지침이나 설명을 전달한다.
21. 누가 학생에게 말하고 있을 때 학생이 경청을 연습해야 할 어미, 주요 단어 등의 목록을 식별한다.
22. 단지 하나만의 개념이나 단계가 들어 있는 질문이나 설명을 전달한다. 학생이 잘해내면 질문이나 설명에 들어있는 개념이나 단계의 수를 점진적으로 늘린다.
23. 학생이 지침이나 설명에 주의를 기울이는 능력을 방해하는 다른 학생들로부터 떨어진 곳에 학생을 앉힌다.
24. 학생에게 경청 기술을 가르친다(예 : 잘 경청한다, 중요한 점을 적어둔다, 분명하게 설명해줄 것을 요청한다, 모든 지침을 받은 다음에 시작한다 등).
25. 정보를 설명할 때에 시범도 보여준다.
26. 새로운 단어에 대한 자료를 점검한다. 가능하면 간단한 용어를 사용한다. 새로운 어휘를 가르치고 난 후에는 응용을 통해 연습시킨다.
27. 추상적인 부분을 줄이기 위해 구체적인 예와 실습 기회를 제공한다.
28. 새로운 개념을 전에 설명한 정보와 연계하면서 설명한다.
29. 기술 용어의 간단한 정의, 간단한 어휘와 문장 구조, 단계적 지침 및 도표나 그림 등을 준비하거나 수집한다.
30. 아는 개념을 아직 완전히 터득하지 못한 기술이나 개념과 연계하여 새로운 기술과 개념

과의 관계를 인식할 수 있도록 한다.
31. 읽기 자료에서 중요한 개념에 밑줄 긋는다.
32. 지침서를 학생의 읽기 능력에 맞게 다시 쓴다.
33. 개념을 설명할 때에는 학생에게 가장 효율적인 학습 상태를 이용한다.
34. 학생에게 말로 설명한 자료에 대해서는 문서 자료도 제공한다.
35. 학생이 문서로 설명한 개념을 잘 이해하지 못하면 말로 설명해준다.
36. 새로운 개념을 설명하는 것을 녹음한다. 그리고 학생으로 하여금 이 테이프를 얼마든지 들을 수 있게 해준다.
37. 학생이 이해하지 못하는 개념에 대해서는 또래 한 사람을 선정하여 학생에게 이를 되풀이 설명하게 한다.
38. 학생으로 하여금 그가 완전하게 이해한 정보를 다른 학생에게 개인 교사로서 가르치게 한다.
39. 학생을 위해 "누가, 무엇을, 어디서, 언제, 어떻게, 그리고 왜"의 양식에 따라 시험이나 퀴즈를 개발한다.
40. 개념을 설명할 때 학생으로 하여금 "누가, 무엇을, 어디서, 언제, 어떻게 그리고 왜"의 양식에 따라 경청하고 메모하도록 한다.
41. 개념을 설명할 때에는 다음 양식을 따르게 한다 : (1) 누가, (2) 무엇을, (3) 어디서, (4) 언제, (5) 어떻게, 그리고 (6) 왜.
42. 학생에게 그가 필요로 하는 자료(예 : 개념 목록, 주요점들의 목록, 주요사건의 개요 등)를 제공하여 공부를 더 잘 할 수 있게 한다.

15. 숙제를 부정확하게 완성하지 못한 채 제출한다.

목적

1. 학생은 교실 숙제를 수업시간 내에 마칠 것이다.
2. 학생은 숙제를 제출할 것이다.
3. 학생은 학업 과제 관련 행동이 개선될 것이다.
4. 학생은 성적이 개선될 것이다.
5. 학생은 최소한의 정확도로 숙제를 마칠 것이다.

목표

1. 학생은 ____번의 시도 중에 ____번은 한 과제를 마친 다음에 다음 과제로 갈 것이다.
2. 학생은 하루에 숙제 과제를 ____개 중에 ____개를 마칠 것이다.
3. 학생은 하루에 숙제 과제를 ____개 중에 ____개를 시도할 것이다.
4. 학생은 수업시간 ____분 중에서 ____분 동안 과제에 집중할 것이다.
5. 학생은 매일 과제에 배정된 시간 내에 ___개의 과제를 마칠 것이다.
6. 학생은 매일 나오는 숙제 ____개 중에 ____개를 마칠 것이다.
7. 학생은 매주 나오는 숙제 ____개 중에 ____개를 마칠 것이다.
8. 학생은 매일 완성한 숙제 ____개 중에 ____개를 학교에 가져와 제출할 것이다.
9. 학생은 매주 완성한 숙제 ____개 중에 ____개를 학교에 가져와 제출할 것이다.
10. 학생은 ____번의 시도 중에 ____번은 숙제를 잊어버리지 않기 위해 책가방에 넣고 집으로 가져갔다가 학교로 가져올 것이다.
11. 학생은 매일 ____개의 숙제 중에 ____개를 집에서 마친 다음 학교로 가져올 것이다.
12. 학생은 매주 ____개의 숙제 중에 ____개를 집에서 마친 다음 학교로 가져올 것이다.

개입방법

1. 학생에게 다음과 같이 설명한다 : (a) 무엇을 잘못하고 있는지(예 : 완성하지 못한 숙제를 제출한다) 그리고 (b) 무엇을 해야 하는지(예 : 시간을 갖고 숙제가 완성되었는지 확인한다).
2. 숙제가 학생에게 적절한지 평가한다.
3. 학생에게 모든 학업 활동에 대한 체계(예 : 구체적인 지침, 과제에 대한 일상 양식, 시간 단위 등)를 제공한다.
4. 학생과 자주 대화하여 학생의 과제 실행능력을 모니터한다.
5. 지침이나 설명에서 학생이 이해하지 못하는 부분이 있으면 학생으로 하여금 반드시 질문하게 한다.
6. 또래 한 사람을 선정하여 특정 활동에 학생을 동행하여 학생이 필요한 자료를 모두 갖고 있는지 확인하게 한다.
7. 학생에게 당일에 있을 활동 모두에 필요한 자료 목록을 제공한다.
8. 학생에게 숙제를 시작하는 데에 필요한 정리 목록표를 제공한다(예 : 이름을 적는다, 왼쪽 열에 숫자를 적는다 등).
9. 학생을 돕고 있는 모든 교육자들이 숙제 완성에 대한 일관성이 있는 기대치를 유지하고

있는지를 확인한다.

10. 학생에게 숙제 "양식"을 제공하여 숙제를 완성하는 데에 도움이 되도록 한다 (예 : 학생에게 빈칸이 있는 숫자 방정식 응용문제를 제공하고 학생으로 하여금 빈칸을 채우게 한다).
11. 학생에게 각 활동에 필요한 자료에 대해 말로 상기시킨다.
12. 학생이 완성한 숙제에 대한 평가 결과를 제공한다(즉 : 학생이 무엇을 잘했는지, 어떤 실수를 했는지, 그리고 틀린 것을 정정하려면 어떻게 해야 하는지 등을 확인한다).
13. 숙제를 정확하게 하기 위해 단계를 줄인다.
14. 숙제의 양식과 기대치를 일관성 있게 유지한다.
15. 학생의 숙제를 모두 채점하지 않는다. 숙제를 학생의 능력이나 지식을 평가하고 결과를 주는 데에 사용한다. 채점은 학생이 완전하게 이해했거나 최소한의 정확도를 달성했을 때 하는 것이 좋다.
16. 학생으로 하여금 과제에 말로 반응하게 한다.
17. 학생이 어려워할 수 있는 과제는 보조교사가 도와주는 학습자료실에서 하도록 한다.
18. 숙제를 채점하기 전에 학생으로 하여금 점검할 수 있는 기회를 준다.
19. 채점 받을 숙제를 완성하기 전에 또래 개인교사와 함께 공부할 수 있는 시간을 마련해준다.
20. 과제의 적절성을 평가하여 다음 사항을 확인한다 : (a) 과제가 너무 쉬운지, (b) 과제가 너무 어려운지, 그리고 (c) 과제 완성에 배정한 시간의 길이가 적절한지.
21. 과제를 짧게 내주고 완성도에 대한 기대치는 높인다.
22. 학생에게 숙제 완성도의 만족할 만한 수준에 대하여 분명하게 설명해준다.
23. 또래 한 사람을 선정하여 학생을 돕도록 한다.
24. 숙제 처음에 나오는 문제 몇 개를 학생과 함께 풀어 학생이 무엇을 해야 하는지, 숙제를 어떻게 완성해야 하는지 등을 이해하고 있는지 확인한다.
25. 학업 과제를 일부 변경한다(예 : 양식, 필수조건, 길이 등).
26. 학생에게 단계적으로 설명한 지침서를 주어 집에서 도움 받기 쉽게 한다.
27. 집에서 할 숙제에는 이미 배운 개념에 관련된 것만 내주어야 하며, 새로운 개념을 도입하면 안 된다.
28. 지침서가 단계별로 전달 될 때마다 같이 진행하면서 학생이 지침을 정확하게 따를 수 있도록 돕는다.
29. 또래 한 사람을 선정하여 완성된 숙제를 제출하는 요령을 가르치도록 한다.
30. 학부모를 만나 학생이 집에서 숙제하는 것을 돕는 요령을 가르친다.

31. 또래 한 사람을 선정하여 학생에게 문서 지침을 따르는 요령을 가르치게 한다.
32. 학생에게 문서 지침을 따르는 요령을 단계별로 가르친다(예 : 주의하면서 읽는다, 중요한 점들을 메모한다, 분명하게 설명해줄 것을 요청한다 등).
33. 학생이 잘 이해할 수 있도록 다양한 방법으로 지침을 전달한다(예 : 학생이 문서 지침을 이해하지 못하면 말로 설명해준다).
34. 학생에게 추가 시간을 주어 숙제를 마치고 제출할 수 있게 한다.
35. 지침을 반복하여 학생이 잘 이해할 수 있도록 한다.
36. 학생에게 숙제에 대한 지침을 문서로 제공한다.
37. 숙제에 대한 기대치를 학생의 능력 수준 이내에서 일관성 있게 유지한다.
38. 숙제를 낼 때 일관성 있는 양식을 유지한다(즉 : 매일 같은 양의 숙제를 낸다).
39. 학생에게 숙제의 우선순위를 정하는 요령을 가르친다(예 : 중요성, 길이, 마감일 등에 따라 정하는 요령).
40. 숙제를 완성하는 데에 적절한 시간을 준다.
41. 완전한 이해의 수준으로 수용할 수 있는 정확도의 최저 수준을 정한다.
42. 어떠한 수준의 개선이라도 반드시 칭찬해준다.
43. 새로운 정보, 기술 등을 소개한 후에 너무 빨리 완전한 이해를 기대하면 안 된다.
44. 공부 잘한 부분을 공식적으로 인정한다(예 : 학생의 공부 내용을 전시한다, 학생에게 축하를 보낸다 등).
45. 학생이 일관성 있게 숙제의 일부분을 계속 틀릴 경우, 과제의 적절성을 검토한다.
46. 학생이 집에서 하는 숙제를 최소한의 정확도로 완성하는 데에 어려움이 있으면 학교에서 도움을 받을 수 있도록 시간을 제공한다.
47. 숙제가 읽기나 쓰기와 같은 관련된 기술과 상관없이 내용에 대한 지식을 측정하는지 확인한다.
48. 숙제를 학생에게 읽어준다.
49. 학생으로 하여금 자신이 공부한 내용을 교사와 함께 읽거나 점검하게 함으로써 자신의 공부 수준을 더 의식하게 한다.
50. 학생에게 스스로 확인할 수 있는 자료를 제공하여 학생으로 하여금 숙제를 제출하기 전에 재점검하게 한다.
51. 학생이 완성을 할 수 있도록 추가 시간을 제공한다.
52. 완성도 높은 숙제를 달성하는 요령을 단계적으로 가르친다(예 : 지침을 경청한다, 지침을 이해하고 있는지 확인한다, 적절한 속도로 공부한다 틀린 것을 검토한다, 필체를 깔끔하게 교정한다, 공부한 것을 다시 베낀다 등).

53. 학생의 공부 내용에 대한 예비 평가를 한다. 학생으로 하여금 채점을 받기 위해 제출하기 전에 틀린 것을 찾아 정정하게 한다.
54. 숙제를 완성하는 데에 필요한 자료를 제공한다(예 : 지우개가 달린 연필, 종이, 사전, 필체 예시 등).
55. 학생에게 짧은 숙제를 자주 내준다. 학생이 잘해내면, 숙제의 길이는 늘이면서 빈도는 줄인다.
56. 환경을 조절하여(예 : 또래 개인교사를 제공한다, 학생을 교사나 보조 교사 가까이 앉힌다 등) 학생에게 공부나 숙제하는 데에 도움을 받을 수 있게 기회를 많이 준다.

Part 2. 수학과 관련된 문제

16. 수학 문제를 풀 때 연산 부호를 혼동한다.

목적

1. 학생은 기초적인 숫자 개념을 이해할 것이다.
2. 학생은 덧셈 부호를 인식하는 능력이 개선될 것이다.
3. 학생은 뺄셈 부호를 인식하는 능력이 개선될 것이다.
4. 학생은 곱셈 부호를 인식하는 능력이 개선될 것이다.
5. 학생은 나눗셈 부호를 인식하는 능력이 개선될 것이다.
6. 학생은 분수와 소수점이 있는 문제를 풀 수 있을 것이다.

목표

1. 학생은 연산부호(예 : +, -, x, ÷)를 ____% 정확히 인식할 것이다.
2. 학생은 두 개의 연산이 있는 문제에서 한 연산에서 다른 연산으로 가는 것을 ____% 정확히 이룰 것이다.
3. 학생은 세 개의 연산이 있는 문제에서 한 연산에서 다른 연산으로 가는 것을 ____% 정확히 이룰 것이다.
4. 학생은 네 개의 연산이 있는 문제에서 한 연산에서 다른 연산으로 가는 것을 ____% 정확히 이룰 것이다.

개입방법

1. 과제의 적절성을 평가하여 다음 사항을 확인한다 : (a) 과제가 너무 쉬운지, (b) 과제가 너무 어려운지, 그리고 (c) 과제 완성에 배정한 시간의 길이가 적절한지.
2. 학생에게 연산 부호(+, −, ×, ÷)를 인식하는 연습을 시킨다.
3. 수학문제 옆에 어떤 수학 연산을 하는지를 보여주는 목록표(예 : 덧셈, 뺄셈, 곱셈, 나눗셈)를 적어준다.
4. 문제 옆에 연산 부호를 크게 적어주어 학생이 이 부호를 쉽게 인식할 수 있게 해준다.
5. 수학 문제 옆에 연산 부호를 색깔 코드로 표시하여 학생이 연산 부호를 쉽게 인식할 수 있게 한다.
6. 문제 풀기를 시작하기 전에 학생으로 하여금 밑줄을 그으면서 수학 문제의 연산 종류를 우선 점검하게 한다.
7. 수학 숙제의 첫 부분에 나오는 문제를 하나 혹은 두 개 정도를 학생과 함께 풂으로써 학생이 어떤 연산을 해야 하는지를 알 수 있게 한다.
8. 수학문제는 유형 별로 다른 종이를 사용한다. 학생이 잘해냄에 따라 점차적으로 같은 페이지에 다른 유형의 수학 문제를 올린다.
9. 방 안에 연산 부호를 무작위로 놓고 학생으로 하여금 연산 부호를 하나씩 지적하면서 연산의 종류를 식별하게 한다.
10. 학생에게 수학 연산 부호 참조표(예 : +는 더하기, −는 빼기, ×는 곱하기, ÷는 나누기)를 제공하고 이를 책상 곁에 두도록 한다.
11. 수학 문제 시트의 윗부분에 수학 연산 부호 참조표(예 : +는 더하기, −는 빼기, ×는 곱하기, ÷는 나누기)를 넣는다.
12. 학습개념카드를 이용하여 학생으로 하여금 연산 부호와 연산 종류를 식별하는 단어와 짝 맞추기 연습을 시킨다(예 : +는 더하기, -는 빼기, x는 곱하기, ÷ 는 나누기).
13. 학생으로 하여금 계산기로 수학 문제를 풀게 한다.
14. 또래 한 사람을 선정하여 학생이 수학 문제를 풀 때에 순서표를 제공하게 한다.
15. 학생이 자신이 왜 수학 개념을 배우는지를 알고 있는지 확인한다. 학생에게 실제 생활 상황에서 그러한 개념을 응용할 수 있는 구체적인 예와 기회를 제공한다.
16. 학생으로 하여금 계산기로 수학 숙제를 점검하게 하여 수학 개념을 암기하는 데에 도움이 되게 한다.
17. 학생의 능력 수준을 넘는 양의 정보를 배우게 하면 절대로 안 된다.
18. 학생에게 즉각적으로 결과를 주는 컴퓨터 프로그램이나 휴대용 교육 기기를 사용하여

연산부호 연습을 하게 한다.

19. 학생이 각 단계의 수학 개념을 완전히 이해한 후에 새로운 기술을 소개한다.
20. 연산을 시작하기 전에 학생의 주의를 연산 부호로 끌기 위해 연산 부호에 중요 표시를 한다.

17. 수학 문제를 풀 때 칸을 제대로 이용하지 않는다.

목적

1. 학생은 기초적인 숫자 개념을 알게 될 것이다.
2. 학생은 자릿값에 대한 개념을 알게 될 것이다.

목표

1. 학생은 1단위 자릿값을 ____% 정확히 인식할 것이다.
2. 학생은 10단위 자릿값을 ____% 정확히 인식할 것이다.
3. 학생은 100단위 자릿값을 ____% 정확히 인식할 것이다.
4. 학생은 1000단위 자릿값을 ____% 정확히 인식할 것이다.
5. 학생은 1단위 자리 칸을 이용하여 수학 문제를 ____% 정확히 풀 것이다.
6. 학생은 10단위 자리 칸을 이용하여 수학 문제를 ____% 정확히 풀 것이다.
7. 학생은 100단위 자리 칸을 이용하여 수학 문제를 ____% 정확히 풀 것이다.
8. 학생은 1000단위 자리 칸을 이용하여 수학 문제를 ____% 정확히 풀 것이다.
9. 학생은 수학 문제를 오른쪽에서 왼쪽으로 ____% 정확히 계산할 것이다.

개입방법

1. 또래 한 사람을 선정하여 학생에게 수학 문제를 풀 때 칸을 사용하는 요령을 가르치게 한다.
2. 표시된 칸 양식(예 : 천 단위, 백 단위, 십 단위, 일 단위)을 개발하여 학생으로 하여금 모든 수학 숙제를 할 때에 사용하게 한다.
3. 학생으로 하여금 1원짜리 동전 열 개와 10원짜리 동전 한 개와 교환하게 한다. 그리고

이를 하나 자리 숫자 열 개를 묶어 십 자리 칸에 1을 넣고 하나 자리 칸에는 0을 넣는 것과 연관시켜 설명한다.

4. 학생에게 하나, 열, 백 등을 나타내는 칸에 표지를 붙이는 연습을 시킨다.
5. 학생으로 하여금 어떤 숫자를 재배치하고 그로 인해 달라진 값을 확인하는 연습을 시킨다(예 : 372, 723, 237).
6. 학생에게 입력하면 자동적으로 맞는 칸을 선택하는 컴퓨터 프로그램으로 칸을 사용하는 연습을 시킨다.
7. 학생으로 하여금 수학 문제를 풀면서 설명하게 함으로써 자신이 틀린 것을 찾아내게 한다.
8. 학생으로 하여금 계산기로 칸을 이용하는 수학 문제를 풀게 한다.
9. 학생이 자리 값을 배우는 데에 필요한 필수적인 기술을 갖고 있는지 확인한다(예 : 소리 내어 세기, 세트 개념, 숫자를 100까지 쓰기 등).
10. 학생에게 자리 값을 이해하는 데에 필요한 개념과 용어를 가르친다(예 : 세트, 칸, 중앙, 왼쪽, 숫자 등).
11. 학생에게 자신이 왜 수학 개념을 배우고 있는지 가르친다. 학생에게 실제 생활환경에서 그러한 개념을 응용할 수 있는 구체적인 예와 기회를 제공한다.
12. 학생에게 수학문제의 덧셈, 뺄셈 및 곱셈은 1자리 칸에서 시작하여 오른쪽에서 왼쪽으로 진행하는 것을 가르친다.
13. 학생에게 열 개의 "하나"가 갖는 집단적 가치가 하나의 "열"과 같다는 것과 열 개의 "열"이 백과 같다는 것을 가르친다.
14. 학생에게 자리 값에서 영의 개념을 가르친다(예 : "207"이라는 수에는 10자리가 없으므로 10자리 칸에 "0"을 넣는다).
15. 돈의 개념을 이용하여 학생에게 자리 값을 배우게 한다(예 : 126원은 1원 동전 여섯 개 혹은 여섯 개의 1과, 10원 동전 두개 혹은 두개의 10, 100원 동전 한개 혹은 한개의 100과 같다).
16. 학생에게 결과를 바로 주는 컴퓨터 소프트웨어나 휴대용 교육 기기로 연습을 시킨다.
17. 학생에게 자가 점검 자료를 제공하여 칸의 사용 능력을 강화한다.
18. 학생에게 유형의 물체로 열, 백, 천 등의 그룹을 만드는 학습 경험을 제공한다.
19. 그래프용지에 수직선을 이용하여 학생이 칸을 시각적으로 보고 숫자를 각 칸에 넣을 수 있도록 한다.
20. 학생으로 하여금 1자리 칸에 숫자 하나를 넣고 왼쪽으로 이동하면서 10자리, 100자리, 1000자리 등에 숫자를 넣게 한다.

21. 학생에게 자리 값을 가르칠 때에 교육용 조작물(예 : 10단위 블록, 연결고리 등)을 이용하여 시각적 이미지를 제공한다.
22. 학생에게 칼라코드 칸 용지를 제공하여 칸을 정확하게 사용할 수 있게 한다.
23. 학생이 수학 문제를 풀 때에 칸을 정확하게 사용하면 상을 준다 : (a) 유형의 상을 준다(예 : 학급 보상, 모둠장, 심부름, 5분간 휴식 등), 혹은 (b) 무형의 상을 준다(예 : 칭찬, 악수, 미소 등).
24. 학생에게 여러 자리 수에서 칸의 값을 나타내는 연습문제를 많이 제공한다(예 : 56= 열 자리 수()개와 한 자리 수 ()개; 329= 백 자리 수 ()개와 열 자리 수 ()개와 한 자리 수 ()개; 등).
25. 학생으로 하여금 자신이 한 모든 수학 숙제의 정확도를 확인하게 한다. 칸을 이용할 때 틀린 것을 정정할 때마다 상을 준다.

18. 수학 개념을 기억하지 못한다.

목적

1. 학생은 기초적인 숫자 개념을 이해할 것이다.
2. 학생은 수학 개념를 기억하는 능력을 보일 것이다.

목표

1. 학생은 두 개의 수를 더하여 9 혹은 그 이하의 수가 되는 계산을 ____% 정확히 할 것이다.
2. 학생은 한 자리 숫자의 빼기 문제를 ____% 정확히 풀 것이다.
3. 학생은 수직선을 이용하여 기초적인 수학 개념이 들어 있는 간단한 덧셈 문제를 ____%의 정확도로 풀 것이다.
4. 학생은 수직선을 이용하여 기초적인 수학 개념이 들어있는 간단한 빼기 문제를 ____% 정확히 풀 것이다.
5. 학생은 한 자리 숫자 두 개를 ____% 정확히 더할 수 있을 것이다.
6. 학생은 기초적인 수학 개념이 들어 있는 빼기 문제를 ____% 정확히 풀 것이다.

7. 학생은 칸이 하나 이상이 있고 그룹을 재형성할 필요가 없는 덧셈 문제를 ____% 정확히 풀 것이다.
8. 학생은 칸이 하나 이상이 있는 재편성이 필요 없는 뺄셈을 ____% 정확히 풀 수 있을 것이다.
9. 학생은 한 자리 숫자 두 개를 ____% 정확히 곱할 수 있을 것이다.
10. 학생은 한 자릿수의 나눗수와 한 자릿수의 몫이 들어 있는 나눗셈 문제를 ____% 정확히 풀 수 있을 것이다.

개입방법

1. 덧셈과 뺄셈 개념을 모두 완전하게 이해했는지 확인한 다음에 곱셈과 나눗셈 개념을 도입한다.
2. 기초적인 덧셈과 뺄셈 개념을 세트로 구분한다. 학생으로 하여금 모든 세트를 순서대로 암기하게 한다.
3. 학생이 완전하게 이해한 개념을 기초로 하여 이를 강화한다. 학생이 잘해내면 한 번에 한 가지 개념을 추가한다.
4. 또래 한 사람을 선정하여 매일 수학 개념을 연습하게 한다(예 : 학습개념 카드).
5. 학생이 완전하게 이해하지 못한 개념 하나를 선택하여 이를 "오늘의 개념"으로 선정하여 당일에 여러 번 검토한다.
6. 학생을 위해 덧셈, 뺄셈, 곱셈 및 나눗셈에 대한 수학 개념 참조를 개발하여 학생이 문제를 풀 때에 이를 책상 곁에 두고 사용할 수 있도록 한다.
7. 학생이 수학 문제를 풀 때에 사용할 수 있는 기초적인 덧셈, 뺄셈, 곱셈, 및 나눗셈 표 수학 개념을 개발하여 학생이 수학문제를 풀 때에 사용하게 한다.
8. 학생에게 학생이 수학 개념을 실제 생활환경에서 사용할 수 있는 기회를 제공한다(예 : 식당에서 거스름돈을 받는다, 교실에서 물체의 길이를 잰다 등).
9. 학생으로 하여금 아침마다 제공되는 수학 개념 퀴즈를 마치게 한다.
10. 학생으로 하여금 수학 개념 표를 완성하고 계산기로 점검하고 정정하게 한다.
11. 학생으로 하여금 매일 수학 숙제의 반을 도움 없이 마치게 한다. 학생이 잘해내면 학생으로 하여금 계산기로 나머지 반을 마치게 한다. 이는 일종의 상이다.
12. 학생으로 하여금 시간을 재가면서 기초적인 수학 개념을 연습하게 한다. 이는 자신과의 경쟁이다.
13. 학생으로 하여금 다른 학생들과 수학 개념 게임을 하게 한다. 학생들은 서로 번갈아가

면서 개념에 대한 질문을 하고 답변하게 한다.

14. 학생으로 하여금 건너뛰어 세기로 곱셈 개념을 강화하게 한다(예 : 5 단위 : 5, 10, 15, 20, 25, 30 등).
15. 학생으로 하여금 기초적인 수학 개념을 배울 때에는 계산기를 사용하게 한다.
16. 학생으로 하여금 수학 개념을 암기할 때에 계산기를 사용하게 한다. 학생으로 하여금 계산기로 문제를 매일 몇 개씩 풀게 한다.
17. 학생으로 하여금 덧셈과 뺄셈을 할 때에 책상에 부착한 수직선을 사용하게 한다.
18. 학생으로 하여금 수학 개념 CD와 테이프로 연습하게 한다.
19. 전에 배운 기술, 개념, 과제 등을 매일 복습하게 한다.
20. 학생이 개념을 암기하는 것을 어려워하면 책상에 개념 차트를 비치하여 참조로 사용하게 한다.
21. 학생으로 하여금 수학 개념을 게임 같은 컴퓨터 소프트웨어 프로그램으로 연습하게 한다.
22. 학생으로 하여금 수학 개념을 결과를 바로 알려주는 컴퓨터 소프트웨어 프로그램이나 휴대용 교육 기기로 연습하게 한다.
23. 학생에게 구체적인 경험을 많이 제공하여 수학 개념을 배우고 기억하는 데에 도움이 되도록 한다. 아이스크림 막대기나 종이 클립이나 단추 등을 사용하여 수학 개념을 공부하는 데에 필요한 그룹 만들기를 가르친다.
24. 학생이 수학 개념을 배우는 데에 추적 기법을 이용하면서 한 번에 몇 가지 개념만 설명한다. 학생이 잘해내면 점차적으로 학생이 외어야 할 개념의 수를 늘린다.
25. 학생이 수학 개념을 기억하는 기간이 늘어나면 상을 준다 : (a) 유형의 상을 준다(예 : 학급 보상, 모둠장, 심부름, 5분간 휴식 등) 혹은 (b) 무형의 상을 준다(예 : 칭찬한다, 악수한다, 미소를 짓는다 등)
26. 학생으로 하여금 학습 개념 카드, 컴퓨터 프로그램, 혹은 휴대용 교육 게임으로 집에서 개념을 연습하게 한다.
27. 경쟁에 대한 강조를 줄인다. 경쟁적 활동은 학생으로 하여금 수학 문제를 풀 때 서두르다가 틀리게 한다.
28. 빼기는 더하기의 역이라는 사실을 가르친다. 같은 개념이 곱셈과 나눗셈에도 적용된다.
29. 학생이 수학 개념(예 : 문서 문제, 학습개념 카드 등)을 암기하기 위해 매일 연습하게 한다.
30. 학급 게임을 통해 수학 용어 실력을 강화한다(예 : 빙고, 교사가 만든 게임 등).
31. 손가락으로 학생에게 덧셈과 뺄셈 조합을 가르친다. 학생으로 하여금 손가락들을 쳐들

어 보이게 하고 다른 손가락을 빼거나 더하면서 맞는 답을 찾게 한다.

32. 학생의 능력수준을 초과하는 학습 양을 배우도록 강요하면 안 된다.
33. 학생에게 기초적 수학 개념을 가르칠 때에 학습자료(예 : 페그보드, 주판, 십진 블록 등)을 사용하여 시각적 이미지를 만들어 낸다.

19. 구체적인 예가 없으면 추상적 수학 개념을 이해하지 못 한다.

목적

1. 학생은 기초적인 숫자 개념을 이해하게 될 것이다.
2. 학생은 추상적인 수학 개념을 이해하게 될 것이다.
3. 학생은 수학 응용문제를 풀 수 있게 될 것이다.

목표

1. 학생은 숫자의 물체와의 관계를 ____% 정확히 이해하게 될 것이다.
2. 학생은 교육용 자료로 수학 문제를 ____% 정확히 풀 수 있을 것이다.
3. 학생은 도움 없이 수학문제를 푼 다음에 자신이 한 것을 자료로 ____% 정확히 점검할 것이다.
4. 학생은 말로 도움은 받지만 자료 없이 수학문제를 ____% 정확히 풀 것이다.
5. 학생은 도움 없이 수학 문제를 ____% 정확히 풀 것이다.

개입방법

1. 또래 한 사람을 선정하여 각 수학 문제에 관련되는 구체적인 예(예 : 9 빼기 7은 사과 9개 빼기 사과 7개와 같다)를 제공함으로써 수학문제를 풀게 한다.
2. 이 시점에서 학생에게 추상적인 개념을 가르치는 것이 적절한지 검토한다(즉 : 이것이 학생에게 너무 어려운가?).
3. 학생을 또래 개인교사로 선정하여 자신이 완전하게 이해한 것을 다른 학생에게 가르치게 한다. 이는 학생에게 상을 주는 것과 같다.
4. 학생으로 하여금 수학 문제를 그림으로 설명하게 한다.

5. 학생으로 하여금 색깔마다 값이 다른 칩으로 게임을 하게 함으로써 1자리 수, 10자리 수 등의 개념을 배우게 한다.
6. 학생으로 하여금 칸으로 정렬된 수학 문제에서처럼 "올리기"와 "빌리기"를 통하여 재편성 개념을 교육용 자료로 연습하게 한다.
7. 학생으로 하여금 주변에 있는 물건으로 덧셈, 뺄셈, 곱셈 및 나눗셈 문제를 연습하게 한다.
8. 학생으로 하여금 실생활에서 사용하는 물건으로 수학 공부를 하게 한다(예 : 계량컵으로 조리 준비를 한다, 돈으로 상점에서 물건을 산다 등).
9. 구체적인 예로 추상적인 수학 개념을 소개한다(예 : 액체와 밀리리터가 표시된 계량컵으로 액체 측정을 하게 한다).
10. 학생의 수학 문제에 모두 구체적인 예가 들어있는지 확인한다(예 : 9 빼기 7은 사과 9개 빼기 사과 7개와 같다).
11. 새로운 기술을 소개하기 전에 학생이 각 수준의 수학 개념을 완전히 이해했는지 확인한다.
12. 학생이 학습할 수 있는 이상의 정보를 공부하게 하면 안 된다.
13. 학생이 왜 수학 개념을 배워야 하는지를 가르친다. 학생이 수학적 개념을 실제 생활에서 응용할 수 있는 구체적인 예와 기회를 제공한다.
14. 주변에 있는 유형의 물체를 설명하는 데에 추상적 개념을 이용한다(예 : 더 큰, 더 작은, 정사각형, 삼각형 등).
15. 학생이 이해하지 못하는 것에 관하여 질문하는 것을 즐겁고 긍정적으로 만든다. 학생을 돕거나 축하하거나 칭찬하는 등으로 학생에게 상을 준다.
16. 학생에게 "정사각형"이나 "입방체"와 같은 개념을 별도로 가르친다. 이러한 개념을 동시에 소개하면 혼동할 수가 있다.
17. 학생이 구체적인 학습자료를 통해 어떤 개념을 완전히 이해한 후에 추상적인 부호과 용어를 소개한다(예 : 그램, gr.; 미터, m; 등).
18. 물리적인 물체로 수학 개념을 가르친다(예 : 줄자로 미터를 설명한다 등).
19. 추상적인 개념을 몸짓으로 반복해 설명한다(예 : 학생으로부터 멀리 있는 물건과 가까이에 있는 물건을 식별한다, 큰 방에 있는 작은 박스 등).
20. 시계 보는 개념을 가르칠 때에는 시계를 제공한다.
21. 수학문제를 설명할 때 컴퓨터 그래픽을 제공한다.
22. 각 문제와 관련된 구체적인 예와 연관시키는 방법을 설명하면서 학생과 함께 문제 몇 개를 푼다(9 빼기 7은 사과 9개 빼기 사과 7개와 같다).

23. 전에 배운 추상적 개념을 매일 복습한다. 새로운 추상적 개념은 먼저 배운 개념을 완전하게 이해한 후에 소개한다.
24. 모양을 설명할 때 주변에 흔히 있는 물건을 이용한다(예 : 둥근 시계, 직사각형 책상, 정사각형 타일 등).
25. 개념(예 : 방향성, 크기, 공간, 모양 등)을 짝 맞추기 전에 개념을 한 번에 한 가지씩만 가르친다.
26. 저울, 자, 계량컵 등으로 측량에 관련된 수학 개념을 가르친다.
27. 동전, 지폐, 시계 등으로 돈과 시간에 관한 개념을 가르친다.
28. 추상적인 개념을 가르칠 때에는 구체적인 예를 사용한다(예 : "더 많은"이나 "더 적은" 개념을 가르칠 때에 물건을 사용한다; 높이, 폭 등을 설명할 때 줄자나 막대 자를 이용한다).
29. 학생으로 하여금 조리법에 따라 계량컵, 작은 술, 큰 술 등을 사용하면서 학급 학생들에게 줄 먹거리를 만들게 한다.
30. 추상적 개념을 소개할 때에는 다음과 같은 단계를 따라한다 :
    - 구체적인 : 컵과 액체,
    - 연습 : 컵을 사용하여 문제를 푼다,
    - 추상적 : 컵으로 응용문제를 푼다,
    - 연습 : 조리법에 따라 음식을 준비한다,
    - 복습,
    - 시험
31. 돈에 관련된 문제를 풀 때에는 교육용 지폐를 제공한다(예 : 10원짜리 동전, 100원짜리 동전, 500원짜리 동전, 1000원짜리 지폐 등).

20. 띄어 세기 개념을 이해하지 못한다.

목적

1. 학생은 기초적인 숫자 개념을 이해할 것이다.
2. 학생은 자리 값을 이해할 것이다.
3. 학생은 덧셈, 뺄셈, 곱셈 및 나눗셈 문제를 푸는 실력이 좋아질 것이다.

목표

1. 학생은 조작물을 두 개씩, 세 개씩, 네 개씩, 다섯 개씩 등으로 더하면서 띄어 세기를 ____% 정확하게 할 것이다.
2. 학생은 둘씩, 셋씩, 넷씩, 다섯씩 등으로 더하면서 띄어 세기를 ____% 정확하게 할 것이다.
3. 학생은 일련의 띄어 세기에서 빠진 숫자를 ____% 정확히 채워 넣을 수 있을 것이다(예 : 2, 4, 6, ___, 10, 12).

개입방법

1. 학생으로 하여금 10원짜리, 50원짜리, 100원짜리 동전을 같은 것으로 반복해 더하게 한다.
2. 또래 한 사람을 선정하여 학생이 띄어 세기 개념을 이해할 수 있도록 돕게 한다.
3. 학생으로 하여금 두 개씩, 다섯 개씩, 열 개씩 등으로 셀 때에 수직선(數直線= number line)을 사용하게 하여 학생이 증가량을 볼 수 있게 한다.
4. 학생으로 하여금 둘씩, 다섯씩, 열씩 등으로 세면서 그 숫자를 쓰게 한다. 그러고 나서 학생은 자신이 쓴 숫자들의 증가량(예 : 2, 5, 10 등)이 더해지는 것을 보게 한다.
5. 둘씩, 다섯씩, 열씩 등으로 수를 셀 때 학생으로 하여금 유형의 물체(예 : 동전, 종이 클립 등)를 사용하게 함으로써 수가 같은 양으로 증가하는 것을 볼 수 있게 한다.
6. 학생으로 하여금 계산기로 2, 5, 10 등을 더하면서 띄어 세기를 시킴으로써 셀 때처럼 같은 양이 증가하는 것을 볼 수 있게 한다.
7. 학생으로 하여금 교실에 있는 시계로 둘씩, 다섯씩, 10씩 등으로 세게 한다.
8. 학생에게 숫자 개념과 숫자 부호와 물체의 수와의 관계를 가르친 다음 학생으로 하여금 덧셈 문제를 풀게 한다.
9. 학생 책상에 수직선(垂直線)을 제공하여 띄어 세기를 할 때에 사용하게 한다.
10. 학생에게 왜 학생이 수 개념을 공부하는지 설명한다. 학생으로 하여금 이 개념을 실생활에서 응용할 수 있는 구체적인 예와 기회를 제공한다
11. 학생에게 띄어 세기를 가르칠 때에 교육용 재료(예 : 주판, 10단위 블록 등)을 사용하여 시각적 이미지를 제공한다.
12. 언제든지 학생으로 하여금 학생의 능력 이상의 것을 배우도록 요구하면 안 된다.
13. 학생으로 하여금 새로운 기술 혹은 숙제를 혼자, 혹은 브조교사나 또래와 함께 연습하게 한 다음, 모둠 전체와 함께 하거나, 혹은 채점 받게 한다.

14. 학생으로 하여금 또래 개인교사로서 자신이 완전하게 이해한 개념을 다른 학생에게 가르치게 한다. 이는 학생에게 상을 주는 효과를 낸다.
15. 학생에게 결과를 바로 알려주는 컴퓨터 소프트웨어 프로그램이나 휴대용 교육 기기로 띄어 세기 연습을 시킨다.
16. 학생이 각 수준에서 수학 개념을 완전하게 이해한 다음에 새로운 수준의 기술을 소개한다.

21. 시간 개념을 이해하지 못한다.

목적

1. 학생은 기초적인 숫자 개념을 이해하게 될 것이다.
2. 학생은 시간 개념을 이해하게 될 것이다.

목표

1. 학생은 ____% 정확하게 정시 단위로 시계 볼 줄을 알게 될 것이다.
2. 학생은 ____% 정확하게 30분 단위로 시계 볼 줄을 알게 될 것이다.
3. 학생은 ____% 정확하게 15분 단위로 시계 볼 줄을 알게 될 것이다.
4. 학생은 ____% 정확하게 분 단위로 시계 볼 줄을 알게 될 것이다.
5. 학생은 요일을 순서대로 ____% 정확하게 말할 수 있게 될 것이다.
6. 학생은 달을 순서대로 ____% 정확하게 말할 수 있게 될 것이다.
7. 학생은 달력에서 년, 월, 일, 요일(예 : 2010년 10월 16일, 금요일)을 ____% 정확하게 식별할 수 있게 될 것이다.

개입방법

1. 시계가 정시, 30분, 15분 등을 가리킬 때에 학생을 지명하여 몇 시인지 말하게 한다.
2. 학생으로 하여금 학생 능력 수준에서 시간 개념이 들어간 응용문제를 풀게 한다(예 : "9시 10분 너는 학교를 향해 걷기 시작할 것이다. 학교까지 걸어가는 데에 10분 걸린다. 학교에 도착했을 때는 몇 시가 될 것인가?").

3. 학생으로 하여금 교실에 있는 시계가 15분을 가리킬 때마다 모두에게 알리게 한다.
4. 학생으로 하여금 교실에 있는 시계가 정시를 가리킬 때마다 모두에게 알리게 한다.
5. 학생으로 하여금 교실에 있는 시계가 30분을 가리킬 때마다 모두에게 알리게 한다.
6. 학생으로 하여금 어떤 특정한 시간(예 : 점심시간)을 인식하게 하고 시계가 그 특정한 시간에 도달할 때에 교사에게 알리도록 한다.
7. 학생으로 하여금 주변에 일정이 일어나는 것을 인식하게 한다(예 : 휴식시간, 10 : 15; 점심시간 11 : 45; 일과 끝 3 : 20; 등).
8. 교사나 또래가 시간을 말해주면 학생은 시계 바늘을 그 시간에 가져다 놓는다.
9. 학생으로 하여금 매일 또래와 함께 시계 보는 연습을 하게 한다.
10. 학생으로 하여금 시계를 빌려 하루 종일 차고 있으면서 시계 보는 연습을 하게 한다.
11. 학생이 시간을 정확하게 셀 수 있는지 확인한다(예 : 1분, 5분, 10분, 15분, 30분, 한 시간 등).
12. 학생이 디지털시계를 볼 줄 아는지 확인한다.
13. 학생이 시계보기를 배울 때에 시계 문자판과 바늘만 있는 것을 조작하면서 연습하게 한다.
14. 교실에 표준형 시계를 두어 학생으로 하여금 시각적으로 이용할 수 있게 한다.
15. 학생으로 하여금 학생의 능력 이상의 정보를 배우게 하면 절대로 안 된다.
16. 학생에게 하루에 몇 시간, 1주일에 며칠, 1년에 몇 주가 있는지 가르친다.
17. 학생에게 학생이 왜 시간 개념을 배우는지 가르친다. 학생으로 하여금 이러한 개념을 실생활에 응용할 수 있는 예와 기회를 제공한다.
18. 학생에게 시계 보는 데에 필요한 모든 개념을 가르친다(예 : 15단위, 10단위, 5단위로 세기, 큰 바늘과 작은 바늘 등).
19. 학생에게 1분, 5분, 10분, 15분, 1시간, 90분, 24시간 등의 길이에 대한 개념을 가르친다.
20. 학생에게 오전, 오후, 저녁, 밤에 대한 개념을 가르친다.
21. 학생에게 시계보기에 사용하는 용어를 가르친다(예 : "~시 15분전", "~시 반", "~시 10분전", "~시 15분" 등).
22. 커다란 시계 문자판에 있는 큰 바늘과 작은 바늘로 시간을 가리키게 한다. 시간 단위, 30분 단위, 15분 단위 등으로 연습을 시작한다.
23. 학생에게 결과를 즉각적으로 알려주는 컴퓨터 소프트웨어 프로그램이나 휴대용 교육기기로 시계보기 연습을 시킨다.
24. 학생이 시계보기를 잘 하면 상을 준다 : (a) 유형의 상을 준다(예 : 학급 보상, 모둠장,

심부름, 5분간 자유시간 등) 혹은 (b) 무형의 상을 준다(예 : 칭찬, 악수, 미소 등).

25. 학생에게 어떤 계절이 어느 계절 전에 오며, 후에 오는지 가르친다. 즉, 계절의 순서를 가르친다.

22. 한 가지 수학 연산에서 다른 연산으로 바꾸는 것이 잘 안 된다.

목적

1. 학생은 기초적인 숫자 개념을 알게 될 것이다.
2. 학생은 수학문제를 풀 때에 수학 연산을 바꾸는 능력이 생길 것이다.

목표

1. 학생은 수학 연산 부호를 ____% 정확히 인식할 것이다.
2. 학생은 수학 연산 부호에 따라 ____% 정확하게 연산할 수 있을 것이다.
3. 학생은 도움을 받으면 한 수학 연산에서 다른 연산으로 ____% 정확하게 진행할 수 있을 것이다.
4. 학생은 도움 없이 한 수학 연산에서 다른 연산으로 ____% 정확하게 진행할 수 있을 것이다.

개입방법

1. 학생에게 주는 지침이나 설명의 완성도와 난이도를 평가한다.
2. 수학 참조 표를 개발하여 학생의 책상에 보관한다(예 : 뺄셈, 덧셈, 곱셈 및 나눗셈을 할 때 사용하는 단계).
3. 과제의 적절성을 평가하여 다음과 같은 사항을 확인한다 : (a) 과제가 너무 쉬운지, (b) 과제가 너무 어려운지, 그리고 (c) 과제에 배정된 시간의 길이가 적절한지.
4. 학생으로 하여금 자신이 한 수학 숙제를 계산기로 점검하게 하여 수학 개념 공부를 보완하도록 한다.
5. 학생으로 하여금 문제를 풀기 전에 답을 추정함으로써 스스로 확인하게 한다.
6. 학생으로 하여금 문제를 풀기 전에 교나 또래에게 그 문제를 말로 설명하게 한다.

7. 학생에게 일련의 수학 기호(예 : +, −, ÷, ×)를 인식하는 연습을 시킨다.
8. 학생으로 하여금 수학 문제를 계산기로 풀게 한다.
9. 학생으로 하여금 학생이 배울 수 있는 능력 이상의 정보를 배우게 하면 안 된다.
10. 학생에게 학생이 왜 수학 개념을 배우는지 가르친다. 학생으로 하여금 이러한 개념을 실생활에 응용할 수 있는 구체적인 예와 기회를 제공한다.
11. 학생으로 하여금 문제를 풀 때에 이를 설명하게 함으로써 자신이 하고 있는 실수를 점검하게 한다.
12. 학생이 모든 수학 연산 기호(예 : +, −, ÷, ×)를 인식하는지 확인한다.
13. 수학 연산 기호를 확대하여 학생이 이러한 부호를 잘 볼 수 있게 해준다.
14. 학생에게 결과를 즉각적으로 알려주는 컴퓨터 소프트웨어 프로그램이나 휴대용 교육기기로 연산 연습을 시킨다.
15. 또래 한 사람을 선발하여 수학 문제를 풀게 한다.
16. 학생에게 결과를 즉각적으로 알려주는 컴퓨터 소프트웨어 프로그램이나 휴대용 교육기기를 제공하여 다양한 수학문제를 연습하게 한다.
17. 학생에게 스스로 확인할 수 있는 자료를 제공하여 문제를 바로 풀게 한다.
18. 학습결과를 공적으로 인정한다(예 : 학생이 한 숙제를 공개한다, 학생에게 축하를 보낸다 등).
19. 학생으로 하여금 시각적으로 산만하게 하면, 한 페이지에 나오는 정보의 양을 줄인다(예 : 문제 수를 줄인다, 인쇄의 양을 줄인다 등).
20. 한 페이지 나오는 문제의 수를 줄인다(예 : 한 페이지에 5문제씩 내고 이를 하루에 4페이지를 마치게 한다).
21. 학생이 한 연산에서 다른 연산으로 잘 진행하면 상을 준다 : (a) 유형의 상을 준다(예 : 학급 보상, 모둠장, 심부름, 5분간 자유시간 등) 혹은 (b) 무형의 상을 준다(예 : 칭찬, 악수, 미소 등).
22. 학생으로 하여금 수학 문제를 풀기 전에 수학 숙제를 점검하면서 각 문제의 연산 부분에 중요표시를 하게 한다.
23. 학생에게 다음과 같은 사항을 설명한다 : (a) 무엇을 잘못하고 있는지(예 : 빼기 대신에 덧셈을 한다) 그리고 (b) 무엇을 해야 하는지(예 : 덧셈 문제는 더하고, 뺄셈 문제는 빼기 등)
24. 학생에게 지침 따르기 기술을 가르친다 : (a) 경청하기, (b) 질문하기, (c) 주변 신호를 사용하기, (d) 제공한 예를 이용하기, 그리고 (e) 모든 지침이 나올 때까지 기다린 후에 시작하기.

25. 각 수학 연산은 별도 종이를 사용한다(즉 : 같은 종류의 연산 문제들은 같은 종이에 낸다). 학생이 잘해내면, 점진적으로 같은 페이지에 다른 연산이 들어있는 문제도 함께 내준다.
26. 각 수학문제 곁에 어떤 연산이 필요한지 메모를 적어 넣는다(예 : 덧셈, 뺄셈 등). 학생이 잘해내면 이러한 목록표는 점차적으로 줄인다.
27. 각 수학 문제마다 연산 부호 대신 색상 코드로 표시한다(예 : 덧셈은 초록으로, 뺄셈은 빨강으로 등). 학생이 잘해내면 점차적으로 색상 코드를 줄인다.
28. 학생이 연산을 바꿔야 할 때에는 학생의 문제지에 시각적 신호(예 : 정지 사인, 빨간 점 등)를 제공한다. 학생이 정지 사인에 도달하면 손을 들게 하여 학생이 다음에 할 문제에 대한 지침을 받게 한다.
29. 숙제 첫 부분에서 몇 문제를 학생과 같이 풀음으로써 학생이 어떤 연산을 사용해야 하는지 알 수 있게 해준다.

23. 분수나 소수점이 있는 수학 문제를 틀리게 푼다.

목적

1. 학생은 기초적인 숫자 개념을 이해할 것이다.
2. 학생은 분수를 포함하는 문제를 풀 능력이 생길 것이다.
3. 학생은 소수점이 들어있는 문제를 풀 능력이 생길 것이다.

목표

1. 학생은 분수 값을 ____% 정확하게 인식할 것이다.
2. 학생은 진수 값(decimal values)을 ____% 정확하게 인식할 것이다.
3. 학생은 분수가 들어있지만 받아 올림과 내림이 필요 없는 덧셈을 ____% 정확하게 풀 수 있을 것이다.
4. 학생은 소수가 들어있지만 받아 올림과 내림이 필요 없는 덧셈을 ____% 정확하게 풀 수 있을 것이다.
5. 학생은 분수가 들어있지만 받아 올림과 내림이 필요 없는 뺄셈을 ____% 정확하게 풀

수 있을 것이다.

6. 학생은 소수가 들어있지만 받아 올림과 내림이 필요 없는 뺄셈을 ____% 정확하게 풀 수 있을 것이다.
7. 학생은 분수가 들어있지만 받아 올림과 내림이 필요 없는 곱셈을 ____% 정확하게 풀 수 있을 것이다.
8. 학생은 소수가 들어있지만 받아 올림과 내림이 필요 없는 곱셈을 ____% 정확하게 풀 수 있을 것이다.
9. 학생은 분수가 들어있지만 받아 올림과 내림이 필요 없는 간단한 나눗셈을 ____% 정확하게 풀 수 있을 것이다.
10. 학생은 소수가 들어있지만 받아 올림과 내림이 필요 없는 간단한 나눗셈을 ____% 정확하게 풀 수 있을 것이다.
11. 학생은 분수가 들어있지만 받아 올림과 내림이 필요 없는 긴 나눗셈을 ____% 정확하게 풀 수 있을 것이다.
12. 학생은 소수가 들어있지만 받아 올림과 내림이필요 없는 긴 나눗셈을 ____% 정확하게 풀 수 있을 것이다.
13. 학생은 분수가 들어있으며 받아 올림과 내림이 필요한 덧셈을 ____% 정확하게 풀 수 있을 것이다.
14. 학생은 소수가 들어있으며 받아 올림과 내림이 필요한 덧셈을 ____% 정확하게 풀 수 있을 것이다.
15. 학생은 분수가 들어있으며 받아 올림과 내림이 필요한 뺄셈을 ____% 정확하게 풀 수 있을 것이다.
16. 학생은 소수가 들어있으며 받아 올림과 내림이 필요한 뺄셈을 ____% 정확하게 풀 수 있을 것이다.
17. 학생은 분수가 들어있으며 받아 올림과 내림이 필요한 곱셈을 ____% 정확하게 풀 수 있을 것이다.
18. 학생은 소수가 들어있으며 받아 올림과 내림이 필요한 곱셈을 ____% 정확하게 풀 수 있을 것이다.
19. 학생은 분수가 들어있으며 받아 올림과 내림이 필요한 단순한 나눗셈을 ____% 정확하게 풀 수 있을 것이다.
20. 학생은 소수가 들어있으며 받아 올림과 내림이 필요한 단순한 나눗셈을 ____% 정확하게 풀 수 있을 것이다.
21. 학생은 분수가 들어있으며 받아 올림과 내림이 필요한 긴 나눗셈을 ____% 정확하게

풀 수 있을 것이다.

22. 학생은 소수가 들어있으며 받아 올림과 내림이 필요한 긴 나눗셈을 ____% 정확하게 풀 수 있을 것이다.

개입방법

1. 학생에게 8/8, 10/10 등은 정수(整數)임을 가르친다.
2. 또래 한 사람을 선정하여 학생과 함께 분수나 소수 문제를 함께 풀게 한다.
3. 학생에게 다양한 식당 메뉴를 주고 선택하게 한다. 그로 하여금 총액을 계산하게 한다(소수점 포함).
4. 종이를 4등분, 6등분, 10등분 등으로 자른다. 학생으로 하여금 이것으로 분수를 더하고, 분수를 빼는 연습을 시킨다.
5. 분수와 소수에 대한 도움표를 마련하여 학생의 책상에 보관한다.
6. 다른 분모를 가진 분수가 들어있는 문제를 삼각자와 같은 물건으로 풀게 한다(예 : 3/4와 7/8을 비교한다).
7. 학생으로 하여금 소수를 기계적으로 세게 한다(예 : 0.2, 0.4, 0.6, 0.8 등).
8. 학생으로 하여금 분수를 기계적으로 세게 한다(예 : 2/8, 4/8, 6/8 등).
9. 학생이 가상 수입을 벌게 하고 소수를 이용하여 돈 관련 수학 문제를 풀게 한다(예 : 세금, 사회보장, 적금, 임대료, 식품, 의류, 자동차 대금 불입금, 유흥비 등). 난이도는 학생의 수준에 맞도록 한다.
10. 학생으로 하여금 컴퓨터로 분수와 소수가 들어있는 수학문제를 풀게 한다.
11. 학생으로 하여금 그램, 킬로 등과 같은 실생활 측정을 이용하는 분수 문제를 풀어 무게, 길이, 부피 등을 계산하게 한다.
12. 학생으로 하여금 유형의 물체로 소수가 나오는 수학 문제를 풀게 한다(예 : 물 2.5리터와 0.5리터는 모두 2.5리터가 된다.).
13. 학생으로 하여금 유형의 물체로 소수와 분수가 나오는 수학 문제를 풀게 한다(예 : 백원은 천원의 1/10이다, 50cm은 0.5m이다).
14. 학생으로 하여금 유형의 물체로 분수가 나오는 수학 문제를 풀게 한다(예 : 500m은 1km의 1/2이다).
15. 학생으로 하여금 돈으로 소수 문제를 풀게 한다.
16. 소수가 들어있는 문제를 푸는 연습을 할 때에 계산기를 사용하게 한다.
17. 학생에게 신문이나 카탈로그를 주고 사고 싶은 물건의 목록을 만든 다음, 가격의 총액

을 계산하게 한다.

18. 학생으로 하여금 학생의 능력 이상의 정보를 배우게 하면 안 된다.
19. 학생이 왜 소수와 분수 개념을 배워야 하는지를 가르친다. 학생이 이러한 개념을 실제 생활에서 응용할 수 있는 구체적인 예와 기회를 제공한다.
20. 학생에게 숫자 개념과 숫자 기호와 물체의 수와의 관계를 가르친 다음에 분수와 소수가 들어있는 수학 문제를 풀게 한다.
21. 학생에게 재편성의 개념을 가르친다(예 : 혼합 숫자들을 가분수로 만들기 등).
22. 학생에게 결과를 바로 알려주는 컴퓨터 소프트웨어 프로그램이나 휴대용 교육 기기을 이용하여 분수와 소수에 대한 연습을 시킨다.
23. 학생에게 서울과 부산 간의 구간 별 거리(소수점을 포함한 km)를 주고 총 거리를 계산하게 한다.
24. 학생에게 분수와 소수가 포함되어있는 재미있는 수학 활동을 제공하여 혼자서나 혹은 또래와 같이 즐길 수 있게 해준다(예 : 컴퓨터 게임, 수학 게임, 교육용 조작물 등).
25. 학생에게 문제 푸는 데에 필요한 분수가 들어있는 교육용 자료를 제공한다.
26. 학생이 분수나 소수가 들어있는 문제를 잘 풀면 상을 준다 : (a) 유형의 상을 준다(예 : 학급 보상, 모둠장, 심부름, 5분간 자유시간 등) 혹은 (b) 무형의 상을 준다(예 : 칭찬, 악수, 미소 등).
27. 학생에게 분수와 소수를 사용하는 방법을 배울 수 있도록 많은 구체적인 경험을 제공한다(예 : 돈을 바꾸기, 파이 모양을 자르기, 계량하기, 무게 달기, 시계보 기 등).
28. 학생에게 빈 박스와 소수점이 들어있는 종이를 제공하여 학생이 소수점이 들어있는 문제를 풀 때 소수 숫자의 적절한 위치를 배우게 한다.
29. 숙제에서 처음 몇 문제를 학생과 함께 풀음으로써 학생이 문제를 푸는 데에 필요한 지침과 연산을 이해하고 잘 따라할 수 있게 한다.

24. 덧셈을 요하는 수학 문제를 틀리게 푼다.

목적

1. 학생은 기초적인 숫자 개념을 이해할 것이다.
2. 학생은 자리 값을 이해할 것이다.

3. 학생이 덧셈 문제를 푸는 실력이 향상될 것이다.

목표

1. 학생은 100까지 숫자 값을 ____% 정확히 이해할 것이다.
2. 학생은 100 이상의 숫자 값을 ____% 정확히 이해할 것이다.
3. 학생은 자리 값을 ____% 정확히 이해할 것이다.
4. 학생은 받아 올림과 내림이 필요하지 않은 덧셈 문제를 ____% 정확히 풀 것이다.
5. 학생은 받아 올림과 내림이 필요한 덧셈 문제를 ____% 정확히 풀 것이다.

개입방법

1. 학생에게 대안 수학 숙제를 제공한다. 학생이 잘해내면 정규 숙제의 요소를 점진적으로 더 넣을 것이다.
2. 학생이 가장 잘 반응할 수 있을 때 부른다.
3. 또래 한 사람을 선정하여 학생에게 덧셈하는 방법을 보여주게 한다.
4. 학생에게 정보를 전달할 때에는 일대일로 하거나, 또래 개인교사를 이용한다.
5. 덧셈에 관한 수학 개념표를 개발하여 학생이 수학 문제를 풀 때에 책상에서 사용할 수 있게 한다.
6. 학생과 의논한 다음에 응용문제에서 덧셈을 의미하는 단어나 구에 대한 목록을 작성하여 학생에게 제공한다(예 : 같이, 모두 함께, 총액, 모두, 둘 다, 얻은, 받은, 총, 저축된 등).
7. 과제의 적절성을 평가하여 다음 사항을 확인한다 : (a) 과제가 너무 쉬운지, (b) 과제가 너무 어려운지, 그리고 (c) 과제에 배정된 시간이 적절한지.
8. 학생에게 실생활 상황에서 덧셈 개념을 응용할 수 있는 기회를 제공한다(예 : 식당에서 잔돈 받기, 물체의 길이를 재기 등).
9. 학생으로 하여금 또래 개인교사가 되어 자신이 완전하게 이해한 덧셈 개념을 다른 학생에게 가르치게 한다. 이는 학생에게 상과 같은 효과를 낸다.
10. 학생으로 하여금 물체의 수를 더하게 한다. 학생으로 하여금 간단한 덧셈 문제를 풀 때에 물건의 수와 숫자 기호와 짝을 짓게 한다. 학생이 잘해내면 점진적으로 물체를 치운다.
11. 학생으로 하여금 모든 수학문제를 점검하게 한다. 학생이 틀린 것을 정정 할 때마다 상을 준다.

12. 매일 학생으로 하여금 덧셈 개념/문제의 반을 도움 없이 풀게 한다. 나머지 반은 상으로 계산기를 사용하면서 풀도록 허락한다.
13. 학생으로 하여금 물체를 세트로 편성하게 한 다음, 이를 모두 더하여 총계를 내게 한다.
14. 학생으로 하여금 덧셈 수학 개념을 시간을 재면서 풀게 한다. 학생은 자신의 최고 기록과 경쟁하는 것이다.
15. 학생으로 하여금 덧셈 문제를 풀게 한다. 물체를 조작하면서 이 과정을 설명하게 한다.
16. 학생이 수학 문제를 풀 때에 설명하게 함으로써 자신의 실수를 점검하게 한다.
17. 학생이 기초적인 덧셈 개념 연습을 할 때에는 계산기 사용을 허락한다.
18. 덧셈 실력을 강화하기 위해 계산기 사용을 허락한다. 학생으로 하여금 매일 계산기로 덧셈 문제를 몇 개씩 풀도록 한다.
19. 수직선(數直線)을 학생 책상에 부착시켜 학생이 덧셈 문제를 풀 때에 도움이 되도록 한다.
20. 모든 지침, 설명, 질문 등을 가장 분명하고 간략한 방법과 학생에게 적절한 속도로 제공한다.
21. 덧셈에 관해 학생과 대화할 때 사용한 언어가 일관성이 있는지 확인한다(예 : "숫자를 더한다", "합계는 얼마인가?" 혹은 "총계를 낸다").
22. 학생이 각 수준에서 수학 개념을 완전히 이해하고 있는지 확인한 후에 새로운 기술 수준으로 진행한다.
23. 학생의 학습 능력 이상의 정보를 가르치면 안 된다.
24. 학생에게 더 많은, 더 적은, 같은, 영(零) 등과 개념을 가르친다. 유형의 물체를 사용하면 학습 과정이 촉진된다.
25. 학생에게 왜 학생이 덧셈 개념을 배우는지 가르친다. 학생에게 실생활 환경에서 그러한 개념을 응용할 수 있는 구체적인 예와 기회를 제공한다.
26. 학생에게 숫자 개념과, 숫자 기호와 물체의 수와의 관계를 가르친 후에, 학생으로 하여금 덧셈 문제를 풀도록 한다.
27. 학생으로 하여금 즉각적인 결과를 주는 컴퓨터 소프트웨어 프로그램이나 휴대용 교육기기를 사용하여 덧셈 개념을 연습하게 한다.
28. 학생에게 공부할 수 있는 조용한 장소를 제공한다(예 : "사무실," 개인용 공부 책상 등). 이는 산만하게 하는 자극을 줄이려는 것이지 처벌하는 것이 아니다.
29. 자유 시간에 학생에게 재미있는 수학 활동을 제공한다(예 : 컴퓨터 게임, 수학 게임, 교육용 조작물 등).
30. 학생이 공부에 도움을 받을 수 기회를 많이 제공한다(예 : 또래 개인교사, 집에 보내는

숙제에 대한 지침서, 많은 대화 등).

31. 학생이 수학 개념을 배우고 기억하는 것을 도울 수 있는 구체적인 경험을 많이 제공한다. 그룹을 만들 수 있는 아이스크림 막대기, 종이 클립, 단추, 손가락 등을 사용하여 덧셈 개념을 가르친다.
32. 학생으로 하여금 또래나 교사로부터 개인 교습을 받을 수 있는 기회를 많이 제공한다. 학생이 어떤 개념을 완전하게 이해했을 때에는 다른 학생들에게 개인교습을 제공하게 한다.
33. 학생에게 자가 점검하는 자료를 제공한다. 숙제를 제출하기 전에 틀린 것을 고치게 한다.
34. 학생에게 매일 짧은 과제를 제공하고, 그 대신 숙제를 자주 내준다(예 : 문제 20개가 들어있는 숙제 하나를 주는 대신 4문제가 들어있는 숙제를 5번 준다).
35. 경쟁에 대한 강조를 줄인다. 경쟁적인 활동은 학생으로 하여금 서두르다가 덧셈 문제를 틀리게 할 수 있다.
36. 학생이 숙제를 시도하거나 완성하면 상을 준다. 맞게 푼 문제의 수를 강조한다. 도움 없이 학생이 얼마나 문제를 잘 푸는지 보여준다. 학생으로 하여금 혼자서 보는 수학 성적 점검표를 유지하게 한다.
37. 학생이 덧셈 문제를 맞게 풀면 상을 준다 : (a) 유형의 상을 준다(예 : 학급 보상, 모둠장, 심부름, 5분간 자유 시간 등) 혹은 (b) 무형의 상을 준다(예 : 칭찬, 악수, 미소 등)
38. 학생으로 하여금 그래프용지를 사용하여 숫자를 칸에 맞게 정렬하게 한다.
39. 학생으로 하여금 주변에 있는 자원을 이용하여 수학문제를 푸는 데에 도움이 되도록 한다(예 : 그림을 세기, 물건 수를 세기, 계산기 사용하기 등).
40. 학생이 덧셈 개념을 외울 수 있도록 매일 연습 활동을 제공한다(예 : 문서 문제, 학습개념카드 등).
41. 숙제 처음에 나오는 문제 몇 개를 학생과 함께 풀음으로써 학생이 문제를 푸는 데에 필요한 지침과 연산을 이해하는지 확인한다.

25. 나눗셈이 필요한 수학 문제를 잘 풀지 못한다.

목적

1. 학생은 기초적인 숫자 개념을 이해할 것이다.
2. 학생은 자리 값을 이해할 것이다.
3. 학생이 나눗셈 문제를 푸는 실력이 향상될 것이다.

목표

1. 학생은 100까지 숫자 값을 ____% 정확히 이해할 것이다.
2. 학생은 100 이상의 숫자 값을 ____% 정확히 이해할 것이다.
3. 학생은 자리 값을 ____% 정확히 이해할 것이다.
4. 학생은 받아 올림과 내림을 필요로 하지 않는 나눗셈 문제를 ____% 정확히 풀 것이다.
5. 학생은 받아 올림과 내림을 필요로 하는 나눗셈 문제를 ____% 정확히 풀 것이다.

개입방법

1. 학생에게 대안 수학 숙제를 제공한다. 학생이 잘해내면 정규 숙제의 요소를 점진적으로 더 넣을 것이다.
2. 학생이 가장 잘 반응할 수 있을 때 부른다.
3. 또래 한 사람을 선정하여 학생에게 나눗셈하는 방법을 보여주게 한다.
4. 학생에게 정보를 전달할 때에는 일대일로 하거나, 또래 개인교사를 이용한다.
5. 나눗셈에 관한 수학 개념표를 개발하여 학생이 수학 문제를 풀 때에 책상에서 사용할 수 있게 한다.
6. 학생과 의논한 다음에 응용문제에서 나눗셈을 의미하는 단어나 구에 대한 목록을 작성하여 학생에게 제공한다(예 : ~로, 공유한다, 각기, 평균, 지수, ~의 반 등).
7. 과제의 적절성을 평가하여 다음 사항을 확인한다 : (a) 과제가 너무 쉬운지, (b) 과제가 너무 어려운지, 그리고 (c) 과제에 배정된 시간이 적절한지.
8. 학생에게 실생활 상황에서 나눗셈 개념을 응용할 수 있는 기회를 제공한다(예 : 돈, 어떤 일을 마치는 데에 필요한 시간 등).

9. 학생에게 몇 가지 물체(예 : 1인치 입방체, 플라스틱 체인 등)를 주고 이를 그룹으로 편성하게 한다.
10. 학생으로 하여금 또래 교사로 다른 학생에게 자신이 완전하게 이해한 개념을 가르치게 한다. 이는 학생에게 상을 주는 효과가 있다.
11. 학생으로 하여금 모든 수학문제를 점검하게 한다. 학생이 틀린 것을 정정할 때마다 상을 준다.
12. 매일 학생으로 하여금 수학 문제의 반을 도움 없이 풀게 한다. 나머지 반은 상으로 계산기를 사용하면서 풀도록 허락한다.
13. 학생에게 물체의 수를 나누는 방법을 가르친다. 그런 다음 나눗셈을 하면서 숫자 기호와 물체의 수를 짝 맞춘다. 마지막 단계에서 학생은 물체를 사용하지 않고 나누기를 한다.
14. 학생으로 하여금 나눗셈 문제를 하는 데에 필요한 모든 기술에 대한 목록을 만들게 한다(예 : 뺄셈, 곱셈 등).
15. 학생으로 하여금 상으로 나눗셈 수학 개념을 시간을 재면서 풀게 한다. 학생은 자신의 최고 기록과 경쟁하는 것이다.
16. 학습개념카드로 도와주는 또래 한 사람과 함께 학생으로 하여금 나눗셈표를 매일 연습하게 한다.
17. 학생으로 하여금 물체를 조작하고 그 과정을 설명하면서 수학 문제를 풀게 한다.
18. 학생으로 하여금 수학문제를 풀면서 이를 설명하게 함으로써 자신이 하고 있는 실수를 찾아내게 한다.
19. 학생으로 하여금 기초적인 나눗셈 개념을 연습하는 데에 계산기를 사용하게 한다.
20. 학생으로 하여금 나눗셈 과정을 공부하는 데에 계산기를 사용하게 한다. 학생으로 하여금 계산기로 나눗셈 문제를 매일 몇 개씩 풀게 한다.
21. 학생이 틀리게 하는 나눗셈 문제를 구체적으로 확인한다. 이러한 문제들을 중점으로 추가 지도와 개인 지도와 연습활동을 하게 한다.
22. 모든 지침, 설명, 질문 등을 가장 분명하고 간략한 방법과 학생에게 적절한 속도로 제공한다.
23. 나눗셈에 관해 학생과 대화할 때 사용한 언어가 일관성이 있는지 확인한다(예 : "숫자를 나눈다", "나눗수는 얼마인가?" 혹은 "나뉨수는 얼마인가?").
24. 학생이 각 수준에서 수학 개념을 완전히 이해하고 있는지 확인한 후에 새로운 기술 수준으로 진행한다.
25. 학생에게 세트에 관한 개념을 가르친다. 학생으로 하여금 세트를 두 개의 하위 세트로

나누는 방법을 가르치는 등, 나누기 개념을 가르친다.

26. 학생에게 학생의 학습 능력 이상의 정보를 배우게 하면 안 된다.
27. 학생에게 더 많은, 더 적은, 같은, 영(零) 등과 개념을 가르친다. 유형의 물체를 사용하면 학습 과정이 촉진된다.
28. 학생에게 왜 학생이 나눗셈 개념을 배우는지 가르친다. 학생에게 실생활 환경에서 그러한 개념을 응용할 수 있는 구체적인 예와 기회를 제공한다.
29. 학생에게 숫자 개념과, 숫자 기호와 물체의 수와의 관계를 가르친 후에, 학생으로 하여금 나눗셈 문제를 풀도록 한다.
30. 학생으로 하여금 즉각적인 결과를 주는 컴퓨터 소프트웨어 프로그램이나 휴대용 교육기기를 사용하여 나눗셈 개념을 연습하게 한다.
31. 학생에게 공부할 수 있는 조용한 장소를 제공한다(예 : '사무실," 개인용 공부 책상 등). 이는 산만하게 하는 자극을 줄이려는 것이지 처벌하는 것이 아니다.
32. 자유 시간에 학생에게 재미있는 수학 활동을 제공한다(예 : 컴퓨터 게임, 수학 게임, 교육용 조작물 등).
33. 학생이 공부에 도움을 받을 수 있는 기회를 많이 제공한다(예 : 또래 개인교사, 집에 보내는 숙제에 대한 지침서, 많은 대화 등).
34. 학생이 수학 개념을 배우고 기억하는 것을 도울 수 있는 구체적인 경험을 많이 제공한다. 그룹을 만들 수 있는 아이스크림 막대기, 종이 클립, 단추, 손가락 등을 사용하여 나눗셈 개념을 가르친다.
35. 학생으로 하여금 또래나 교사로부터 개인 교습을 받을 수 있는 기회를 많이 제공한다. 학생이 어떤 개념을 완전하게 이해했을 때에는 다른 학생들에게 개인교습을 제공하게 한다.
36. 학생에게 자가 점검하는 자료를 제공한다. 숙제를 제출하기 전에 틀린 것을 고치게 한다.
37. 학생에게 매일 짧은 과제를 제공하고, 그 대신 숙제를 자주 내준다(예 : 문제 20개가 들어있는 숙제 하나를 주는 대신 4문제가 들어있는 숙제를 5번 준다).
38. 경쟁에 대한 강조를 줄인다. 경쟁적인 활동은 학생으로 하여금 서두르다가 나눗셈 문제를 틀리게 할 수 있다.
39. 학생이 숙제를 시도하거나 완성하면 상을 준다. 맞게 푼 문제의 수를 강조한다. 도움 없이 학생이 얼마나 문제를 잘 푸는지 보여준다. 학생으로 하여금 혼자서 보는 수학 성적 차트를 유지하게 한다.
40. 학생이 나눗셈 문제를 맞게 풀면 상을 준다 : (a) 유형의 상을 준다(예 : 학급 보상, 모둠

장, 심부름, 5분간 자유 시간 등) 혹은 (b) 무형의 상을 준다(예 : 칭찬, 악수, 미소 등)
41. 나눗셈을 실제로 응용하는 예를 보여준다.
42. 학생으로 하여금 주변에 있는 자원을 이용하여 수학문제를 푸는 데에 도움이 되도록 한다(예 : 그림을 세기, 물건 수를 세기, 계산기 사용하기 등).
43. 학생이 나눗셈 개념을 외울 수 있도록 매일 연습 활동을 제공한다(예 : 문서 문제, 학습 개념카드 등).
44. 학생에게 어떤 수이든지 1로 나누면 그 수는 그대로 남는다는 사실을 가르친다.
45. 각 문제에 대한 과제 분석을 이용하여 학생이 맞게 계산하지 못하는 부분을 확인한다.
46. 숙제 처음에 나오는 문제 몇 개를 학생과 함께 풀음으로써 학생이 문제를 푸는 데에 필요한 지침과 연산을 이해하는지 확인한다.

26. 곱셈이 필요한 수학 문제를 잘 풀지 못한다.

목적

1. 학생은 기초적인 숫자 개념을 이해할 것이다.
2. 학생은 자리 값을 이해할 것이다.
3. 학생이 곱셈 문제를 푸는 실력이 향상될 것이다.

목표

1. 학생은 100까지 숫자 값을 ____% 정확히 이해할 것이다.
2. 학생은 100 이상의 숫자 값을 ____% 정확히 이해할 것이다.
3. 학생은 자리 값을 ____% 정확히 이해할 것이다.
4. 학생은 재편성을 요하지 않는 곱셈 문제를 ____% 정확히 풀 것이다.
5. 학생은 재편성을 요하는 곱셈 문제를 ____% 정확히 풀 것이다.

개입방법

1. 학생에게 대안 수학 숙제를 제공한다. 학생이 잘해내면 정규 숙제의 요소를 점진적으로 더 넣을 것이다.

2. 또래 한 사람을 선정하여 학생에게 곱셈하는 방법을 보여주게 한다.
3. 학생이 가장 잘 반응할 수 있을 때 부른다.
4. 학생에게 정보를 전달할 때에는 일대일로 하거나, 또래 개인교사를 이용한다.
5. 곱셈에 관한 수학 개념표를 개발하여 학생이 수학 문제를 풀 때에 책상에서 사용할 수 있게 한다.
6. 학생과 의논한 다음에 응용문제에서 곱셈을 의미하는 단어나 구에 대한 목록을 작성하여 학생에게 제공한다(예 : 면적, 각각, ~배, 곱, 두 배, 세 배, 두 번 등).
7. 과제의 적절성을 평가하여 다음 사항을 확인한다 : (a) 과제가 너무 쉬운지, (b) 과제가 너무 어려운지, 그리고 (c) 과제에 배정된 시간이 적절한지.
8. 학생으로 하여금 기초적인 곱셈 개념을 연습하는 데에 계산기를 사용하게 한다.
9. 학생으로 하여금 모든 수학문제를 점검하게 한다. 학생이 틀린 것을 정정할 때마다 상을 준다.
10. 학습개념카드로 도와주는 또래 한 사람과 함께 학생으로 하여금 곱셈표를 매일 연습하게 한다.
11. 학생으로 하여금 또래 교사로 다른 학생에게 자신이 완전하게 이해한 개념을 가르치게 한다. 이는 학생에게 상을 주는 효과가 있다.
12. 학생으로 하여금 수직선(數直線)에서 같은 거리로 셈을 세게 한다. 같은 거리는 띄어세기와 같으며 이는 곱셈의 원리임을 보여준다.
13. 매일 학생으로 하여금 곱셈 문제의 반을 도움 없이 풀게 한다. 나머지 반은 상으로 계산기를 사용하면서 풀도록 허락한다.
14. 학생으로 하여금 상으로 곱셈 수학 문제를 시간을 재면서 풀게 한다. 학생은 자신의 최고 기록과 경쟁하는 것이다.
15. 학생으로 하여금 물체를 조작하고 그 과정을 설명하면서 곱셈문제를 풀게 한다.
16. 학생으로 하여금 수학문제를 풀면서 이를 설명하게 함으로써 자신이 하고 있는 실수를 찾아내게 한다.
17. 학생으로 하여금 곱셈 과정을 공부하는 데에 계산기를 사용하게 한다. 학생으로 하여금 계산기로 곱셈 문제를 매일 몇 개씩 풀게 한다.
18. 학생이 틀리게 하는 곱셈 문제를 구체적으로 확인한다. 이러한 문제들을 중점으로 추가 지도와 개인 지도와 연습활동을 하게 한다.
19. 모든 지침, 설명, 질문 등을 가장 분명하고 간략한 방법과 학생에게 적절한 속도로 제공한다.
20. 학생이 각 수준에서 수학 개념을 완전히 이해하고 있는지 확인한 후에 새로운 기술 수

준으로 진행한다.

21. 학생에게 학생의 학습 능력 이상의 정보를 배우게 하면 안 된다.
22. 학생에게 왜 학생이 곱셈 개념을 배우는지 가르친다. 학생에게 실생활 환경에서 그러한 개념을 응용할 수 있는 구체적인 예와 기회를 제공한다.
23. 학생에게 숫자 개념과, 숫자 기호와 물체의 수와의 관계를 가르친 후에, 학생으로 하여금 곱셈 문제를 풀도록 한다.
24. 학생에게 곱셈은 시간이 덜 걸리는 일종의 덧셈임을 가르친다. 더하는 것이 곱하는 것보다 얼마나 시간이 더 걸리는지 실제로 보여준다.
25. 2단위, 3단위 및 5단위로 띄어 세기를 연습한다.
26. 학생으로 하여금 즉각적인 결과를 주는 컴퓨터 소프트웨어 프로그램이나 휴대용 교육기기를 사용하여 곱셈 개념을 연습하게 한다.
27. 학생에게 공부할 수 있는 조용한 장소를 제공한다(예 : "교실," 개인용 공부 책상 등). 이는 산만하게 하는 자극을 줄이려는 것이지 처벌하는 것이 아니다.
28. 자유 시간에 학생에게 재미있는 수학 활동을 제공한다(예 : 컴퓨터 게임, 수학 게임, 교육용 학습자료 등).
29. 학생이 공부에 도움을 받을 수 기회를 많이 제공한다(예 : 또래 개인교사, 집에 보내는 숙제에 대한 지침서, 많은 대화 등).
30. 학생이 수학 개념을 배우고 기억하는 것을 도울 수 있는 구체적인 경험을 많이 제공한다. 그룹을 만들 수 있는 아이스크림 막대기, 종이 클립, 단추, 손가락 등을 사용하여 곱셈 개념을 가르친다.
31. 학생으로 하여금 또래나 교사로부터 개인 교습을 받을 수 있는 기회를 많이 제공한다. 학생이 어떤 개념을 완전하게 이해했을 때에는 다른 학생들에게 개인교습을 제공하게 한다.
32. 학생에게 스스로 확인할 수 있는 자료를 제공한다. 숙제를 제출하기 전에 틀린 것을 고치게 한다.
33. 학생에게 매일 짧은 과제를 제공하고, 그 대신 숙제를 자주 내준다(예 : 문제 20개가 들어있는 숙제 하나를 주는 대신 4문제가 들어있는 숙제를 5번 준다).
34. 경쟁에 대한 강조를 줄인다. 경쟁적인 활동은 학생으로 하여금 서두르다가 곱셈 문제를 틀리게 할 수 있다.
35. 학생이 숙제를 시도하거나 완성하면 상을 준다. 맞게 푼 문제의 수를 강조한다. 도움 없이 학생이 얼마나 문제를 잘 푸는지 보여준다. 학생으로 하여금 혼자서 보는 수학 성적 점검표를 유지하게 한다.

36. 학생이 곱셈 문제를 맞게 풀면 상을 준다 : (a) 유형의 상을 준다(예 : 학급 보상, 모둠장, 심부름, 5분간 자유 시간 등) 혹은 (b) 무형의 상을 준다(예 : 칭찬, 악수, 미소 등)
37. 학생으로 하여금 그래프용지를 사용하여 숫자를 칸에 맞추어 정렬하게 한다.
38. 학생에게 어떤 수이든지 1로 곱하면 그 수는 그대로 남는다는 사실을 가르친다.
39. 학생에게 어떤 수이든지 "영"으로 곱하면 그 수는 "영"이 된다는 사실을 가르친다.
40. 학생으로 하여금 주변에 있는 자원을 이용하여 수학문제를 푸는 데에 도움이 되도록 한다(예 : 그림을 세기, 물건 수를 세기, 계산기 사용하기 등).
41. 학생이 곱셈 개념을 외울 수 있도록 매일 연습 활동을 제공한다(예 : 문서 문제, 학습개념 카드 등).
42. 숙제 처음에 나오는 문제 몇 개를 학생과 함께 풀음으로써 학생이 문제를 푸는 데에 필요한 지침과 연산을 이해하는지 확인한다.

27. 받아 올림과 내림 수학 문제를 잘 풀지 못한다.(즉 : 빌려 오기, 올리기)

목적

1. 학생은 기초적인 숫자 개념을 이해할 것이다.
2. 학생은 자리 값을 이해할 것이다.
3. 학생은 받아 올림과 내림이 필요한 수학 문제를 푸는 실력이 향상될 것이다.

목표

1. 학생은 받아 올림과 내림 덧셈이 필요하지 않은 수학문제를 ____% 정확히 풀 것이다.
2. 학생은 받아 올림과 내림이 필요하지 않은 뺄셈 수학문제를 ____% 정확히 풀 것이다.
3. 학생은 받아 올림과 내림이 필요하지 않은 곱셈 수학문제를 ____% 정확히 풀 것이다.
4. 학생은 받아 올림과 내림이 필요한 덧셈 수학문제를 ____% 정확히 풀 것이다.
5. 학생은 받아 올림과 내림이 필요한 뺄셈 수학문제를 ____% 정확히 풀 것이다.
6. 학생은 받아 올림과 내림이 필요한 곱셈 수학문제를 ____% 정확히 풀 것이다.

개입방법

1. 또래 한 사람을 선정하여 학생에게 받아올림과 내림이 필요한 수학문제를 맞게 푸는 방법을 보여주도록 한다.
2. 수학 개념표를 개발하여 학생이 수학 문제를 풀 때에 책상에서 사용할 수 있게 한다(예 : 뺄셈, 덧셈 등을 풀 때에 사용하는 단계들).
3. 받아 올림과 받아 내림 표를 개발하여 학생이 받아올림과 내림이 필요한 수학 문제를 풀 때에 책상에서 사용할 수 있게 한다.
4. 학생이 받아 올림과 받아 내림에 필요한 기술을 완전히 익혔는지 확인하기 위해 과제의 적절성을 평가한다.
5. 학생에게 받아 올림과 받아 내림을 실제 상황에서 응용할 수 있는 기회를 제공한다(예 : 식당에서 잔돈 받기, 쇼핑할 때 모두 얼마나 샀는지 계산하기 등).
6. 수학 개념 학습을 보강하기 위해 학생으로 하여금 계산기를 사용하여 수학 숙제을 점검하게 한다.
7. 매일 학생으로 하여금 수학 문제의 반을 도움 없이 풀게 한다. 나머지 반은 상으로 계산기를 사용하면서 풀도록 허락한다.
8. 학생으로 하여금 받아 올림과 받아 내림 능력을 강화하기 위해 시간을 재면서 연습하게 한다. 학생은 자신의 최고의 기록과 경쟁하는 것이다.
9. 학생으로 하여금 색깔 칩으로 게임을 하게 한다. 각 색상에 값을 매긴다. 그리고 10원 짜리 칩 한 개가 1원 짜리 칩 열 개에 해당하는 것을 가르친다.
10. 학생에게 빌려오기와 올리기 개념을 연습하게 한다.
11. 학생으로 하여금 수학 문제처럼 칸에 정렬해 놓은 물체를 "빌려오기"나 "올리기"를 하면서 받아 올림과 받아 내림 개념을 연습하게 한다.
12. 학생이 문제 몇 개를 마치고 나면 손을 들게 한다. 교사가 점검한 후에 계속해서 문제를 풀게 한다.
13. 학생으로 하여금 받아 올림과 받아 내림을 연습하기 위해 물체를 조작하면서 문제를 풀게 한다.
14. 학생으로 하여금 받아 올림과 받아 내림을 연습하기 위해 동전으로 돈 수학문제를 풀게 한다.
15. 학생으로 하여금 수학문제를 풀면서 이를 설명하게 함으로써 자신이 틀리게 하고 있는 것을 찾아내게 한다.

16. 숙제 처음에 나오는 문제 몇 개를 학생과 함께 풂으로써 학생이 문제를 푸는 데에 필요한 지침과 연산을 이해하는지 확인한다.
17. 학생과 받아 올림과 내림에 관해 대화를 할 때에 사용하는 언어가 일관성이 있는지 확인한다(예 : "빌려오다""올리다"등).
18. 학생에게 수직선(數直線)을 제공하여 책상에 두고 참고로 사용하게 한다.
19. 학생이 각 수준에서 수학 개념을 완전히 이해하고 있는지 확인한 후에 새로운 기술 수준으로 진행한다.
20. 학생에게 학생의 학습 능력 이상의 정보를 배우게 하면 안 된다.
21. 학생에게 더 많은, 더 적은, 같은, 그리고 영(零)이라는 개념을 가르친다. 유형의 물체를 사용하면 더 빨리 이해할 것이다.
22. 학생에게 숫자 개념과, 숫자 기호와 물체의 수와의 관계를 가르친 후에, 학생으로 하여금 받아 올림과 받아 내림이 필요한 수학 문제를 풀도록 한다.
23. 학생이 자리 값의 개념을 이해하는지, 그리고 문제를 풀 때에는 1단위인 오른쪽에서부터 시작하여 왼쪽으로 이동하는 것을 이해하는지 확인한다.
24. 학생으로 하여금 즉각적인 결과를 주는 컴퓨터 소프트웨어 프로그램이나 휴대용 교육기기를 사용하여 받아 올림과 받아 내림을 연습하게 한다.
25. 학생에게 유형의 물체를 1단위, 10단위, 100단위 그룹 등으로 편성하는 학습 경험을 제공한다.
26. 학생이 받아 올림과 받아 내림 기술을 배우고 기억하는 것을 도울 수 있는 구체적인 경험을 많이 제공한다. 그룹을 만들 수 있는 아이스크림 막대기, 종이, 클립, 단추, 손가락 등을 사용하여 받아올림과 내림을 가르친다.
27. 학생에게 또래나 교사로부터 개인 교습을 받을 수 있는 기회를 많이 제공한다. 학생이 어떤 개념을 완전하게 이해했을 때에는 다른 학생들에게 개인교습을 제공하게 한다.
28. 학생에게 매일 짧은 과제를 제공하고, 그 대신 숙제를 자주 내준다(예 : 문제 20개가 들어있는 숙제 하나를 주는 대신 4문제가 들어있는 숙제를 5번 준다).
29. 경쟁에 대한 강조를 줄인다. 경쟁적인 활동은 학생으로 하여금 서두르다가 받아 올림과 내림을 틀리게 할 수 있다.
30. 학생이 숙제를 시도하거나 완성하면 상을 준다. 맞게 푼 문제의 수를 강조한다. 도움 없이 학생이 얼마나 문제를 잘 푸는지 보여준다. 학생으로 하여금 혼자서 보는 수학 성적 점검표를 유지하게 한다.
31. 학생이 받아 올림과 받아 내림을 필요로 하는 수학 문제를 맞게 풀면 상을 준다 : (a) 유형의 상을 준다.(예 : 학급 보상, 모둠장, 심부름, 5분간 자유 시간 등) 혹은 (b) 무형

의 상을 준다(예 : 칭찬, 악수, 미소 등)

32. 학생으로 하여금 덧셈 문제를 빼기로 점검하게 한다.
33. 학생으로 하여금 뺄셈 문제를 더하기로 점검하게 한다(예 : 차이와 감수를 더하면 피감수가 된다). 학생이 틀린 것 한 개를 찾아 정정할 때마다 상을 준다.
34. 학생이 받아 올림과 받아 내림을 배울 수 있도록 매일 연습 활동을 제공한다(예 : 문서 문제, 학습개념카드 등).
35. 학생에게 받아 올림과 받아 내림을 가르칠 때 교육용 학습자료(예 : 10단위 블록)을 사용한다.

28. 뺄셈을 요하는 수학 문제를 잘 풀지 못한다.

목적

1. 학생은 기초적인 숫자 개념을 이해할 것이다.
2. 학생은 자리 값을 이해할 것이다.
3. 학생은 뺄셈 실력이 향상될 것이다.

목표

1. 학생은 100까지 숫자 값을 ____% 정확히 이해할 것이다.
2. 학생은 100 이상의 숫자 값을 ____% 정확히 이해할 것이다.
3. 학생은 자리 값을 ____% 정확히 이해할 것이다.
4. 학생은 받아 올림과 받아 내림을 요하지 않는 뺄셈 문제를 ____% 정확히 풀 것이다.
5. 학생은 받아 올림과 받아 내림을 요하는 뺄셈 문제를 ____% 정확히 풀 것이다.

개입방법

1. 학생에게 대안 수학 숙제를 제공한다. 학생이 잘해내면 정규 숙제의 요소를 점진적으로 더 넣을 것이다.
2. 또래 한 사람을 선정하여 학생에게 뺄셈 하는 방법을 보여주게 한다.
3. 학생이 가장 잘 반응할 수 있을 때 학생을 부른다.

4. 학생에게 정보를 전달할 때에는 일대일로 하거나, 또래 개인교사를 이용한다.
5. 뺄셈에 관한 수학 개념표를 개발하여 학생이 수학 문제를 풀 때에 책상에서 사용할 수 있게 한다.
6. 학생과 의논한 다음에 응용문제에서 뺄셈을 의미하는 단어나 구에 대한 목록을 작성하여 학생에게 제공한다(예 : ~의 차이, ~로부터, 남은 것은, 얼마나 더 큰지, 얼마나 더 먼지 등).
7. 과제의 적절성을 평가하여 다음 사항을 확인한다 : (a) 과제가 너무 쉬운지, (b) 과제가 너무 어려운지, 그리고 (c) 과제에 배정된 시간이 적절한지.
8. 학생에게 뺄셈 개념을 실생활 상황에서 응용할 수 있는 기회를 제공한다(예 : 식당에서 거스름 돈 받기, 물체의 길이를 재기 등).
9. 학생으로 하여금 또래 교사로 다른 학생에게 자신이 완전하게 이해한 개념을 가르치게 한다. 이는 학생에게 상을 주는 효과가 있다.
10. 학생으로 하여금 모든 수학문제를 점검하게 한다. 학생이 틀린 것을 정정할 때마다 상을 준다.
11. 매일 학생으로 하여금 뺄셈 문제의 반을 도움 없이 풀게 한다. 나머지 반은 상으로 계산기를 사용하면서 풀도록 허락한다.
12. 학생이 빼기 문제를 하는 동안 학생으로 하여금 어떤 그룹으로부터 특정 수의 물체를 빼어서 이를 숫자 기호와 짝을 짓게 한다. 마지막 단계에서 학생은 물체를 사용하지 않으면서 숫자 기호로 빼기를 한다.
13. 학생으로 하여금 상으로 뺄셈 수학 개념을 시간을 재면서 풀게 한다. 학생은 자신의 최고 기록과 경쟁하는 것이다.
14. 학생으로 하여금 물체를 조작하면서, 그리고 그 과정을 설명하면서 뺄셈문제를 풀게 한다.
15. 학생으로 하여금 수학문제를 풀면서 이를 설명하게 함으로써 자신이 하고 있는 실수를 찾아내게 한다.
16. 학생으로 하여금 기초적인 뺄셈 개념을 연습하는 데에 계산기를 사용하게 한다.
17. 학생으로 하여금 뺄셈 과정을 공부하는 데에 계산기를 사용하게 한다. 학생으로 하여금 계산기로 문제를 매일 몇 개씩 풀게 한다.
18. 학생으로 하여금 자신의 책상에 부착한 수직선(數直線)으로 뺄셈 문제를 푸는 데에 도움이 되게 한다.
19. 모든 지침, 설명, 질문 등을 가장 분명하고 간략한 방법과 학생에게 적절한 속도로 제공한다.

20. 뺄셈에 대하여 학생과 대화할 때에 사용한 언어가 일관성이 있는지 확인한다(예 : "숫자로 빼기를 한다.""차이가 얼마인가?"등).
21. 학생이 각 수준에서의 수학 개념을 완전하게 이해하고 있는지 확인한 후에 새로운 기술 수준을 도입한다.
22. 학생에게 더 많은, 더 적은, 같은, 그리고 영(零)이라는 개념을 가르친다. 유형의 물체를 사용하면 더 빨리 이해할 것이다.
23. 학생에게 왜 학생이 수학 개념을 배우는지 가르친다. 학생에게 실생활 환경에서 그러한 개념을 응용할 수 있는 구체적인 예와 기회를 제공한다.
24. 학생에게 "가져가다" 개념을 가르친다(예 : "너에게 장난감 3개가 있는데 내가 2개를 가져간다. 너한테 몇 개가 남았니?").
25. 학생에게 숫자 개념과, 숫자 기호와 물체의 수와의 관계를 가르친 후에, 학생으로 하여금 뺄셈이 필요한 수학 문제를 풀도록 한다.
26. 학생으로 하여금 즉각적인 결과를 주는 컴퓨터 소프트웨어 프로그램이나 휴대용 교육기기를 사용하여 뺄셈 연습하게 한다.
27. 학생에게 공부할 수 있는 조용한 장소를 제공한다(예 : "교실," 개인용 공부 책상 등). 이는 산만하게 하는 자극을 줄이려는 것이지 처벌하는 것이 아니다.
28. 자유 시간에 학생에게 재미있는 수학 활동을 제공한다(예 : 컴퓨터 게임, 수학 게임, 교육용 학습자료 등).
29. 학생이 공부에 도움을 받을 수 기회를 많이 제공한다(예 : 또래 개인교사, 집에 보내는 숙제에 대한 지침서, 많은 대화 등).
30. 학생이 뺄셈 개념을 배우고 기억하는 것을 도울 수 있는 구체적인 경험을 많이 제공한다. 그룹을 만들 수 있는 아이스크림 막대기, 종이 클립, 단추, 손가락 등을 사용하여 뺄셈 개념을 가르친다.
31. 학생으로 하여금 또래나 교사로부터 개인 교습을 받을 수 있는 기회를 많이 제공한다. 학생이 어떤 개념을 완전하게 이해했을 때에는 다른 학생들에게 개인교습을 제공하게 한다.
32. 학생에게 스스로 확인하는 자료를 제공한다. 숙제를 제출하기 전에 틀린 것을 고치게 한다.
33. 학생에게 매일 짧은 과제를 제공하고, 그 대신 숙제를 자주 내준다(예 : 문제 20개가 들어있는 숙제 하나를 주는 대신 4문제가 들어있는 숙제를 5번 준다).
34. 경쟁에 대한 강조를 줄인다. 경쟁적인 활동은 학생으로 하여금 서두르다가 뺄셈 문제를 틀리게 할 수 있다.

35. 학생이 숙제를 시도하거나 완성하면 상을 준다. 맞게 푼 문제의 수를 강조한다. 도움 없이 학생이 얼마나 문제를 잘 푸는지 보여준다. 학생으로 하여금 혼자서 보는 수학 성적 점검표를 유지하게 한다.
36. 학생이 뺄셈 문제를 맞게 풀면 상을 준다 : (a) 유형의 상을 준다(예 : 학급 보상, 모둠장, 심부름, 5분간 자유 시간 등) 혹은 (b) 무형의 상을 준다(예 : 칭찬, 악수, 미소 등)
37. 학생으로 하여금 뺄셈 문제를 더하기로 점검하게 한다(예 : 차이와 감수를 더하면 피감수가 된다). 학생이 틀린 것 한 개를 찾아 정정할 때마다 상을 준다.
38. 학생으로 하여금 그래프용지를 사용하여 숫자를 칸에 맞추어 정렬하게 한다.
39. 학생으로 하여금 주변에 있는 자원을 이용하여 수학문제를 푸는 데에 도움이 되도록 한다(예 : 그림을 세기, 물건 수를 세기, 계산기 사용하기 등).
40. 학생이 뺄셈 개념을 외울 수 있도록 매일 연습 활동을 제공한다(예 : 문서 문제, 학습개념카드 등).
41. 학생으로 하여금 학생의 능력 이상의 정보를 배우도록 하면 안 된다.
42. 수학 숙제에서 처음에 나오는 문제 몇 개를 학생과 함께 풂으로써 학생이 문제을 푸는 데에 필요한 지침과 연산을 이해하는지 확인한다.

29. 돈 관련 문제를 잘 풀지 못한다.

목적

1. 학생은 기초적인 숫자 개념을 이해할 것이다.
2. 학생은 자리 값을 이해할 것이다.
3. 학생은 수학 응용문제를 풀 수 있을 것이다.
4. 학생은 수학 기술을 돈 사용에 응용할 수 있을 것이다.

목표

1. 학생은 받아 올림과 내림이 필요하지 않은 동전이 포함되는 돈 관련 문제를 ____% 정확히 풀 것이다.
2. 학생은 받아 올림과 내림이 필요한 동전이 포함되는 돈 관련 문제를 ____% 정확히 풀

것이다.

3. 학생은 받아 올림과 내림이 필요하지 않은 지폐가 포함되는 돈 관련 문제를 ____% 정확히 풀 것이다.
4. 학생은 받아 올림과 내림이 필요한 지폐가 포함되는 돈 관련 문제를 ____% 정확히 풀 것이다.
5. 학생은 받아 올림과 내림이 필요하지 않은 지폐와 동전이 포함되는 돈 관련 문제를 ____% 정확히 풀 것이다.
6. 학생은 받아 올림과 내림이 필요한 지폐와 동전이 포함되는 돈 관련 문제를 ____% 정확히 풀 것이다.

개입방법

1. 기초적인 덧셈과 뺄셈 개념을 별도로 작성하여 학생으로 하여금 외우게 한다.
2. 학생에게 다양한 식당 메뉴를 제공하고 여기에서 식사를 주문한 다음 금액을 계산하게 한다.
3. 또래 한 사람을 선정하여 학생과 함께 동전 값, 지폐 값, 혼합한 돈 등에 관한 연습을 매일하게 한다.
4. 학생으로 하여금 계산기로 돈 관련 문제를 풀게 한다. 학생으로 하여금 돈 관련 문제를 매일 몇 개씩 풀게 한다.
5. 학생으로 하여금 가상적으로 얻은 수입으로 돈 관련 수학 문제를 풀게 한다. 문제의 난이도는 학생의 능력 수준과 맞아야 한다(예 : 제반 세금, 사회보장 보험 금, 저축, 임대료, 식료품, 의류, 자동차 불입금, 레크레이션 등).
6. 여러 가지 지폐로 같은 액수를 맞춘다(예 : 1,000원짜리 열 장은 10,000원; 5,000원짜리 두 장은 10,000원; 1,000원짜리 다섯 장과 5,000원짜리 한 장은 10,000원; 등).
7. 여러 가지 동전으로 같은 액수를 맞춘다(예 : 10원짜리 동전 열 개는 100원; 50원 짜리 동전 두 개는 100원; 10원짜리 동전 다섯 개와 50원짜리 동전 한 개는 100원; 등).
8. 학생으로 하여금 돈 관련 수학문제를 풀면서 이를 설명하게 함으로써 자신이 하고 있는 실수를 찾아내게 한다.
9. 학생으로 하여금 돈 관련 문제를 푸는 데에 계산기를 사용하게 한다. 학생으로 하여금 계산기로 이러한 문제를 매일 몇 개씩 풀게 한다.
10. 학생에게 신문이나 카탈로그를 주고 광고에 나온 물건 중에서 사고 싶은 것을 골라 모두 얼마치가 되는지 계산하게 한다.

11. 교실에서 학생에게 진짜 돈을 주고 모의 거래를 하게 한다(예 : 점심, 식품, 간식, 의류 등을 사기). 학생으로 하여금 손님과 점원 역할을 모두 하게 한다.
12. 학생에게 1,000원 짜리, 5,000원 짜리, 10,000원 짜리로 세는 방법을 가르친다.
13. 학생에게 10원 짜리, 50원 짜리, 100원 짜리로 세는 방법을 가르친다.
14. 학생에게 모든 동전을 인식하는 방법을 가르친다(예 : 10원, 50원, 100원, 500원 짜리).
15. 학생이 돈을 사용하는 문제를 푸는 데에 필요한 모든 공정을 이해하고 있는지 확인하다 (예 : 학생은 돈을 사용하는 문제의 난이도와 같은 수학 문제를 풀 수 있 다).
16. 학생이 학습할 수 있는 능력 이상의 정보를 배우도록 요구하면 절대로 안 된다.
17. 학생에게 왜 학생이 돈 개념을 배우는지 가르친다. 학생에게 실생활 환경에서 그러한 개념을 응용할 수 있는 구체적인 예와 기회를 제공한다
18. 학생에게 흔히 보는 지폐의 액면 금액을 인식하는 방법을 가르친다(예 : 1,000원 짜리, 5,000원 짜리, 10,000원 짜리, 50,000원 짜리).
19. 학생이 돈 관련 수학 연산을 모두 이해하고 있는지 확인한다(예 : 덧셈, 뺄셈, 곱셈, 나눗셈, 소수점 등).
20. 학생에게 즉각적인 결과를 주는 컴퓨터 소프트웨어 프로그램이나 휴대용 교육기기로 돈 관련 문제를 푸는 연습을 제공한다.
21. 전에 배운 기술, 개념, 과제 등을 매일 복습한다.
22. 학생에게 돈 관련 수학 응용문제를 제공한다. 적절한 연산을 분명히 알고 있는지 확인한다.
23. 경쟁에 대한 강조를 줄인다. 경쟁적인 활동은 학생으로 하여금 서두르게 하여 돈 관련 문제를 풀 때에 실수하게 만들 수 있다.
24. 학생이 돈 관련 문제를 맞게 풀면 상을 준다 : (a) 유형의 상을 준다(예 : 학급보상, 모둠장, 심부름, 5분간 자유 시간 등) 혹은 (b) 무형의 상을 준다(예 : 칭찬, 악수, 미소 등).
25. 학생에게 쇼핑 목록과 가격 목록을 주고 구매 총액을 계산하게 한다.
26. 각 동전을 인식하고 그 값을 가르치는 데에 실제 동전을 사용한다(예 : 10단위, 50단위, 100단위 등으로 세기; 동전 조합을 맞추기 등).
27. 학생이 돈 사용을 연습할 수 있는 실제 상황을 제공한다(예 : 식당에서 점심값을 지불한다, 책 주문 클럽에서 책을 구입한다, 음료수를 산다 등).

30. 계량을 요하는 문제를 잘 풀지 못한다.

목적

1. 학생은 수학 기술을 응용하여 계량이 관련되는 문제를 풀 수 있을 것이다.

목표

1. 학생은 길이(예 : 센티미터, 미터, 킬로미터)가 관련되는 문제를 ____% 정확히 풀 것이다.
2. 학생은 액체 계량(예 : 밀리리터, 리터)이 관련 문제를 ____% 정확히 풀 것이다.
3. 학생은 건조 무게(예 : 그램, 킬로그램, 톤)가 관련되는 수학 문제를 ____% 정확히 풀 것이다.

개입방법

1. 또래 한 사람을 선정하여 학생에게 계량 문제를 푸는 요령을 가르치게 한다.
2. 학생에게 학생이 잘해내고 싶어 하는 계량 활동을 배정한다(예 : 조리법을 따라 음식 만들기, 모델 만들기 등).
3. 학생이 잘 반응할 수 있을 때에 학생을 부른다.
4. 계량 참조 표를 만들어 학생이 계량을 요하는 수학 문제를 풀 때에 자기 책상에서 사용할 수 있게 해준다.
5. 학생과 의논하면서 계량 관련 수학 문제를 의미하는 단어나 구에 대한 목록을 만들어 학생에게 준다(예 : 그램, 킬로그램, 센티미터, 밀리미터 등).
6. 과제의 적절성을 평가하여 다음 사항을 확인한다 : (a) 과제가 너무 쉬운지, (b) 과제가 너무 어려운지, 그리고 (c) 과제에 배정된 시간이 적절한지.
7. 학생에게 실제 생활 상황에서 측정 기술을 응용할 수 있는 기회를 제공한다(예 : 요리하기, 물체의 길이를 재기 등).
8. 학생에게 같은 계량 단위를 사용하는 문제를 풀게 한다(예 : 3kg 빼기 1kg ; 5m 빼이기 2m ; 등). 같은 단위를 사용하는 문제를 잘해낸 후에는 분수와 혼합된 단위가 들어있는 문제를 풀게 한다(예 : kg, g 등).

9. 학생으로 하여금 간단한 조리법을 따라 하게 함으로써 실습에 참여할 수 있는 기회를 제공한다(예 : 젤리 만들기, 쿠키 만들기 등).
10. 학생으로 하여금 주변에 흔히 있는 계량 도구(예 : 저울, 계량 컵, 자 등)로 기초적인 계량 기술(예 : g, cm, kg, ml, l 등으로 재기)을 연습하게 한다.
11. 학생으로 하여금 어떤 품목의 길이, 무게 등을 재는 기술을 익히게 한다.
12. 계량의 작은 단위로 큰 단위를 만드는 연습을 시킨다(예 : 100cm는 1m ; 1000gr은 1kg ; 1000ml는 1l ; 등).
13. 학생으로 하여금 지면에서 문제를 풀기 전에 계량 기기르 간단한 계량 문제를 풀게 한다(예 : 자를 이용하여 5cm 더하기 8cm ; 계량컵으로 40ml 더하기 50ml ; 등).
14. 학생으로 하여금 계산기로 계량문제를 풀고 점검하게 한다.
15. 학생으로 하여금 쌀, 콩 등과 같은 마른 재료를 계량컵으로 측정하지 한다.
16. 계량에 관해 학생과 대화를 할 때에 사용하는 용어가 일관성이 있는지 확인한다(예 : 미터, 그램, 밀리리터 등).
17. 학생이 각 수준의 수학 개념을 완전히 이해했는지 확인한 후에 새로운 기술을 소개한다.
18. 학생이 학습할 수 있는 능력 이상의 정보를 배우게 하면 안 된다.
19. 학생이 기초적인 분수 개념을 알고 있는지 확인한 후에 분수 계량을 포함하는 문제를 풀도록 한다(예 : 1/2 미터, 1/5 킬로그램 등).
20. 학생에게 왜 계량 개념을 공부하는지 설명해준다. 학생에게 실생활 환경에서 이러한 개념을 응용할 수 있는 구체적인 예와 기회를 갖지 한다.
21. 학생에게 즉각적인 결과를 주는 컴퓨터 소프트웨어 프로그램이나 휴대용 교육기기로 계량 관련 문제를 푸는 연습을 제공한다.
22. 학생에게 자유 시간에 재미있는 계량 활동을 교실 안에서 하게 한다(예 : 컴퓨터 게임, 수학 게임 등).
23. 경쟁에 대한 강조를 줄인다. 경쟁적인 활동은 학생으로 하여금 서두르게 하기 때문에 계량 문제를 풀 때에 실수하게 만든다.
24. 학생이 계량 관련 문제를 맞게 풀면 상을 준다 : (a) 유형의 상을 준다(예 : 보상, 모둠장, 심부름 담당, 5분간 자유 시간 등) 혹은 (b) 무형의 상을 준다(예 : 칭찬, 악수, 미소 등).
25. 전에 배운 기술, 개념, 과제 등을 매일 복습한다.
26. 수학 숙제에서 처음에 나오는 문제 몇 개를 학생과 함께 풀음으로써 학생이 문제을 푸는 데에 필요한 지침과 연산을 이해하는지 확인한다.

31. 자리 값을 이해하지 못한다.

목적

1. 학생은 기초적인 수학 개념을 이해할 것이다.
2. 학생은 자리 값을 이해할 것이다.

목표

1. 학생은 1단위 자리 값을 ____% 정확히 인식할 것이다.
2. 학생은 10단위 자리 값을 ____% 정확히 인식할 것이다.
3. 학생은 100단위 자리 값을 ____% 정확히 인식할 것이다.
4. 학생은 1000단위 자리 값을 ____% 정확히 인식할 것이다.

개입방법

1. 수학 참조 표를 개발하여 학생의 책상에 보관하게 한다(예 : 뺄셈, 덧셈, 곱셈, 나눗셈 문제에서 사용되는 단계들).
2. 학생으로 하여금 계산기로 자신의 수학 숙제를 점검하여 수학 개념 학습을 강화하게 한다.
3. 학생으로 하여금 한 숫자를 다른 자리로 재편성하면서 그 값을 확인하게 한다(예 : 372, 627, 721).
4. 학생으로 하여금 설명하면서 문제를 풀게 하여 자신이 자리 값을 틀리게 하는 것을 식별하게 한다.
5. 학생으로 하여금 계산기를 사용하게 하여 수학 개념 학습을 강화한다. 학생으로 하여금 계산기로 하루에 몇 문제씩 풀게 한다.
6. 학생이 각 수준에 개념을 완전히 이해한 후에 새로운 수준의 기술을 소개한다.
7. 학생이 자리 값을 배우는 데에 필요한 기술을 갖고 있는지 확인한다(예 : 숫자를 100까지 쓰고 세기 등).
8. 학생에게 학생의 학습 능력 이상의 정보를 가르치면 안 된다.
9. 학생에게 자리 값을 배우는 데에 필요한 개념과 용어를 가르친다(예 : 세트, 칸, 중앙,

왼쪽, 숫자 등).

10. 교육용 학습도구(예 : 10단위 블록, 연결 고리 등)를 사용하여 학생에게 자리 값을 가르치고 시각적 이미지를 제공한다.
11. 수직선이나 그래프용지를 사용하여 학생으로 하여금 칸을 시각화하고 한 칸에 숫자 하나씩을 넣도록 한다.
12. 학생에게 덧셈, 뺄셈, 곱셈 및 나눗셈 계산은 1단위 칸에서 시작하여 오른쪽에서 왼쪽으로 진행한다는 것을 가르친다.
13. 학생에게 10개의 "하나"가 갖는 집단적 가치는 1개의 "열"과 같으며, 10개의 "열"은 백과 같다는 사실을 가르친다.
14. 학생에게 자리 값에서 영(零)의 개념을 가르친다(예 : 207이라는 수에는 "열"이 없기 때문에 영(零)을 넣는다).
15. 돈 개념은 학생으로 하여금 자리 값 조합을 배우는 데에 도움을 준다(예 : 258에는 백이 2개, 십이 5개, 일이 8개가 있다).
16. 학생에게 즉각적인 결과를 주는 컴퓨터 소프트웨어 프로그램이나 휴대용 교육 기기로 자리 값 연습을 제공한다.
17. 학생에게 수학 개념을 배우고 기억하는 것을 돕는 구체적인 경험을 제공한다.
18. 학생에게 유형의 물체(예 : 아이스크림 막대기, 종이 클립, 단추 등)를 10단위, 100 단위 등의 모둠으로 편성하는 학습 경험을 제공한다.
19. 경쟁에 대한 강조를 줄인다. 경쟁적인 활동은 학생으로 하여금 서두르게 하여 수학 문제를 풀 때 실수하게 한다.
20. 학생으로 하여금 칸을 1단위, 10단위, 100단위 등으로 표지를 붙이는 연습을 하게 한다.
21. 또래 한 사람을 선정하여 매일 학생과 함께 자리 값 활동을 하게 한다(예 : 학습개념카드).
22. 학생에게 왜 그가 수학 개념을 배우고 있는지 설명해준다. 학생에게 그러한 개념을 실생활 상황에서 응용할 수 있는 구체적인 예와 기회를 제공한다.

32. 수학 문제에 필요한 단계를 따르지 못한다.

목적

1. 학생은 자리 값을 이해할 것이다.
2. 학생은 기초적인 숫자 개념을 이해할 것이다.
3. 학생은 수학 문제를 풀 때에 필요한 단계를 따라 하는 능력이 개선될 것이다.

목표

1. 학생은 받아 올림, 내림을 필요로 하지 않는 덧셈문제를 풀기 위해 필요한 단계들을 ____% 정확하게 따를 것이다.
2. 학생은 받아 올림, 내림을 필요로 하는 덧셈문제를 풀기 위해 필요한 단계들을 ____% 정확하게 따를 것이다.
3. 학생은 받아 올림, 내림을 필요로 하지 않는 뺄셈문제를 풀기 위해 필요한 단계들을 ____% 정확하게 따를 것이다.
4. 학생은 받아 올림, 내림을 필요로 하는 뺄셈문제를 풀기 위해 필요한 단계들을 ____% 정확하게 따를 것이다.
5. 학생은 받아 올림, 내림을 필요로 하지 않는 곱셈문제를 풀기 위해 필요한 단계들을 ____% 정확하게 따를 것이다.
6. 학생은 받아 올림, 내림을 필요로 하는 곱셈문제를 풀기 위해 필요한 단계들을 ____% 정확하게 따를 것이다.
7. 학생은 간단한 나눗셈문제를 풀기 위해 필요한 단계들을 ____% 정확하게 따를 것이다.
8. 학생은 긴 나눗셈 문제를 풀기 위해 필요한 단계들을 ____% 정확히 따를 것이다.
9. 학생은 수학 응용문제를 풀기 위해 필요한 단계들을 ____% 정확히 따를 것이다.
10. 학생은 분수가 들어있는 수학 문제를 풀기 위해 필요한 단계들을 ____% 정확히 따를 것이다.
11. 학생은 소수가 들어있는 수학 문제를 풀기 위해 필요한 단계들을 ____% 정확히 따를 것이다.
12. 학생은 시간이 들어있는 수학 문제를 풀기 위해 필요한 단계들을 ____% 정확히 따를 것이다.

13. 학생은 계량이 들어있는 수학 문제를 풀기 위해 필요한 단계들을 ____% 정확히 따를 것이다.

개입방법

1. 학생에게 계산기로 계산을 하도록 허락하면서 과정을 강조한다.
2. 과제 난이도를 평가하여 학생이 추가적인 정보, 시간 , 도움 등이 필요한지 여부를 확인하고 수학 숙제를 시작하게 한다.
3. 학생에게 같은 연산을 요하는 수학 문제를 줌으로써 학생이 문제를 푸는 데에 단계를 따르기 쉽게 해준다. 학생이 잘해냄에 따라 다른 연산을 요하는 문제를 도입한다.
4. 학생으로 하여금 수학 문제의 연산 기호에 동그라미를 치게 한 다음에 문제를 풀게 한다.
5. 학생으로 하여금 필요하면 도움을 요청하게 한다.
6. 새로운 수학 기술을 가르칠 때에는 시범이나 실습을 통해 가르친다.
7. 학생으로 하여금 응용문제마다 연산 이름을 적게 한 다음에 응용문제를 풀게 한다. 학생이 선택한 연산을 확인한 후에 학생은 문제를 풀기 시작한다.
8. 수학 문제 옆에 연산 기호를 색깔 코드로 표시하여 학생이 쉽게 주목할 수 있게 한다.
9. 수학 참조 시트를 개발하여 학생 책상에 보관한다(예 : 뺄셈, 덧셈, 곱셈, 나눗셈 문제를 할 때에 사용하는 단계).
10. 학생으로 하여금 계산기로 자신의 답을 점검하게 한다.
11. 학생으로 하여금 새로운 수학 개념을 배우고 있는 다른 학생을 위해 또래 개인교사가 되게 한다. 기초적인 수학 문제에 나오는 단계들을 설명하게 되면 학생 자신의 기술을 강화하는 데에 도움이 될 것이다.
12. 학생으로 하여금 자문(예 : "다음에는 무엇을 하는 거지?")함으로써 자신을 문제 푸는 데에 집중하게 한다.
13. 학생으로 하여금 지침이나 설명을 큰소리로 말하게 함으로써 오래 기억하게 한다.
14. 학생으로 하여금 지침이나 설명에 관해 질문한 후에 과제를 시작하게 함으로써 이해도를 높인다.
15. 학생으로 하여금 문제 몇 개를 푼 다음에 손을 들면 교사가 이를 점검하며, 그러고 나서 다시 계속하도록 한다.
16. 학생으로 하여금 수학 문제를 실생활 상황과 연계하게 함으로써 문제 푸는 데에 포함되어 있는 단계를 더 잘 이해할 수 있게 한다(예 : "시간당 3,500원씩 받고 6시간 일하면

10,000짜리 CD 두 장을 살 수 있을까?").

17. 학생으로 하여금 수학 문제를 풀 때에 설명하게 함으로써 자신이 틀리게 하는 부분을 식별하게 한다.
18. 학생으로 하여금 말로 교사에게 수학 문제 푸는 단계를 설명하게 함으로써 단계의 적절한 순차를 점검하게 한다.
19. 학생으로 하여금 특정 수학 연산을 완성하는 데에 필요한 단계들을 말로 설명하게 한다(예 : 긴 나눗셈에 나오는 단계는 ÷, x, -, 내리기 등이 있다).
20. 학생으로 하여금 수학문제를 칠판에서 풀게 하여 교사가 진행되는 모든 단계를 볼 수 있게 한다.
21. 학생으로 하여금 지침이나 설명을 적도록 하여 이를 오래 기억할 수 있게 한다.
22. 형광펜으로 각 수학문제에 나오는 기호를 중요 표시하게 한다.
23. 학생으로 하여금 필요할 때에는 반드시 도움을 청하게 한다. 수학문제를 푸는 데에 들어가는 단계들을 칠판, 게시판 등에 올린다.
24. 수학 문제를 푸는 데에 관련되는 보기 문제, 공식, 양식 등을 제공한다.
25. 부정적이거나 모욕적이거나 위협적으로 받아들일 수 있는 비판이 아니라 건설적으로 비판한다(예 : "넌 늘 같은 실수를 한다."라고 말하는 대신, "더 좋은 방법은..."라고 말한다).
26. 학생 책상에 수직선(數直線)을 두어 필요할 때마다 참조하게 한다.
27. 학생이 각 단계에 나오는 수학 개념을 완전하게 이해한 후에 새로운 기술을 소개하도록 한다.
28. 학생의 학습 능력 이상의 정보를 배우게 하면 안 된다.
29. 학생이 모든 수학 연산 기호를 인식하는지 확인한다(예 : +, ÷, x, -,).
30. 학생에게 수학 어휘의 정의를 가르친다(예 : 계, 차이, 지수, 곱 등).
31. 문제 옆에 연산 기호를 확대해 표시하여 학생이 잘 볼 수 있게 해준다.
32. 수학 문제를 풀 때에 필요한 모든 단계를 함께 잘 볼 수 있도록 칠판이나 OHP를 사용한다.
33. 교사가 칠판이나 OHP에서 수학문제를 풀면서 모든 단계를 순차적으로 보여준 다음에 학생으로 하여금 새로운 숙제를 시작하게 한다.
34. 학생이 수학 문제를 푸는 과정을 관찰하면서 실수하는 패턴을 식별하고 이를 교정해준다.
35. 학생을 짝과 함께 칠판에 나가서 수학문제를 풀게 함으로써 단계의 순차를 확실하게 배우게 한다.

36. 순차에 대한 정보를 쉽게 볼 수 있는 위치에 전시해 놓는다(예 : 게시판, 책상 위, 학생의 수학 폴더 안쪽 등).
37. 암기보다 "능동적인 학습"을 요하는 수학 활동을 제공한다.
38. 즉각적인 결과를 알려 주는 컴퓨터 프로그램이나 휴대용 교육 기기로 수학 연습을 제공한다.
39. 학생이 풀고자 하는 문제에 필요한 단계들에 대한 목록을 학생 책상에 비치한다.
40. 학생에게 수학 문제를 푸는 데에 필요한 단계의 순차를 맞도록 도움을 주는 컴퓨터 소프트웨어 프로그램이나 휴대용 교육 기기를 제공한다.
41. 학생에게 과제 순차에 대한 종이 목록을 제공한다.
42. 같은 단계를 요하는 모든 수학 문제를 한 줄에, 혹은 별도 종이에 올린다.
43. 경쟁에 대한 강조를 줄인다. 경쟁적인 활동은 학생으로 하여금 서두르게 하여 수학문제에 나오는 단계를 따를 때에 실수하게 만든다.
44. 숙제에 나오는 처음 몇 문제를 학생과 함께 풀음으로써 학생이 어떤 단계를 따라야 하는지 알 수 있게 해준다.
45. 또래 한 사람을 선정하여 학생이 수학문제를 풀 때에 단계를 따라 하는 방법을 배우게 한다.
46. 과제에 나오는 단계를 기억하는 다양한 전략을 가르치고 연습하게 한다 :
   - 반복
   - 기억하기 쉽도록 부호를 이용
   - 몇 개 글자의 머리글자로 된 말을 이용 (예 : 인강 : 인터넷 강의)
   - 연상 기법
47. 수학 문제의 유형(예 : 덧셈, 뺄셈 등)에 따라 다른 페이지를 사용한다. 잘해냄에 따라 점차적으로 같은 페이지에 다른 유형의 문제를 도입한다.
48. 커다란 색상 화살표로 학생이 어디서 문제 풀기를 시작하는지를 표시한다.
49. 학생으로 하여금 수직선이나 그래프용지를 사용하여 수학 문제를 맞는 칸에 유지하도록 한다.
50. 시각적 신호(예 : 정지 사인, 빨간 점 등)를 사용하여 학생이 다중 단계 문제를 풀 때에 연산 방법을 바꾸는 지점을 알린다.
51. 수학 문제 옆에 종이 목록표를 사용하여 어떤 단계인지를 알린다. 학생이 잘해내면 점차적으로 목록표의 사용을 줄인다.
52. 정보를 오래 기억하게 하기 위해 이를 말하기 및 문서로 반복하게 한다.
53. 과제의 적절성을 평가하여 다음 사항을 확인한다 : (a) 과제가 너무 쉬운지, (b) 과제가

너무 어려운지, 그리고 (c) 과제에 배정된 시간의 길이가 적절한지.

54. 학생이 수학 문제에 필요한 단계를 잘 따르면 상을 준다 : (a) 유형의 상을 준다(예 : 학급 보상, 모둠장, 집에서 하는 숙제의 면제, 심부름, 5분간 자유 시간 등), 혹은 (b) 무형의 상을 준다(예 : 악수, 칭찬, 미소 등).

33. 시간, 공간, 수량, 품질 및 방향성에 관한 개념을 잘 파악하지 못한다.

목적

1. 학생은 개념에 대한 이해가 개선될 것이다.

목표

1. 학생은 시간, 공간, 수량, 완성도 및 방향성이 포함된 내용에서 개념에 관한 단어가 적절하게 혹은 부적절하게 사용되었는지를 ____번의 시도에서 ____번은 구분할 수 있을 것이다.
2. 학생은 시간, 공간, 수량, 완성도 및 방향성이 포함된 질문에 답할 때 ____번의 시도에서 ____번은 적절한 개념 단어를 선택할 수 있을 것이다.
3. 학생은 문장에서 ____번의 시도 중 ____번은 부적절한 개념 단어를 식별하고 정정할 것이다.
4. 학생은 구조적 언어활동에서 ____번의 시도 중 ____번은 적절한 개념 단어를 사용할 것이다.
5. 학생은 문장에서 ____번의 시도 중 ____번은 적절한 개념 단어를 자연스럽게 사용할 것이다.
6. 학생은 대화에서 ____번의 시도 중 ____번은 적절한 개념 단어를 사용할 것이다.

개입방법

1. 학생이 최근에 청력 검사를 받은 적이 없으면 이번 기회에 받도록 한다.
2. 과제의 적절성을 평가하여 다음 사항을 확인한다 : (a) 과제가 너무 쉬운지, (b) 과제가

너무 어려운지, 그리고 (c) 과제에 배정된 시간의 길이가 적절한지.

3. 시간, 공간, 수량, 완성도 및 방향성이 포함되는 개념을 이해하는 것이 중요하다는 사실을 학생에게 설명해준다. 왜냐하면 이는 학습과 의사소통에 필요하기 때문이다.
4. 학생이 개념을 적절하게 이해하고 사용하면 상을 준다 : (a) 유형의 상을 준(예 : 학급 보상, 모둠장, 집에서 하는 숙제의 면제, 심부름 담당, 5분간 자유 시간 등), 혹은 (b) 무형의 상을 준다(예 : 악수, 칭찬, 미소 등).
5. 학생으로 하여금 지침이나 설명 중에서 이해하지 못하는 부분이 있으면 반드시 질문하게 한다.
6. 학생으로 하여금 방향의 모든 단계를 자신의 말로 일일이 설명하게 한다. 왜냐하면 당신이 지침을 반복해주었다고 해서 학생이 이를 이해한다는 보장이 없기 때문이다.
7. 전에 소개한 공간적 거리관계를 매일 복습한다.
8. 개념을 잘 이해하고 사용하는 학생들에게는 상을 준다.
9. 또래 한 사람을 선정하여 학생에게 개념을 잘 이해하고 사용하는 요령을 가르치게 한다.
10. 또래 한 사람을 선정하여 학생과 함께 "사이먼이 말하기를 놀이"나 "앞 사람(혹은 짝궁) 흉내 내기"와 같은 활동을 통해 개념에 관한 연습을 하게 한다.
11. 공간적 개념들을 설명한 다음에 이들을 짝 맞추게 한다.
12. 공간적 관계를 몸짓으로 반복해 설명해준다.
13. 학생에게 일련의 공간적 관계 지침을 주고 이를 따르게 한다(예 : 책상 밑으로 기어가라, 옷장 옆에 서라, 시계 밑에 분필을 둔다 등).
14. 학생에게 공간적 개념을 설명하는 다양한 그림을 제공한다. 학생으로 하여금 유사하거나 반대되는 개념의 그림을 짝 맞추게 한다.
15. 학생과 관련되는 공간적 관계를 중점적으로 설명한다(예 : 학교 "가까이" 사는 학생들은 걷고 "멀리" 사는 학생들은 버스를 탄다).
16. 학생에게 주는 지침에 공간적 관계를 포함시킨다(예 : "점선에 이름을 쓴다." "발을 책상 밑에 둔다." 등).
17. 행동보다 구체적인 물체를 이용하여 공간적 개념을 설명한다.
18. 학생으로 하여금 간단한 지도를 따라가게 함으로써 왼쪽과 오른쪽, 동서남북 등과 같은 좀 더 추상적인 개념을 연습하게 한다. 학교 지도로 시작하여 동네 지도, 전국지도 등으로 좀 더 복잡한 지침을 따르는 연습을 한다.
19. 교실 내에 있는 지역과 물체에 공간적 개념을 나타내는 표지를 붙인다(예 : 전등에는 "위에", 양탄자는 "아래", 벽에는 "동", "서", "남", "북" 등).

20. 학생의 소제목에 "왼쪽" 및 "오른쪽"이라고 표시한 종이 띠를 차게 함으로써 왼쪽 및 오른쪽 관계를 가르친다. 학생이 왼쪽과 오른쪽을 잘 식별하면 이러한 띠를 제거한다.
21. 학생에게 틀린 공간 관계가 들어있는 문장을 주고, 학생으로 하여금 이를 찾아내어 고치게 한다.
22. 학생에게 사계절 그림을 보여주면서 시간 개념을 가르친다. 그리고 계절과 이에 관련된 활동을 서로 맞춘다(예 : 명절, 수영, 스케이팅 등).
23. 학생으로 하여금 옷 그림과 이에 맞는 계절을 맞추게 한다.
24. 학부모로 하여금 집에서 학생의 개념에 대한 이해와 사용을 돕도록 한다. 학부모는 학생이 개념을 이해하고 사용하면 칭찬해준다.
25. 요일이나 계절 같은 일련의 단어가 자동적으로 나올 수 있을 때까지 암기 훈련을 시킨다.
26. 학생에게 어떤 개념은 여러 가지 의미가 있음을 가르친다(예 : "앞에 간 사람"에서 "앞에"는 시간적 개념이고 "문 앞에 서있다."에서 "앞에"는 공간적 개념이다).
27. 학생으로 하여금 "칸막이" 게임을 시킨다. 두 학생 사이에 칸막이를 설치하여 상대방이 갖고 있는 종이, 물체 등을 볼 수 없게 한다. 그리고 한 학생으로 하여금 다른 학생에게 지침을 주게 한다(예 : "ㄹ" 받침 밑에 동그라미를 친다.). 지침을 얼마나 잘 따라 하는지 점검한다.
28. 달력을 놓고 어제 무엇을 했는지, 오늘은 무엇을 하고 있는지, 혹은 내일은 무엇을 할지에 대해 학생과 함께 매일 이야기를 나눈다.
29. 학생으로 하여금 어떤 개념을 목표로 놓고 이를 완전히 이해하도록 한다. 학생이 이 개념을 완전하게 사용하면 목록에 올리고 별표를 친다. 그리고 또 다른 개념을 정하고 이를 완전히 이해하도록 한다.
30. 게시판에 당일 일정표를 올리고 이를 참조하면서 "전에" 혹은 "후에"라는 말을 자주 사용한다.
31. 학생이 친구들과 활동하는 것을 비디오에 담는다. 음향 없이 이를 틀면서 학생으로 하여금 적절한 개념 단어(예 : 전에, 후에, 아래에, 위에 등)를 사용하면서 설명하게 한다(이미 촬영한 자료를 사용하여도 무방하다).
32. 학급 학생들이 하고 있는 다양한 활동을 관찰하고 적절한 개념 단어들을 사용하면서 당신이 관찰한 바를 학생들에게 묘사한다. 학생들도 자신들이 관찰한 바를 개념 단어를 사용하면서 설명하게 한다.
33. 음식을 이용하여 "아주 조금" "약간" "많이" 등과 같은 개념을 설명한다. 학생이 정확하게 묘사하면 그 음식을 먹도록 허락한다.

34. 학생에게 오전, 오후, 저녁 등과 같은 개념을 설명한다.
35. 학생에게 어떤 계절이 어떤 계절 먼저 오며, 뒤에 오는지를 가르친다.
36. 학생에게 시간이 초에서 분으로 시로 진행하고, 일에서 주로 월로 그리고 년으로 진행하는 것을 설명해준다.
37. 학생에게 지침을 줄 때에 "왼쪽", "오른쪽"과 같은 용어를 포함시킨다(예 : 교실 왼쪽에 있는 유리창, 교실 오른쪽에 있는 칠판 등).
38. 교실 내에 방향을 사인을 붙여 식별한다(예 : 천정에는 "위에," 바닥에는 "아래," 등).
39. 학생으로 하여금 지면에서 방향을 따르는 연습을 시킨다. 학생에게 지침에 따라 지면의 오른쪽, 왼쪽, 중앙, 위 혹은 아래 부분에 "x" 표를 치게 한다.
40. 왼쪽 및 오른쪽 지침을 줄 때에 학생 곁에 섬으로써 미러 이미지 문제를 피한다.
41. 방안에 있는 물건으로 장애물 코스를 만든다. 학생은 박스 "안으로" 들어가고, 책상 "위로" 기어가고, 옷걸이 "밑으로" 기어가고, 책상 "위에" 서고 등.
42. 위-아래, 높은-낮은, 위에-아래에 등과 같은 개념을 가르칠 때에는 구체적인 예를 이용한다. 이러한 개념을 설명할 때에는 책, 공, 교실에 있는 일반적인 물건 등을 사용한다.
43. 방에 방향 표시를 붙인다(예 : "좌회전", "게임은 책상/사물함 밑에 있음," 등).
44. 보물찾기를 한다. 학생으로 하여금 연필을 책상 "안에서" 찾고, 책을 책상 "밑에서" 찾고, 유리잔을 책상/의자 "위에서" 찾게 한다.
45. 학생으로 하여금 장갑, 신발, 손과 발 모양의 패턴 등에서 왼쪽과 오른쪽을 구분하게 한다.
46. 교실, 운동장, 학교건물 등으로 동서남북 방향을 가르친다.
47. 학생으로 하여금 앞으로 그리고 뒤로 걸어가게 하고, 장난감 자동차를 앞으로 그리고 뒤로 움직이게 한다.
48. 학생으로 하여금 위 아래로 움직이는 물체를 식별하게 한다(예 : 비행기, 그네 등).
49. 문에 붙어있는 "미시오", "당기시오" 표시판과 "밀기"와 "당기기"를 하는 활동을 주목하게 한다(예 : 서랍 열기, 문 열기 등).
50. 학생으로 하여금 "안으로"와 "밖으로" 개념을 나타내는 것들을 찾아내게 한다(예 : 유리잔 "안으로" 우유를 부어 넣고 유리잔 "밖으로" 쏟아낸다).
51. "위에"와 "밑에"의 개념을 나타내는 물체를 식별한다(예 : 물 "위에" 다리, 사람들은 지붕 "밑에서" 잔다, 새들이 머리 "위로" 날아간다, 발 "밑에" 양탄자 등).
52. 교실에 있는 예로 "위"와 "아래" 개념을 가르친다(예 : 천정은 머리 "위에" 있다, 마루는 발 "아래"에 있다 등).
53. 학생의 일정표로 "전에"와 "후에"의 개념을 가르친다(예 : 우리는 아침식사 "전에" 일어

난다, 우리는 오전 휴식 시간이 지난 "후에" 점심을 먹는다 등).

54. "끄다" "켜다"의 행동을 요하는 활동을 찾아본다(예 : 불이 필요할 때에는 전등을 "켜고" 필요 없을 때에는 "끈다", 가스레인지는 음식을 끓일 때 "켜고" 사용하지 않을 때에는 "끈다").
55. 주변에서 자연적으로 흔히 일어나는 공간적 관계에 주의를 모은다(예 : 새가 나무 "위로" 날아간다, 다람쥐가 나무 위 자기 집 "안으로" 들어간다 등).

34. 수학 응용문제 푸는 것을 잘 못한다.

목적

1. 학생은 수학 응용문제 푸는 실력이 개선될 것이다.

목표

1. 학생은 주요 수학 어휘를 ____번의 시도 중에서 ____번은 이해할 것이다.
2. 학생은 응용문제에 나오는 주요 수학 어휘와 관련 정보를 ____번의 시도 중에 ____번은 식별할 수 있을 것이다.
3. 학생은 ____번의 시도 중에서 ____번은 수학 어휘와 암시된 공정과 연계할 수 있을 것이다.
4. 학생은 ____번의 시도 중에서 ____번은 응용문제를 자신의 표현 방법으로 다시 설명할 수 있을 것이다.
5. 학생은 받아올림, 내림을 요하지 않는 덧셈 응용문제를 ____% 정확히 풀 수 있을 것이다.
6. 학생은 받아올림, 내림을 요하는 덧셈 응용문제를 ____% 정확히 풀 수 있을 것 이다.
7. 학생은 소수점이 들어가는 응용문제를 ____% 정확히 풀 수 있을 것이다.
8. 학생은 분수가 들어가는 응용문제를 ____% 정확히 풀 수 있을 것이다.
9. 학생은 긴 나눗셈이 들어가는 응용문제를 ____% 정확히 풀 수 있을 것이다.
10. 학생은 계량이 들어가는 응용문제를 ____% 정확히 풀 수 있을 것이다.
11. 학생은 연산이 하나 이상이 들어가는 응용문제를 ____% 정확히 풀 수 있을 것이다.

12. 학생은 받아올림, 내림을 요하는 곱셈이 들어가는 응용문제를 ____% 정확히 풀 수 있을 것이다.
13. 학생은 간단한 곱셈이 들어가는 응용문제를 ____% 정확히 풀 수 있을 것이다.
14. 학생은 간단한 나눗셈이 들어가는 응용문제를 ____% 정확히 풀 수 있을 것이다.
15. 학생은 시간 개념이 들어가는 응용문제를 ____% 정확히 풀 수 있을 것이다.
16. 학생은 받아올림, 내림을 요하지 않는 뺄셈 응용문제를 ____% 정확히 풀 수 있을 것이다.
17. 학생은 받아올림, 내림을 요하는 뺄셈 응용문제를 ____% 정확히 풀 수 있을 것이다.

개입방법

1. 학생이 수학 응용문제를 잘 풀지 못하는 것이 읽기 능력이 없어서가 아니라는 점을 확인한다.
2. 학생으로 하여금 응용문제를 조용히 읽게 한 다음 큰 소리로 읽게 한다. 그리고 어떤 수학 연산이 필요한지 확인하게 한다.
3. 한 단계 공정을 요하는 짧고 간단한 응용문제를 제공한다.
4. 학생에게 응용문제에서 수학 연산을 암시하는 실마리나 주요 단어를 찾게 한다.
5. 학생으로 하여금 응용문제를 풀기 위해 해야 하는 단계를 말로 분석하게 한다(예 : "무엇이 전제인가?" "무엇을 요구하는가?" "어떤 연산을 사용할 것인가?"등).
6. 응용문제에 나오는 수량을 구체적인 양식으로 표현한다(예 : 돈이 나오는 문제를 설명할 때에는 학생에게 적당한 양의 진짜 돈이나 게임용 돈을 제공한다).
7. 학생으로 하여금 수학 응용문제를 읽은 후 이를 숫자 문장으로 쓰게 한다. (이러한 공정은 학생으로 하여금 답을 찾기 전에 숫자의 관계를 볼 수 있게 해준다.)
8. 학생으로 하여금 숫자 문장을 위한 응용문제를 만들게 한다. 숫자 문장에 칠판에 써주고 학생으로 하여금 숫자 문장으로 풀 수 있는 응용문제를 말로 하거나 쓰게 한다.
9. 학생으로 하여금 수학 응용문제를 말로 설명하게 한다.
10. 학생으로 하여금 주어진 응용문제를 풀기 위해 답을 알아야 하는 주된 질문을 식별하게 한다. 이러한 활동을 두 개나 그 이상의 질문을 포함하는 좀 더 어려운 응용문제를 사용하면서 계속한다. 학생이 어떤 질문은 직접 물어보는 형태가 아니고 내포되어 있음을 이해하고 있는지 확인한다.
11. 학생으로 하여금 특정 연산을 요하는 응용문제를 만들게 한다. 그리고 학급 학생들로 하여금 이러한 문제를 풀게 한다.

12. 교과서 문제들을 학생들의 경험을 다루고 있으면서 학생의 이름도 나오는 더 현실적이고 학생에게 의미가 있는 교사가 만든 문제로 보완한다.
13. 학생의 경험과 관련이 있고 학생에게 흥미 있는 응용문제를 사용한다.
14. 학생이 문제를 풀기 전에 응용문제 전체를 잘 읽도록 한다.
15. 학생에게 각 응용문제를 구체적인 단계로 구분하게 한다.
16. 학생으로 하여금 응용문제를 읽으면서 메모를 하게 하여 이를 풀 준비를 시킨다.
17. 학생으로 하여금 수학 응용문제와 관련되는 상황을 직접 계산해보게 한다(예 : 무역, 판매, 구입 등).
18. 학생으로 하여금 물체를 조작하고 그 과정을 설명하면서 응용문제를 풀게 한다.
19. 학생이 응용문제에 나오는 공통된 패턴을 인식하도록 돕는다(예 : 몇개인지, 더한다, 뺀다 등).
20. 흔히 덧셈을 의미하는 단어와 구를 찾아본다(예 : 모두, 함께, 총, 합치면, 둘다, 얻은 것은, 받은 것은, 총계, 획득한, 저축한 등). 학생에게 이러한 단어와 구에 대한 목록을 제공한다.
21. 흔히 뺄셈을 의미하는 단어와 구를 찾아본다(예 : 두 개의 차이, ~로부터, 남은, 얼마나 더 [많이, 적은], 얼마나 더 [높은, 먼, 무거운], 철회한다, 사용한다, 잃다, 남는다, 더한다 등). 학생에게 이러한 단어와 구에 대한 목록을 제공한다.
22. 흔히 곱셈을 의미하는 단어와 구를 찾아본다(예 : 면적, 각각의, ~배, 산출물, 두 배, 세 배 등). 학생에게 이러한 단어와 구에 대한 목록을 제공한다.
23. 흔히 나눗셈을 의미하는 단어와 구를 찾아본다(예 : ~으로, 공유하다, 각각, 평균, 매월, 매일, 매주, 매년, 지수, 절반 등). 학생에게 이러한 단어와 구에 대한 목록을 제공한다.
24. 학생에게 응용문제를 풀 때에 단어를 숫자로 변환시키는 방법을 가르친다(예 : 두 주= 14일; 삼등분= 1/3; 일 년= 12개월; 일 미터= 100센티미터; 등).
25. 학생에게 응용문제에 흔히 나오는 수학 어휘를 가르친다(예 : 축, 수량, 세 배, 두 배 등).
26. 학생에게 응용문제를 풀 때에 계산기 사용을 허용한다.
27. 응용문제를 풀 때에는 학생으로 하여금 최소한 두 번을 읽은 다음에 문제 풀기를 시작하게 한다.
28. 학생이 응용문제를 배우기 시작할 때에는 아래와 같은 단어가 들어있는 간단한 연산을 제공한다 :

    사과 7개

    와 사과 3개

    는 사과 10개

학생이 잘해냄에 따라 점차적으로 문제를 수학 응용문제로 바꾼다.

29. 응용문제를 소개하기 전에 학생에게 숫자 문장으로 바꿀 구를 제공한다(예 : '열에서 여섯을 빼면,' 혹은 10-6=).
30. 또래 한 사람을 선정하여 학생에게 수학 응용문제를 푸는 시범을 보이게 한다.
31. 한 번에 학생에게 주는 숙제의 문제 수를 줄인다.
32. 문제를 읽으면서 그리고 문제를 단계별로 풀면서 학생에게 수학 응용문제를 푸는 방법을 가르친다.
33. 학생에게 다음과 같이 설명해준다 : (a) 학생이 무엇을 틀리게 하는지(예 : 틀린 연산을 사용하는 것, 문제를 잘 읽지 않는 것 등) 그리고 (b) 무엇을 해야 하는 지(예 : 적절한 연산을 사용하기, 문제를 잘 읽기 등).
34. 과제의 적절성을 점검하여 다음과 같은 사항을 확인한다 : (a) 과제가 너무 쉬운 지, (b) 과제가 너무 어려운지, 그리고 (c) 과제를 마치는 데에 배정된 시간의 길이가 적절한지.
35. 교실에서 방금 배운 응용문제와 계산 절차를 서로 관련시킨다(예 : 곱셈, 곱셈 응용문제에 대한 연산 등).
36. 학생에게 수학 용어의 의미를 가르친다(예 : 계, 나뉨수 등). 용어와 그 의미를 자주 복습한다.
37. 수학문제에서 주요 단어를 중요 표시하거나 밑줄을 긋는다(즉, 관련 연산에 관한 단어 등).
38. 학생에게 수학 응용문제를 풀 때에 사용할 점검목록을 제공한다(예 : 주어진 정보, 질문 내용, 사용할 연산 등).
39. 학생 책상에 수직선(數直線)을 제공하여 참조로 사용하게 한다.
40. 학생이 왜 수학 응용문제 푸는 방법을 배우는지를 가르친다. 학생에게 이러한 개념들을 실생활 상황에서 응용하는 구체적인 예와 기회를 제공한다.
41. 학생으로 하여금 수학 응용문제를 풀면서 이를 설명하게 하여 학생이 틀리게 하는 것을 식별하게 한다.
42. 학생에게 수학 참조 시트를 제공하여 이를 책상에 보관하게 한다(예 : 뺄셈, 곱 셈, 덧셈 및 나눗셈에서 사용한 단계들).
43. 학생으로 하여금 계산기로 자신이 한 응용문제를 점검하게 하여 수학 개념 학습을 강화한다.
44. 학생에게 더 많은, 더 적은, 같은, 및 영(零) 개념을 가르친다. 유형의 물질을 사용하여 학습 과정을 보완한다.
45. 학생이 자신의 학습 능력 이상의 정보를 배우게 하면 안 된다.

46. 학생으로 하여금 또래 개인교사로서 자신이 완전하게 이해한 개념을 다른 학생에게 가르치게 한다. 이는 학생에게 칭찬하는 효과를 낸다.
47. 학생에게 즉각적인 결과를 주는 컴퓨터 소프트웨어 프로그램이나 휴대용 교육 기기로 수학 응용문제를 푸는 연습을 제공한다.
48. 학생이 각 수준의 수학 개념을 완전히 이해한 다음에 새로운 수준의 기술을 소개한다.
49. 학생으로 하여금 물체(예 : 사과, 오렌지, 장난감 자동차, 장난감 비행기 등)를 조작하면서 연산을 설명하게 한다.
50. 경쟁에 대한 강조를 줄인다. 경쟁적인 활동은 학생으로 하여금 서두르게 하여 수학 응용문제를 틀리게 할 수 있다.
51. 학생에게 조용한 장소를 제공한다(예 : "교무실" 혹은 개인용 독서 책상 등). 이는 산만하게 하는 자극을 줄이는 목적이지 어떤 형태의 처벌이 아니다.
52. 학생으로 하여금 지침이나 설명에서 이해하지 못하는 부분이 있으면 반드시 질문하게 한다.
53. 학생이 수학 응용문제를 맞게 풀면 상을 준다 : (a) 유형의 상을 준다(예 : 학급 보상, 모둠장, 심부름 담당, 5분간 자유 시간 등) 혹은 (b) 무형의 상을 준다(예 : 칭찬, 악수, 미소 등)
54. 공부 내용이 좋으면 이를 공개적으로 인정한다(예 : 학생의 공부 내용을 전시한다, 학생에게 축하를 보낸다 등).

35. 추상적 개념을 이해하지 못한다.

목적

1. 학생은 추상적 개념의 이해를 계발할 것이다.

목표

1. 학생은 가깝다/멀다, 위/아래, 안으로/밖으로 등과 같은 공간적 개념을 ____번의 시도 중에서 ____번은 이해할 것이다.
2. 학생은 ____번의 시도 중에 ____번은 조작물을 사용하여 추상적 논증 기술을 개발할

수 있을 것이다.

3. 학생은 ____번의 시도 중에 ____번은 차원성, 크기, 모양, 공간 등과 같은 추상적 개념의 그림과 유형적인 설명을 연결시킬 것이다.
4. 학생은 차원성, 크기, 모양, 공간 등과 같은 추상적 개념을 시각적 및 청각적 사인으로 ____번의 시도 중에서 ____번은 식별할 것이다.
5. 학생은 차원성, 크기, 모양, 공간 등과 같은 추상적 개념을 도움 없이 ____번의 시도 중에서 ____번은 식별할 것이다.

개입방법

1. 주변에 있는 유형의 물체를 묘사하는 데에 추상적 개념을 사용한다(예 : 더 큰, 더 작은, 정사각형, 삼각형 등).
2. 교실에 있는 유형의 물체에 추상적인 개념을 담은 표지를 붙인다(예 : 더 큰, 더 작은, 정사각형, 삼각형 등).
3. 추상적 개념을 가르칠 때에 구체적인 예를 사용한다(예 : 유형의 물체로 "더 많은," "더 적은,"이라는 개념을 전달한다; "높이,""폭," 등의 개념을 전달하는 데에 자를 사용한다; 등).
4. *사이먼이 말하기를* 게임으로 추상적 개념의 이해를 촉진한다(예 : "가장 큰 책상을 찾아라." "직사각형의 물건을 터치하라." 등).
5. 보물찾기 놀이를 한다. 학생으로 하여금 교실에서 가장 작은 연필, 가장 큰 소년 등을 찾게 한다.
6. 주변에 흔히 볼 수 있는 물건으로 모양을 가르친다(예 : 둥근 시계, 직사각형 책상, 바닥에 정사각형 타일 등).
7. 이 시점에서 학생이 추상적 개념을 공부하는 것이 적절한지 검토한다.
8. 추상적 개념(예 : 차원성, 크기, 모양 등)을 한 번에 하나씩 가르친 후에 짝을 맞추는 요령을 가르친다.
9. 추상적 개념을 몸짓으로 반복하여 시범한다(예 : 학생으로부터 멀리 혹은 가까이 있는 것들을 식별한다, 큰 방에 있는 작은 박스를 식별한다 등).
10. 전에 소개한 추상적 개념을 매일 복습한다. 전에 설명한 추상적 개념을 완전하게 이해한 다음에 새로운 추상적 개념을 소개한다.
11. 또래 한 사람을 선정하여 매일 학생과 함께 교실에 있는 추상적 개념을 지적하면서 시간을 보내게 한다(예 : 직사각형 전기 스위치 판, 둥근 전등갓, 가장 키 큰 소녀 등).

12. 추상적 개념을 소개할 때 유형의 물체를 사용한다(예 : 차원성은 박스로, 식구들은 크기로, 교실 안에서의 거리는 공간으로). 추상적 개념을 소개할 때 유형의 물체 없이 정사각형, 직사각형, 삼각형 등과 같은 이들의 이름으로 소개하면 안 된다.
13. 학생으로 하여금 추상적 개념의 이름(예 : 정사각형, 원 등)을 유형의 물체(예 : 바닥 타일, 기계 등)와 부합시킨다.
14. 학생에게 지침 따르는 숙제를 내준다(예 : "가장 멀리 있는 그네로 가라." "가장 가까이 있는 모래 상자로 가라." 등).
15. 학생으로 하여금 장갑, 신발, 손과 발 모양으로 마른 종이 등의 왼쪽과 오른쪽을 가려내게 한다.
16. 학생으로 하여금 공간적 관계를 몸으로 실행해 보이게 한다(예 : 학생으로 하여금 교사 가까이 서게 한다, 멀리 서게 한다, 책상 위에 서게 한다, 책상 밑에 들어가게 한다 등).
17. 학생으로 하여금 지침이나 설명에서 이해하지 못하는 부분이 있으면 반드시 질문하게 한다.
18. 주변 환경에서 자연적으로 일어나는 공간적 관계에 주의를 모으게 한다(예 : 새가 나무 "위로" 날아간다, 다람쥐가 관목 "안으로" 달려 들어간다 등).
19. 학생으로 하여금 간단한 지도를 따라 가게 하여 왼쪽/오른쪽, 동서남북 등과 같은 좀 더 추상적인 개념을 연습하게 한다. 교내 지도로부터 시작하여 동네지도, 전국지도 등으로 진행하면서 더 복잡한 지침을 따르는 연습을 하게 한다.
20. 학생의 손목에 왼쪽 및 오른쪽이라고 표시한 띠를 두르게 하여 왼쪽과 오른쪽의 관계를 가르친다. 학생이 왼쪽과 오른쪽을 잘 식별해내면 종이 띠를 중단한다.
21. 저울, 자, 계량컵 등으로 학생에게 추상적인 계량 개념을 가르친다.
22. 오른쪽 및 왼쪽 지침을 줄 때에는 학생 옆에 섬으로써 미러 이미지(경상=鏡像) 문제를 피한다.
23. 학생으로 하여금 학생 능력 이상의 정보를 배우게 하면 안 된다.
24. 돈, 시계 보기 등과 같은 추상적 개념을 가르칠 때에는 실제 동전, 지폐, 시계 등을 사용한다.
25. 학생에게 주는 지침의 일부로 왼쪽/오른쪽 용어를 사용한다(예 : 방 왼쪽에 있는 유리창, 방 오른쪽에 있는 칠판 등).
26. 학생으로 하여금 문서에서 지침을 따르게 한다. 학생에게 지침에 따라 종이 오른쪽, 왼쪽, 중앙, 위 및 아래에 표시나 그림을 그리게 한다.
27. 학생이 한 상황에서 배운 것을 다른 상황에 연계시키게 한다(예 : 배운 어휘 단어를 읽기 모음집, 수학 문제, 이야기 쓰기 등에서 지적해준다).

28. 추상적인 개념이 들어있는 지침을 전달할 때에 학생이 정보가 나오는 곳에 집중하고 있는지 확인한다(예 : 눈 접촉을 하고 있는지, 손에 자료가 있는지 등).
29. 교실 안에 있는 추상적 개념에 표지(예 : 벽에 여러 가지 삼각형 모양을, 책상 양쪽에 왼쪽 및 오른쪽 표지를, 벽에 나침반 방향을 등)를 붙여 학생이 추상적 개념을 이해하는 데에 도움을 준다.

36. 수학 문제를 오른쪽에서 왼쪽으로 푸는 대신, 왼쪽에서 오른쪽으로 푼다.

목적

1. 학생은 기초적인 숫자 개념을 알게 될 것이다.
2. 학생은 자리 값을 알게 될 것이다.
3. 학생은 수학 문제를 오른쪽에서 왼쪽으로 풀 수 있게 될 것이다.

목표

1. 학생은 수학 문제를 풀 때 ____% 정확히 1단위 칸을 먼저 사용할 것이다.
2. 학생은 수학 문제를 풀 때 ____% 정확히 1단위 칸을 먼저 사용하고, 다음에는 10단위 칸을 사용할 것이다.
3. 학생은 수학 문제를 풀 때 ____% 정확히 1단위 칸을 먼저 사용하고, 다음에는 10단위, 그 다음에는 100단위 칸을 사용할 것이다.
4. 학생은 수학 문제를 ____% 정확히 오른쪽에서 왼쪽으로 풀 것이다.

개입방법

1. 또래 한 사람을 선정하여 수학 문제를 오른쪽에서 왼쪽으로 푸는 방법을 학생에게 보여준다.
2. 수학 참조 시트를 개발하여 학생 책상에 보관하도록 한다(예 : 덧셈, 뺄셈, 곱셈, 나눗셈 문제를 풀 때 사용되는 단계들).
3. 커다란 포스터나 칠판에 읽기는 왼쪽에서 시작하고 수학 문제는 오른쪽에서 시작한다는

메시지를 전시한다(예 : 읽기는 왼쪽에서 시작한다. 수학은 오른쪽에서 시작한다.).

4. 학생으로 하여금 자신의 수학 숙제를 계산기로 점검하게 한다.
5. 학생으로 하여금 설명하면서 수학 문제를 풀게 함으로써 자신이 틀리게 하는 것을 식별하게 한다.
6. 학생으로 하여금 계산기로 수학 문제를 풀게 한다.
7. 학생으로 하여금 수학 문제를 풀 때에 교사에게 말로 설명하게 함으로써 자신의 사고 공정을 점검하게 한다.
8. 학생에게 수직선(數直線)을 제공하여 학생이 이를 책상에 두고 참조하게 한다.
9. 학생에게 학생이 왜 수학 개념을 배우는지를 가르친다. 학생에게 학생이 이러한 개념을 응용할 수 있는 구체적인 예와 기회를 제공한다.
10. 학생이 자리 값의 개념을 완전히 이해했는지, 그리고 왼쪽 칸이 오른쪽 칸의 숫자보다 값이 높은 것을 알고 있는지 확인한다.
11. 학생이 각 수준에서의 수학 개념을 완전히 이해했는지 확인한 후에 새로운 기술 수준을 소개한다.
12. 학생이 자리 값을 이해하고 있는지, 그리고 1단위 칸, 10단위 칸 등의 개념을 설명할 수 있는지 확인한다.
13. 칠판이나 OHP로 수학 문제를 오른쪽에서 왼쪽으로 푸는 적절한 방법을 보여준 다음에 학생으로 하여금 새로운 숙제를 시작하게 한다.
14. 두 학생을 짝으로 하여 칠판에 나가서 수학 문제를 풀게 한다.
15. 즉각적인 결과를 주는 컴퓨터 소프트웨어 프로그램이나 휴대용 교육 기기로 수학연습을 제공한다.
16. 문제를 자동적으로 오른쪽에서 왼쪽으로 푸는 컴퓨터로 수학문제를 푸는 연습을 학생에게 제공한다.
17. 학생의 수학 문제를 칸을 정렬시킬 수 있는 그래프용지나 수직선이 그려진 양식에 내준다. 각 문제마다 문제를 오른쪽에서부터 풀 것을 상기시키는 메모를 제공한다.
18. 공부 내용이 우수한 것은 공개적으로 인정해준다(예 : 학생의 공부 내용을 전시한다, 학생에게 축하의 말을 한다 등).
19. 페이지가 학생에게 시각적으로 너무 산만하게 보이면 정보의 양을 줄인다(예 : 수학 문제 수를 줄인다, 글자 수를 줄인다 등).
20. 경쟁에 대한 강조를 줄인다. 경쟁적인 활동은 학생으로 하여금 서두르게 하여 수학문제를 풀 때에 실수하게 한다.
21. 수학 게임을 통해 적절하게 오른쪽에서 왼쪽으로 문제 푸는 기술을 강화한다.

22. 오른쪽에서 왼쪽으로 문제를 잘 풀면 상을 준다 : (a) 유형의 상을 준다(예 : 보상, 모둠장, 심부름 담당, 5분간 자유 시간 등) 혹은 (b) 무형의 상을 준다(예 : 칭찬, 악수, 미소 등)
23. 학생으로 하여금 자리 값으로 문제를 풀게 한다(예 : 1단위 칸으로부터 시작한 다음에 10단위 칸, 100단위 칸 등으로 간다).
24. 수학 문제마다 위에 자리 값을 적어 학생에게 1단위 칸에서 문제 풀기를 시작할 것을 상기시킨다.
25. 학생에게 다음 같은 사항을 말해준다 : (a) 학생이 무엇을 잘못 하고 있는지(예 : 수학 문제를 왼쪽에서 오른쪽으로 푼다) 그리고 (b) 무엇을 해야 하는지(예 : 수학 문제를 오른쪽에서 왼쪽으로 풀어야 한다).
26. 마커로 1단위 칸을 표시하여 학생이 수학 문제를 어디서 풀기 시작해야 하는지 알 수 있게 한다.
27. 커다란 색깔 있는 화살표로 어디서 수학 문제를 시작해야 하는지 알 수 있게 한다(예 : 오른쪽에서 왼쪽으로).
28. 학생이 보는 가운데 첫 번째 문제를 풀어줌으로써 시범이 되게 한다.
29. 학생으로 하여금 책갈피나 종이 띠로 오른쪽에 있는 칸을 제외한 모든 칸을 가리게 하고 수학 문제를 풀게 한다. 학생이 1단위 칸에서 10단위 칸, 100단위 칸 등으로부터 이동함에 따라 책갈피를 왼쪽으로 이동시킨다.

Part 3. 쓰기와 관련된 문제

37. 간단하고 짧고 복잡하지 않은 문장만을 쓸 수 있다.

목적

1. 학생은 글쓰기에서 문장의 길이와 복잡성이 확장될 것이다.

목표

1. 학생은 문장 쓰기에서 복잡한 주제를 ____% 정확하게 사용할 것이다.
2. 학생은 두 개의 짧은 문장을 ____% 정확하게 긴 문장 하나로 합칠 것이다.
3. 학생은 문장 쓰기에서 복합 동사를 ____% 정확하게 사용할 것이다.
4. 학생은 문장 쓰기에서 삽입절을 ____% 정확하게 사용할 것이다.
5. 학생은 문장 쓰기에서 종속절을 ____% 정확하게 도입할 것이다.
6. 학생은 글쓰기에서 ____번의 시도 중에 ____번은 주어진 문장의 길이와 복잡성을 확장할 수 있을 것이다.
7. 학생은 자신이 쓴 글의 길이와 복잡성을 ____번의 시도 중에 ____번은 편집할 수 있을 것이다.

개입방법

1. 최근에 학생의 청력을 검사한 적이 없으면 이번 기회에 점검하도록 한다.
2. 학생의 가정에서 사용하는 말로 언어의 유형을 확인한다. 학부모의 언어적 기술에 대한 부정적인 의미를 두지 않고 공들인 문장의 의미를 설명해준다.

3. 학생이 말할 때 복문을 말하는지 여부를 확인한다. 말도 언어 구사력은 글쓰기에 사용한 언어의 유형을 선행하고 이에 영향을 준다.
4. 학생이 복합 문장을 많이 사용하면 상을 준다 : (a) 유형의 상을 준다(예 : 학급 보상, 모둠장, 심부름 담당, 5분간 자유 시간 등) 혹은 (b) 무형의 상을 준다(예 : 칭찬, 악수, 미소 등)
5. 학생에게 문장은 어떤 주제에 관한 생각이며, 그러한 주제가 무엇인지, 그리고 어떤 영향을 주는지를 설명한다는 사실을 가르친다.
6. 학생의 이해력을 평가하는 질문을 함으로써 학생에게 복합 문장을 많이 가르친다(예 : "물을 마시기 전에 사회 과목 공부를 마치도록 한다. 무엇을 먼저 해야 하지?" 혹은 "영이를 빼고 모두 점심 먹으러 갔다. 영이가 점심 먹으러 갔니?").
7. 복합 문장을 다양하게 사용하는 학생들에게 상을 준다.
8. 학생이 글쓰기에서 복잡성이 결여된 짧고 간단한 문장을 사용하면, 학생에게 학생의 글을 바탕으로 한 확장과 접속에 대한 모델을 제공한다.
9. 학생에게 정교한 문장을 주고 여기에 나오는 서술적인 어휘를 식별하게 한다. 필요하면 학생에게 질문하여 적절한 정보를 도출한다.
10. 평가하는 도움말을 주어 학생으로 하여금 자신의 문장을 확장하게 한다(예 : "____에 관해 말해보세요."라고 써넣든지, 혹은 좀 더 묘사적인 어휘를 넣을 수 있는 적절한 위치에 표시를 한다 등).
11. 복합 주어로 시작하는 문장이 있는 연습 문제집을 주고 학생으로 하여금 주제를 완성하게 한다(예 : 곰과 개구리는____.). 이러한 활동은 주어가 없는 동사구나, 목적이나 전치사구가 없는 짧은 문장을 제공함으로써 확장할 수 있다.
12. 학생으로 하여금 접속사를 사용하여 반대어를 포함하는 문장으로 확장하게 한다(예 : "어른은 크고 아이는 작다.").
13. 학생에게 접속사를 주고 결합, 복합 주어 및 동사 등을 포함하는 문장 확장에 사용하게 한다.
14. 수업 중에 학생이 쓴 단순 문장을 학생에게 읽어주고 교사하는 어휘를 추가하여 문장을 확장하게 한다(예 : 학생이 말한다 : "나의 개는 달릴 수 있다." 교사가 말한다 : "너의 개는 무슨 색깔이니? 얼마나 크니? 얼마나 빨리 달릴 수 있니?" 학생으로 하여금 이러한 단어들을 사용하여 원래 문장을 길게 만들게 한다. 학생이 말한다 : "크고 까만 나의 개는 빨리 달릴 수 있다." 학생이 추가적인 확장을 시도할 수 있도록 허락하며 처음부터 모든 묘사하는 단어를 사용하기를 기대하면 안 된다.).
15. 학생으로 하여금 특정 주제, 물체, 활동 등에 관해 문장을 쓰게 한다. 묘사하는 단어와

구를 적절히 사용하도록 한다.

16. 학생에게 주제 문장, 견해 혹은 사실을 설명하는 문장을 준다. 학생으로 하여금 이러한 아이디어를 가능한 한 자세하게 확장하게 한다.
17. 학생으로 하여금 다른 학생의 단순 문장에 기술어 단어와 구를 추가하는 것을 돕게 한다.
18. 학부모에게 학생으로 하여금 집에서 복합 문장을 사용하도록 권장하게 하고 학생이 긴 문장을 사용할 때면 칭찬하도록 부탁한다.
19. 학생과 학생의 친구가 다양한 액션을 하는 것을 비디오 촬영한다. 이를 무성으로 재생하면서 학생으로 하여금 어떤 일이 일어나고 있는지 이야기를 쓰게 한다. 기술어 단어와 구를 적절하게 사용하게 한다. (이러한 활동은 기존 비디오를 사용해도 된다.)
20. 학생에게 짧은 문장 여러 개를 주고 이를 결합하여 하나의 긴 문장을 만들게 한다(예 : "그 개는 크다.""그 개는 갈색이다.""그 개는 내것이다."를 묶어 "크고 갈색인 그 개는 나의 것이다.").
21. 학생에게 전이 단어(예 : 그러므로, 그럼에도 불구하고, 왜냐하면 등) 목록을 주고 이를 이용하여 문장을 짓게 한다.
22. 학생에게 관련 단어 한 모둠(예 : "저자,""읽다,""사랑,""베스트 셀라," 등)을 주고 이를 모두 사용하여 문장을 짓게 한다.
23. 주어, 동사, 형용사 등을 담은 카드를 준비한다. 학생으로 하여금 카드를 다양한 방법으로 결합하여 적절한 복합문장을 만들게 한다. 그리고 이를 쓰게 한다.
24. 특정 형용사에 어울리는 명사로 목록을 작성한다(예 : 빨강색 다음에 사과, 차, 책 등이 나온다). 그런 후 학생으로 하여금 여기서 명사 하나를 선택하여 이에 맞는 형용사 목록을 만들게 한다(예 : 차에는 큰, 금속성의, 비싼 등과 같은 형용사가 맞는다). 학생으로 하여금 자신이 만든 구로 문장을 짓게 한다.
25. 학생으로 하여금 그림만 있는 그림책으로 길고 복잡한 문장을 사용하면서 이야기를 지어내게 한다.
26. 학생이 복잡하지 않은 문장을 사용하는 것이 언어적으로 풍요로운 가정환경이 아님을 의미할 때에는 학생에게 언어는 재미있는 것이며 학생이 이런 사실을 발견할 수 있도록 당신이 돕겠다고 말해준다.
27. 말로 언어를 많이 사용하도록 권장한다. 일반적으로 아주 짧은 문장을 사용하는 학생들은 대부분의 학생들보다 말도 적게 하는 경향이 있다. 복합 문장으로 말하지 않는 학생은 쓰기에서도 복합 문장을 사용하지 않을 가능성이 있다.
28. 철자나 말로 전보다 내용과 복잡성을 강조하면서 쓰기 언어를 많이 사용하도록 권장

한다.

29. 학생에게 말로써 언어와 쓰기 언어의 차이를 가르친다. 말할 때에는 덜 복잡한 문장을 사용하는 것이 나을 것이다. 왜냐하면 메시지를 전달하는 데에 비언어적 신호를 사용할 수 있기 때문이다. 그러한 신호는 쓰기 언어에는 없다.
30. 학생에게 문장 하나에 접속사 세 개를 준다. 학생으로 하여금 접속사 하나로 문장 하나씩, 모두 세 문장을 쓰게 하여 오리지널 문장을 확장한다(예 : "그 트럭은 파괴되었으며(그리고, ~때에, 그러나)________."). 접속사에 따라 문장의 의미가 달라지는 점을 지적한다.
31. 여러 학생이 함께 문장을 만들고 한 사람이 이를 적는다(예 : 첫 번째 학생이 "나"라는 단어로 시작한다. 다음 학생은 "좋아한다"를 추가한다. 이 과정은 길고 복잡한 문장을 지을 때까지 계속된다.).
32. 학생과 또래 한 사람이 짝이 된다. 교실에 있는 물건이나 활동을 묘사하는 글을 번갈아 가면서 쓴다. 그런 후 학생들로 하여금 짧은 문자 전부, 혹은 몇 개로 긴 복합 문장을 만들게 한다.
33. 학생으로 하여금 어떤 활동의 순차를 글로 묘사하게 한다(예 : 김밥 간드는 방법). 가능한 한 자세히 쓰도록 한다.
34. 학생으로 하여금 포스터에 나오는 장면을 문장으로 가능한 한 상세히 묘사하게 한다.

38. 글을 쓸 때 불완전 문장을 쓰거나 불완전한 생각으로 표현한다.

목적

1. 학생은 기술적(記述的) 표현력이 개선될 것이다.
2. 학생은 글 쓸 때 문법 실력이 개선될 것이다.
3. 학생은 완전한 문장을 사용함으로써 기술적 표현력이 개선될 것이다.
4. 학생은 완전한 생각을 사용함으로써 기술적 표현력이 개선될 것이다.
5. 학생은 완성한 생각으로 완전한 문장을 지을 것이다.

목표

1. 학생은 불완전한 기술적 문장을 완전한 문장으로 ____% 정확히 고칠 것이다.

2. 학생은 완전한 문장과 불완전한 문장 사이에서 ____의 시도 중 ____번은 완전한 문장을 선택할 것이다.
3. 학생은 ____의 시도 중 ____번은 말로 완전한 문장을 본받을 것이다.
4. 학생은 생각을 완전한 문장으로 ____% 정확하게 그리고 읽을 수 있는 필체로 표현할 것이다.
5. 학생은 생각을 완전한 문장으로 ____% 정확하게 표현할 것이다.
6. 학생은 생각을 표현할 때 ____% 정확하게 구를 사용할 것이다.
7. 학생은 생각을 표현할 때 ____% 정확하게 개별적 단어를 사용할 것이다.

개입방법

1. 읽을 수 있는 필체로 완전한 문장이나 생각으로 글을 쓰는 시범을 보여주어 학생으로 하여금 이를 본받게 해준다.
2. 학생이 자신이 쓴 글을 꼼꼼하게 읽은 다음 그로 하여금 왜 특정 문장이 완성된 생각을 표현하고 있는지, 혹은 그렇지 않은지 설명하게 한다.
3. 학생이 말할 때 완전한 문장을 사용하거나 완전한 생각을 표현하는지를 평가한다. 말로 언어 실력은 기술적 언어에 사용되는 언어의 유형을 선행하며 이에 영향을 주는 것이 일반적인 경우이다.
4. 언어를 사용하도록 유도하는 질문을 한다. 예, 아니오, 혹은 고개를 끄덕여 대답할 수 있는 질문은 피한다(예 : "미끄럼 탔니?"라고 묻는 대신에"휴식 시간에 무얼 했지?"라고 묻거나, "연휴에 집에 있었니?"라고 묻는 대신에 "연휴에 뭘 했니?"라고 묻는다.).
5. 학생에게 짧은 과제를 주고 좋은 결과를 기대한다.
6. 숙제 전반을 통해 여러 지점에서 학생의 기술적(記述的) 부분을 점검하여 학생이 완전한 문장과 생각을 읽을 수 있는 필체로 사용하고 있는지 확인한다.
7. 학생에게 관련된 단어 군(群)(예 : 작가, 읽다, 사랑, 베스트셀러 등)을 제공하고 학생으로 하여금 이를 모두 사용하여 단락 하나를 짓게 한다. 읽을 수 있는 필체로 완전한 문장과 생각을 사용할 것을 강조한다.
8. 한 단락이나 이야기 제목을 정하고 학생과 함께 번갈아 가면서 문장을 지으면서 학생에게 완전한 문장에 들어가는 구성요소들이 어떤 것인지 보여준다.
9. 학부모에게 학생으로 하여금 집에서 완전한 문장과 생각을 사용하도록 학생을 격려하고 학생이 그렇게 할 때마다 상을 주도록 요청한다.
10. 학생으로 하여금 글을 소리 내어 읽도록 하여 불완전한 문장과 생각을 식별하는 것을

돕는다.

11. 좋은 필체에 대한 기대치를 설정하고 학생으로 하여금 이러한 기대치가 충족될 때까지 숙제를 교정하거나 반복하게 한다.
12. 학생에게 어떤 사실(예 : 어떤 동물은 위험하다)에 대해 설명해주고 그로 하여금 그러한 개념에 관련된 완전한 문장을 몇 개 쓰도록 한다.
13. 학생이 자신이 글 쓸 때 하는 실수의 유형을 인식하고 있는지 확인한다(예 : 문장이나 생각을 완성하지 않는 것, 글자가 너무 크거나 너무 작은 것 등).
14. 문장이 형성되지 않은 단어의 군(群)으로 문장을 만드는 연습을 제공한다.
15. 학생에게 모든 문장은 주어와 동사가 있어야 한다는 사실을 적은 메모 카드를 제공하고 이를 책상에 비치하게 한다.
16. 단어 여러 개를 섞어놓고 학생으로 하여금 이들을 순서대로 정리하여 완전한 문장을 만들게 한다.
17. 학생에게 수락할 수 있는 공부의 기준을 명확히 설명해준다(예 : 깔끔한 글씨, 완전한 문장, 읽을 수 있는 필체 등).
18. 학생에게 짧은 문장 여러 개를 주고 이들을 모아 길고 완전한 문장 하나를 만들게 한다(예 : "그 개는 크다. 그 개는 갈색이다. 그 개는 내 것이다."를 "크고 갈색인 그 개는 내 것이다."로 만든다.).
19. 여러 학생들로 하여금 문장 하나를 짓게 하고 한 사람은 이를 받아 적게 한다(예 : 첫 번째 학생이 "나는"으로 시작한다. 다음 학생은 "학교에서" 등으로 계속하여 긴 문장 하나를 완성하게 한다.).
20. 또래 한 사람을 선정하여 학생에게 완전한 문장과 생각으로 글쓰기에 본보기가 되게 한다. 이들로 하여금 공부도 같이하고 숙제도 함께 하게 한다.
21. 나이든 학생들에게는 기능적 작문 기회를 제공한다(예 : 취업 지원서 양식, 주문서, 수표 쓰기, 고객 조사 등).
22. 또래 한 사람을 선정하여 학생의 작문을 학생에게 큰소리로 읽어주어 불완전한 문장을 식별하게 한다.
23. 학생으로 하여금 다른 학생들의 작문을 교정하고 채점하는 것을 돕게 하여 불완전한 문장과 생각에 대한 인식을 향상시킨다.
24. 학생으로 하여금 어떤 공정의 순서를 말로 혹은 기술(記述)로 설명하게 한다(예 : 땅콩크림 샌드위치 만드는 방법). 학생으로 하여금 이러한 설명이 완전한 생각이 되도록 하는 데에 중점을 두게 한다.
25. 학생으로 하여금 누가 훌륭한 작가이며 왜 그렇게 생각하는지를 설명하게 한다.

26. 학생에게 접속사 몇 개(예 : 그러므로, ~에도 불구하고, 왜냐하면 등)를 주고 이들로 문장을 짓게 한다.
27. 학생으로 하여금 교사와 함께 학교에서 공부한 내용을 검토하게 하여 학생이 자신이 공부한 내용의 완성도를 인식하게 한다.
28. 학생으로 하여금 자신의 기술(記述) 커뮤니케이션을 점검하여 자신이 공부한 내용의 완성도를 인식하게 한다.
29. 학생으로 하여금 일일 기록부에 자신이 완전한 문장으로 자신의 생각을 표현한 내용을 적게 한다.
30. 또래 한 사람을 선정하여 학생에게 완전한 문장과 생각으로 쓰기와 말하기를 하는 본을 보이게 한다.
31. 훌륭한 작가가 갖고 있는 자질(예 : 완전한 문장이나 생각으로 쓰기, 적절한 어휘을 사용하기 등)을 식별하고, 학생으로 하여금 각 특징에 대해 자신을 평가하게 한다. 한 번에 한 분야나 두 분야에서 개선을 위한 목표를 세운다.
32. 학생의 실수가 가정환경이 언어가 풍성한 곳이 아니기때문임을 반영하고 있다면 학생에게 언어는 재미있는 것이며 교사와 함께 노력하면 이를 발견할 수 있다고 설명해준다.
33. 학부모와 학생의 교육을 맡은 모든 교육자들은 글쓰기 완성도에 대한 기대치를 일관성 있게 유지해야 한다.
34. 학생에게 일련의 구(句)를 기술한 자료를 주고 학생으로 하여금 어느 것이 완전한 생각을 나타내는지 지적하게 한다.
35. 학생이 읽을 수 있는 필체로 쓰는 데에 필요한 자료를 갖고 있는지 확인한다(예 : 잉크가 있는 펜, 잘 깎은 연필, 줄친 종이 등).
36. 경쟁에 대한 강조를 줄인다. 경쟁적인 활동은 학생으로 하여금 서두르게 하여 완전한 문장이나 생각으로 쓸 수 없게 한다.
37. 가능하면 일찍 동사와 명사구의 개념을 가르쳐 학생이 어떤 문장이 완전한지를 점검할 수 있는 수단을 갖게 한다.
38. 최근에 학생의 청력을 점검한 적이 없으면 이번에 검사 받도록 한다.
39. 그립(예 : 삼면이 있거나, 포말, 고무 등)이 달린 연필이나 펜을 주어 학생이 연필이나 펜의 위치를 적절하게 확보할 수 있게 한다.
40. 주어, 동사, 형용사 등을 적은 카드를 만든다. 학생으로 하여금 다양한 방법으로 카드를 정리하여 완전한 문장을 짓게 한다.
41. 물체, 그림, 및 기술(記述)한 문장들을 이용해 "주어/동사/목적어"와 같은 구성 요소를

지적하면서 학생에게 “완전한” 문장의 개념을 가르친다.

42. 학생에게 기술(記述) 및 말로 된 일련의 완전한 및 불완전한 문장을 주고 학생으로 하여금 어느 것이 맞고 어느 것이 틀리는지 확인하고 필요하면 이를 정정하게 한다.
43. 학생에게 완전한 문장은 어떤 주제에 대해 완전한 생각을 나타내어야 하며, 그 주제는 무엇이며 어떤 역할을 하는지를 설명해야 한다는 사실을 가르친다.
44. “쓰레기통”이라고 쓴 박스로 “쓰레기통”을 게임을 한다. 학생에게 완전한 문장이나 불완전한 문장이 들어있는 카드를 주고 불완전한 문장을 “쓰레기통”에 버리게 한다.
45. 학생으로 하여금 친구나 친척들에게 편지를 쓰게 함으로써 완전한 문장과 생각을 읽을 수 있는 필체로 쓰는 연습을 하게 한다.
46. 쓸 기회를 다양하게 제공함으로써 학생이 읽을 수 있는 필체로 완전한 문장과 생각을 표현하는 연습을 하게 한다(예 : 스포츠나 연예계 인사들, 친척, 친구 등에게 편지를 쓰기; 무료 정보를 요청하는 편지 쓰기).
47. 학생에게 주제(예 : 자전거를 탈 때 지켜야 할 규칙)를 주고 학생으로 하여금 이에 관하여 완전한 문장들을 쓰게 한다.
48. 학생에게 공부를 마치는 데에 추가 시간을 주어 완성도를 달성할 수 있게 한다.
49. 학생의 글을 정정/채점할 때 학생이 완전한 문장을 지을 때에 도움이 될 구체적인 평가 결과를 제공한다(예 : 학생이 “영화 보러 간다.”라고 쓰면, 교사는 “누가 가니?”라고 묻거나, “주어가 빠졌어.”라고 말한다). 학생의 작문을 점검한 후 학생이 틀린 것을 모두 정정하였는지 확인한다.
50. 학생이 필체 기술을 완전하게 습득할 수 있도록 충분한 시간을 준다(예 : 낱자 위치, 방향, 간격 등에 대한 지침).
51. 교실에 주어와 동사의 보기를 적은 표를 붙여둔다.
52. 학생의 생각과 글쓰기 공정에 자극을 주기 위해 학생에게 말로 읽어준다.
53. 학생에게 주제를 주고 학생으로 하여금 주제에 관해 읽을 수 있는 필체로 가능한 한 많은 문장을 쓰게 한다.
54. 훌륭한 공부 결과는 공개적으로 인정한다(예 : 학생의 공부 내용을 전시한다, 학생에게 축하의 말을 한다 등).
55. 학생이 글을 쓸 때 완전한 문장과 생각을 사용하면 상을 준다 : (a) 유형의 상을 준다(예 : 학급 보상, 모둠장, 심부름 담당, 5분간 자유 시간 등), 혹은 (b) 무형의 상을 준다(예 : 칭찬, 악수, 미소 등).
56. 교실에서 글 쓸 때 완전한 문장이나 생각을 사용하는 학생들에게 상을 준다.
57. 학생으로 하여금 쓴 내용을 모두 세밀하게 읽게 하고, 문장이나 생각을 읽을 수 있는

필체로 완성하면 상을 준다.

58. 학생이 글 쓸 때 불완전한 문장이나 생각을 사용하고 있음을 학생에게 말해주며, 글 쓸 때에는 완전한 생각을 표현하는 것이 중요함을 강조한다.
59. 학생에게 말로 대화과 기술적(記述的) 양식의 차이를 가르친다. 말할 때에는 불완전한 문장이나 계속 이어지는 문장, 지시 대상이 없는 대명사 등도 수용 가능하다. 왜냐하면 메시지 전달에 비언어적 신호가 사용되기 때문이다. 그러나 그러한 신호는 기술적 내용에는 없다.
60. 학생의 글 쓴 내용을 교정할 때에는 반드시 글이나 말로 평가 결과를 주도록 한다(예 : 문장이나 생각을 완전하게 고치기 위해 학생이 새로 쓰는 것을 돕는다, 학생을 위해 읽을 수 있는 필체로 다시 써준다 등).
61. 학생에게 말로 및 글 형태로 문장 시작을 하고 완전한 문장을 쓰게 한다(예 : 오는 방에 있다가 _______, 밖에 나갔더니 _______, 하늘에는 _______ 등).
62. 크기가 다른 연필이나 연필 그림으로 학생의 미세운동기술로 읽을 수 있게 쓸 수 있도록 돕는다.
63. 학생에게 일련의 구(句)를 제공하고, 각 구 하나로 완전한 문장을 짓게 한다.
64. 학생으로 하여금 각 문장을 별도로 떼어 놓고 상세하게 읽게 함으로써 완전한 생각을 점검하게 한다.
65. 필기하지 좋게 종이를 테이프로 고정시켜놓고 쓰기를 한다.
66. 학생의 미세운동 기술이 좋지 않아 필기하는 것이 어려운 경우에는 컴퓨터를 사용하게 한다.
67. 필기 숙제를 완성하는 데에 적절한 시간을 준다.

39. 글 쓸 때에 주어-동사를 정확하게 일치시키지 못한다.

목적

1. 학생은 글을 쓸 때 문법 실력이 개선될 것이다.
2. 학생은 기술적(記述的) 표현력이 개선될 것이다.

목표

1. 학생은 말로써 동사 변화를 ____% 정확히 할 것이다.
2. 학생은 쓰기 형태로 동사 변화를 ____% 정확히 할 것이다.
3. 학생은 주어-동사 일치를 요하는 문장을 ____% 정확히 쓸 것이다.
4. 학생은 글을 쓸 때에 주어-동사 일치를 ____% 정확히 사용할 것이다.

개입방법

1. 학생이 기술(記述)한 내용을 점검한 후에 학생이 주어-동사 일치를 모두 교정하는지 확인한다.
2. 학생의 집에서 어떤 형태의 문법을 사용하는지 확인한다. 학부모의 문법 스타일에 부정적인 인상을 삼가하면서 표준 문법과 비표준 문법의 차이를 설명한다.
3. 학생이 말할 때 주어-동사 일치를 틀리게 사용할 때마다 정정해준다.
4. 학생으로 하여금 주어진 동사와 주어로 문장을 짓게 한다.
5. 특정 동사는 특정 주어와 함께 사용하며 주어-동사 일치를 적절하게 사용하려면 주어와 동사를 적절하게 짝 맞추어야 한다는 사실을 설명해준다. 학생에게 주어- 동사 일치의 다양한 가능성과 적절한 선택을 하는 방법을 가르친다.
6. 학생의 정답에 대한 인식력을 제고하기 위해 답의 선택(예 : 하나 이상의 답, 다중 선택 등)을 준다.
7. 학생으로 하여금 맞는 동사를 선택하여 빈칸에 넣게 한다(예 : 편지를 _____[붙인다, 부친다].).
8. 학생에게 컴퓨터 소프트웨어 프로그램이나 휴대용 교육 기기를 제공하여 주어-동사 일치 연습을 강화시킨다.
9. 용법이 맞는 동사와 맞지 않는 동사가 들어있는 일련의 문장들을 주고 학생으로 하여금 어느 것이 맞는지 식별하게 한다.
10. 학생으로 하여금 자신이 좋아하는 책이나 잡지에서 주어-동사 일치를 맞게 쓴 문장을 찾아내게 한다.
11. 학생에게 말로 혹은 문자 언어로 된 일련의 문장을 주고 그로 하여금 어느 것이 문법적으로 맞는지 식별하게 한다.
12. 칠판에 틀린 문장 몇 개를 제공하고 학생으로 하여금 주어-동사 일치를 연습하게 한다. 학생은 틀린 부분을 찾아내어 교사와 토론하게 한다.
13. 학생이 주어-동사 일치를 잘 못 사용하면 이를 설명해주고, 문법적으로 맞는 문장을 쓰

는 것에 대한 중요성을 강조한다.

14. 학생으로 하여금 주어-동사 일치를 맞게 사용한 또래의 글을 읽게 한다.
15. 학생이 읽을 자료에 나오는 주어-동사 일치에 중요 표시하거나 밑줄을 그어 적절한 조합에 주의를 환기시킨다.
16. 학생에게 주어와 동사를 여러 개 주고 문장을 짓게 한다.
17. "*집중 게임*"으로 주어와 동사를 일치시킨다.
18. 학생으로 하여금 다른 학생이 쓴 글의 내용에서 주어-동사 일치와 틀린 것을 교정하는 것을 돕게 한다.
19. 학생이 주어-동사 일치에서 가장 쉽게 틀리는 부분을 식별한다. 학생으로 하여금 매일 이러한 주어-동사 조합이 맞는 문장을 한 개나 그 이상을 쓰게 한다.
20. 학생이 어려워하는 주어-동사의 맞는 양식을 모아 목록을 만든다. 학생으로 하여금 글을 쓸 때에 이 목록을 책상에 놓고 참조하게 한다.
21. 학생이 잘 틀리는 동사의 목록을 만든다. 이 목록은 주어-동사 일치를 학습할 때에 가이드가 될 것이다.
22. 학생으로 하여금 특정 주어에 맞는 동사형을 제공하는 글쓰기 연습장을 완성하게 한다.
23. 학생에게 특정 동사형이 특정 주어와 같이 간다는 사실과 주어-동사 일치는 이에 맞는 동사형이 필요하다는 사실을 학생에게 가르친다. 학생으로 하여금 동사형을 목록에 나오는 주어와 짝을 맞추는 연습을 하게 한다.
24. 학생이 어려워하는 주어-동사 일치에 대한 지침을 받고 있는지 확인한다.
25. 전에 소개한 기술, 개념, 과제 등을 매일 복습한다.
26. 학생에게 물체, 그림 및 기술적(記述的) 문장을 통해 "주어"와 "동사"의 개념을 가르친다.
27. 학생에게 복수의 개념을 가르친다(예 : 학생으로 하여금 "고양이 한 마리의 그림"을 지적하게 하고, "고양이 여러 마리의 그림"을 지적하게 한다).
28. 적절한 주어-동사 일치를 시범해 보임으로써 학생으로 하여금 적절한 주어-동사 일치를 구어적인 방법을 통해 배우게 한다.
29. 학생으로 하여금 하나의 상으로 또래 개인교사가 되어 자신이 완전하게 습득한 개념을 다른 학생에게 가르치게 한다.
30. 표준 주어-동사 일치 규칙을 교실에 게시한 차트를 통해 제공하게 한다.
31. 학생에게 학업 과제에 대한 도움을 많이 받게 해준다(예 : 또래 개인교사, 집에 보내는 숙제 지침, 자주 대화하기 등).
32. 학생의 공부한 내용이 좋으면 여러 사람들에게 알린다(예 : 학생의 작품을 전시한다, 학

생을 칭찬한다 등).

33. 경쟁에 대한 강조를 줄인다. 경쟁적인 활동은 학생으로 하여금 서두르게 하여 주어-동사 일치에서 틀리게 한다.
34. 학생으로 하여금 자신의 능력을 초과하는 양의 정보를 학습하게 하면 안 된다.
35. 학생이 글을 쓸 때 적절한 주어-동사 일치를 사용하면 상을 준다 : (a) 유형의 상을 준다(예 : 학급 보상, 모둠장, 심부름 담당, 5분간 자유 시간 등) 혹은 (b) 무형의 상을 준다(예 : 칭찬, 악수, 미소 등).
36. 학생으로 하여금 자신의 쓰기 공부 내용을 주어-동사 일치를 중점적으로 세심하게 읽게 한다.
37. 학생에게 문장은 어떤 주제에 대한 자신의 생각을 표현하며 그 제목이 무엇이며 무엇을 하는지를 가르친다.
38. 학생에게 특정 동사 양식을 주고, 이에 맞는 적절한 주어를 제공하게 한다(예 : "____ 달린다.").
39. 학생에게 사람, 장소 혹은 물건의 그림을 보여 주고 이에 대한 설명을 하게 한다. 학생으로 하여금 말로 문장의 주어와 동사를 식별하게 하고 주어와 동사가 일치하는지 설명하게 한다.

40. 바로 앞에 있는 낱자, 단어, 문장 및 숫자를 베끼는 것이 잘 안 된다.

목적

1. 학생은 칠판, 교과서 등을 베끼는 것이 개선될 것이다.
2. 학생은 필체가 개선될 것이다(예 : 원형을 베끼기, 낱자 형성, 낱자 크기, 간격 등).

목표

1. 학생은 낱자와 숫자의 꼴을 ____% 정확히 만들어낼 것이다.
2. 학생은 가까이 있는 모형에서 낱자와 숫자의 모양, 크기 및 간격을 ____% 정확히 베낄 것이다.

3. 학생은 가까이 있는 모형에서 문장과 숫자의 모양, 크기 및 간격을 ____% 정확히 베낄 것이다.
4. 학생은 가까이 있는 모형에서 단어와 문장의 모양, 크기 및 간격을 ____% 정확히 베낄 것이다.
5. 학생은 가까이 있는 모형에서 낱자와 숫자의 모양, 크기 및 간격을 ____% 정확히 베낄 것이다.

개입방법

1. 눈의 피로를 예방하기 위해 쉬는 시간을 제공한다.
2. 학생이 가까이 있는 것을 베끼지 못할 경우에는 이러한 숙제를 주는 것이 적절한지 평가해야 한다.
3. 신속하고 정확하게 베낄 수 있는 단기 과제를 내준다. 학생이 잘해내면 점진적으로 과제의 길이를 늘린다.
4. 학생이 자료를 베끼는 것을 돕는다. 학생이 잘해내면 점차적으로 도움을 줄이고 독자적으로 하게 한다.
5. 학생이 무엇을 잘못하는지(예 : 일을 빨리 마치려고만 한다) 그리고 무엇을 해야 하는지를 정확히 설명해준다(예 : 신중하게 과제를 마치게 한다). 예를 들면, 학생이 서둘러 베끼기를 마치려고 한다. 학생에게 학생이 너무 서두르고 있으니 좀 속도를 늦추면서 신중하게 자료를 필기하라고 말해준다.
6. 학생으로 하여금 한 번에 조금씩 베끼게 한다(예 : 문장 하나 혹은 한 줄씩).
7. 학생이 베끼는 자료의 양식을 바꾼다(예 : 페이지 하나에 올리는 양을 줄인다, 그림이나 사진을 가린다, 큰 글자를 사용한다 등).
8. 학생이 칠판이나 교과서에서 베낀 것이 정확한지 확인한다. 학생이 과제를 정확하게 하면 빨리 베끼는 것도 좋다.
9. 학생이 도움 없이 베끼기를 완성할 것을 기대하기 전에 학생의 능력 수준과 경험을 신중히 고려해야 한다.
10. 학생으로 하여금 과제에 집중하기 위한 30초짜리 정의를 개발하게 한다(예 : "나는 이 문장을 완벽하게 베낄 것이다. 과제에 집중을 잘 할수록 베끼기도 잘 될 것이다.").
11. 학생으로 하여금 자신이 깔끔하게 베끼는지 확인하게 한다. 인지는 공부의 질을 향상시킨다.
12. 학생이 베끼기에 필요한 재료만(예 : 연필, 펜, 종이 등) 책상 위에 두게 한다.

13. 어떤 프로젝트를 완성하기 위한 단계별 일정표를 만든다. 학생으로 하여금 프로젝트를 제 시간에 마치기 위해 각 단계의 마감시간을 지키게 한다.
14. 과제 완성에 대한 규칙을 만든다(예 : 학생으로 하여금 서두르지 않게 한다, 도움이 필요할 때에는 반드시 요청하게 한다, 칠판이나 교과서에서 베낀 후에 세밀히 읽게 한다 등). 이러한 규칙은 일관성이 있어야 하며 학급 전체가 지켜야 한다. 이러한 규칙에 관해 자주 이야기를 나눈다.
15. 과제의 난이도를 평가하여 학생이 정보를 베끼는 데에 추가 시간이나 도움 등이 필요한지 확인한다.
16. 과제의 적절성을 평가하여 다음 사항을 확인한다 : (a) 과제가 너무 쉬운지, (b) 과제가 너무 어려운지, 그리고 (c) 과제 완성에 배정된 시간의 길이가 적절한지.
17. 교실내의 시각적 및 청각적 자극을 평가하여 심한 자극을 제거하거나 줄인다.
18. 잘한 공부 내용은 여러 사람들에게 알린다(예 : 학생의 공부 내용을 전시한다, 학생에게 축하를 보낸다 등).
19. 학생이 베끼지 않고 자료를 얻을 수 있는 방법을 다양하게 제공한다(예 : 교사가 준비한 자료, 상업적으로 제작한 자료, 자료의 복사판 등).
20. 학생이 단조로운 과제를 할 때에는 짧은 휴식 시간을 주어 안절부절함을 줄이고 집중력을 제고하게 한다.
21. 또래 한 사람을 선정하여 학생이 자료를 베끼는 것을 돕게 한다(예 : 학생이 베낄 수 있도록 큰 소리로 읽어준다, 자료를 학생 대신 베낀다 등).
22. 학생으로 하여금 도움이 필요할 때에는 반드시 요청하게 한다.
23. 학생이 과제를 완성하는 데에 필요한 자료를 제공한다(예 : 고무달린 연필, 종이, 사전, 필체 샘플 등). 학생의 책상 위에 필요한 물건만 있는지 확인한다.
24. 학생이 베끼는 자료에 일관성을 유지한다.
25. 학생으로 하여금 자신이 쓴 글을 교정할 때 큰 소리를 내어 읽도록 한다.
26. 최상의 실행능력을 제고하기 위해 교실 환경을 조성한다(예 : 조용한 방, 배경 음악, 신선한 공기 등).
27. 학생으로 하여금 지침이나 설명 중에서 이해하지 못하는 부분이 있으면 반드시 질문하게 한다.
28. 학생이 베낄 자료를 멀리 놓는다. 학생이 잘해내면 점진적으로 학생에게 가까이 놓는다.
29. 학생으로 하여금 자신이 집중을 잘할 수 있는 시간대(예 : 오후, 점심시간 등)에 과제를 수행하게 한다.
30. 학생이 가까이 있는 모형에서 낱자, 단어, 문장 및 숫자를 잘 베끼면 상을 준다 : (a) 유

형의 상을 준다(예 : 학급 보상, 모둠장, 심부름 담당, 5분간 자유 시간 등) 혹은 (b) 무형의 상을 준다(예 : 칭찬, 악수, 미소 등).

31. 학생이 쓰기 과제를 완성할 수 있도록 도와줌으로써 학생이 서두르지 않아도 되게 한다.
32. 학생이 베껴야 할 부분에 중요 표시하거나 밑줄을 긋는다.
33. 학생이 베껴야 할 글자를 크게 확대한다.
34. 또래 한 사람을 선정하여 학생이 한 숙제를 제출하기 전에 모두 세밀하게 읽게 한다.
35. 학생이 특별히 베끼기 어려워하는 낱자와 숫자를 식별하여 이들을 베끼는 연습을 많이 하게 한다.
36. 학생이 최근에 시력 검사를 받은 적이 없으면 지금 받도록 한다.
37. 학생이 베끼는 숙제를 할 때에 감독을 잘해야 한다(예 : 교사, 또래, 보조교사 등에 의해).
38. 학생으로 하여금 깔끔하게 베끼는 학생의 장점 5가지를 찾게 한다. 그 중에 한 가지씩 골라 일주일 동안 연습하여 5주 동안 5가지 모두를 숙달한다.
39. 학생으로 하여금 일련의 점선을 따라 베끼면서 낱자, 단어, 문장 등을 쓰는 연습을 하게 한다.
40. 학생이 깔끔하고 정확하게 과제를 마치는 것에 대한 기대치를 일관성 있게 유지한다.
41. 베끼려고 하는 자료가 배경/전경(前景)의 대조가 분명하여 가시성이 극대화되도록 한다(예 : OHP의 하얀 배경에 검은색, 초록색 칠판에 분필 등).
42. OHP를 사용하여 베끼려고 하는 자료를 확대한다.
43. 학생으로 하여금 공부한 내용 모두를 신중히 읽은 다음에 제출하도록 한다.
44. 학생이 안경을 낄 경우에는 학생으로 하여금 공부할 때에는 반드시 안경을 끼고 하도록 한다.
45. 학생에게 수직선(數直線)과 알파벳이 적힌 띠를 주어 학생으로 하여금 이를 책상에 놓고 낱자와 숫자의 모양을 정확하게 알 수 있게 하여 실수를 줄이게 한다.
46. 멀리서 베껴야 할 자료에 광택이 있으면 안 된다.
47. 정확하게 마치지 못한 과제는 쉬는시간에 다시하고, 정정해야 한다는 사실을 학생에게 숙지시킨다.
48. 책상에 학생이 베낄 자료 이외에는 아무것도 놓으면 안 된다.
49. 과제를 시작하기 전에 학생이 필요한 모든 자료가 있는지 확인하여 베끼는 동안 불필요하게 산만해지지 않도록 한다.
50. 학생의 과제가 학생의 활동 수준에 맞도록 한다. 학생이 아주 활동적이면 학생에게 많

이 움직이는 과제를 준다. 학생의 주의력이 좋을 때에는 앉아서 하는 과제을 준다(예 : 교과서, 칠판 등에 있는 자료를 베끼기).

51. 지침을 줄 때에는 보상에 대한 내용도 말해준다(예 : "자료를 맞게 베끼면 컴퓨터를 해도 된다.").
52. 책을 베끼는 것보다 실습을 많이 제공한다.
53. 학생이 베낄 자료를 변형한다(예 : 베낄 자료의 양을 줄인다, 글자를 확대한다 등).
54. 학생에게 조용한 곳을 제공한다(예 : 개인용 독서 책상 등). 이는 산만하게 하는 자극을 줄이기 위한 것이며 어떤 형태의 처벌로 사용하면 안 된다.
55. 학생이 멀리서 베끼는 것이 안 되면 자기 책상에서 자료를 베낄 수 있도록 배려한다.
56. 학생에게 부적절한 행위와 이에 따르는 결과와의 관계를 가르친다(예 : 지침을 잘 베끼지 못하면 숙제를 틀리게 할 수 있다).
57. 공부한 내용이 좋으면 여러 사람들에게 알린다(예 : 학생의 공부 내용을 전시한다, 학생에게 축하를 보낸다 등).
58. 산만하게 하는 자극(예 : 교실 안에 잡음과 움직임)을 줄여 학생이 모형으로부터 낱자, 단어, 문장 및 숫자를 베끼는 능력을 제고한다.
59. 경쟁에 대한 강조를 줄인다. 경쟁적인 활동은 학생으로 하여금 서두르다가 부주의하게 만든다.
60. 학생으로 하여금 연필과 종이를 사용하는 대신 컴퓨터를 사용하게 한다.
61. 대안적 쓰기 도구로 컴퓨터와 모니터를 사용하게 한다.
62. 모든 글쓰기 내용을 주의깊게 읽게 한다. 정정을 할 때마다 상을 준다.
63. 학생을 베낄 자료에 가까이 앉힌다.
64. 학생이 단지 빨리 끝내기 위해 서두르다가 틀린 경우에는 학생으로 하여금 과제을 다시 완성하게 한다.
65. 수업시간 끝부분에 별도로 시간을 정하여 학생이 미완성한 과제를 마칠 수 있게 배려한다.
66. 틀이나 창을 사용하여 학생이 베끼고자 하는 부분 이외에는 모두 가린다.

41. 멀리 있는 낱자, 단어, 문장 및 숫자를 잘 베끼지 못한다.

목적

1. 학생은 필체가 개선될 것이다(예 : 원형을 베끼기, 낱자 형성, 낱자 크기, 간격 등).

목표

1. 학생은 낱자와 숫자를 ____% 정확히 형성할 것이다.
2. 학생은 가까이 있는 모형에서 낱자, 단어, 문장 및 숫자를 형태, 크기 및 간격을 ____% 정확히 복사하면서 베낄 것이다.
3. 학생은 멀리 있는 모형에서 낱자, 단어, 문장 및 숫자를 신호와 장치의 도움으로 ____% 정확히 베낄 것이다.
4. 학생은 멀리 있는 모형에서 낱자, 단어, 문장 및 숫자를 형태, 크기 및 간격을 ____% 정확히 베낄 것이다.

개입방법

1. 학생이 최근에 시력 검사를 받은 적이 없으면 지금 받도록 한다.
2. 학생이 베껴야 할 글자를 크게 확대한다.
3. 학생이 베끼는 자료의 양식을 바꾼다(예 : 베껴야 할 양을 줄인다, 글자를 확대한다 등).
4. 학생을 베껴야 할 자료에 가까이 앉힌다.
5. 학생이 베껴야 할 자료를 중요 표시 하거나 밑줄을 긋는다.
6. 학생으로 하여금 한 번에 적은 양을 베끼게 한다(예 : 문장 하나, 혹은 한 줄).
7. 학생이 베끼기에 필요한 재료만(예 : 연필, 펜, 종이 등) 책상 위에 두게 한다.
8. 학생에게 조용한 곳을 제공한다(예 : 개인용 독서 책상 등). 이는 산만하게 하는 자극을 줄이기 위한 것이며 어떤 형태의 처벌로 사용하면 안 된다.
9. 다양한 방법을 사용하여 학생이 베끼지 않고 정보를 얻을 수 있게 한다(예 : 교사가 만든 자료, 상업적으로 제조한 자료, 자료의 사본 등).
10. 또래 한 사람을 선정하여 학생이 자료를 베끼는 것을 돕게 한다(예 : 학생이 베낄 수 있도록 큰 소리로 읽어준다, 자료를 학생 대신 베낀다 등).

11. 학생이 베끼는 자료 양식에 일관성을 유지한다.
12. 베끼려고 하는 자료가 배경/전경(前景)의 대조가 분명하여 가시성이 극대화되도록 한다(예 : OHP의 하얀 배경에 검은색, 초록색 칠판에 분필 등).
13. 멀리서 베껴야 할 자료에 광택이 있으면 안된다.
14. 학생이 베낄 자료를 학생 가까이 놓는다. 학생이 잘해내면 점진적으로 학생으로부터 멀리 놓는다.
15. 학생이 멀리서 베끼는 것이 안 되면 자기 책상에서 자료를 베낄 수 있도록 배려한다.
16. 학생이 특별히 베끼기 어려워하는 낱자와 숫자를 식별하여 이들을 베끼는 연습을 많이 하게 한다.
17. 학생으로 하여금 일련의 점선을 따라 베끼면서 낱자, 단어, 문장 등을 쓰는 연습을 하게 한다.
18. 학생에게 수직선(數直線)과 알파벳이 적힌 띠를 주어 학생으로 하여금 이를 책상에 놓고 낱자와 숫자의 모양을 정확하게 알 수 있게 하여 실수를 줄이게 한다.
19. 모든 글쓰기 내용을 주의 깊게 읽게 한다. 정정을 할 대마다 상을 준다.
20. 공부한 내용이 좋으면 여러 사람들에게 알린다(예 : 학생의 공부 내용을 전시한다, 학생에게 축하를 보낸다 등).
21. 학생이 과제를 완성하는 데에 필요한 자료를 제공한다(예 : 고무 달린 연필, 종 이, 사전, 경필 자료 등). 학생의 책상 위에 필요한 물건만 있는지 확인한다.
22. 학생이 가까이 있는 것을 베끼지 못할 경우에는 이러한 숙제를 주는 것이 적절한지 평가해야 한다.
23. 경쟁에 대한 강조를 줄인다. 경쟁적인 활동은 학생으로 하여금 서두르게 하여 실수하게 만든다.
24. 학생이 안경을 낄 경우, 학생이 칠판에 나가서 글쓰기를 할 때에는 반드시 안경을 끼도록 한다.
25. 산만하게 하는 자극(예 : 교실 안에 잡음과 움직임)을 줄여 학생이 멀리 있는 모형으로부터 낱자, 단어, 문장 및 숫자를 베끼는 능력을 제고한다.
26. 학생으로 하여금 지침이나 설명 중에서 이해하지 못하는 부분이 있으면 반드시 질문하게 한다.
27. 과제의 적절성을 평가하여 다음 사항을 확인한다 : (a) 과제가 너무 쉬운지, (b) 과제가 너무 어려운지, 그리고 (c) 과제를 마치는 데에 배정된 시간의 길이가 적절한지.
28. 대안적 쓰기 도구로 컴퓨터와 모니터를 사용하게 한다.
29. 학생이 멀리 있는 모형에서 낱자, 단어, 문장 및 숫자를 잘 베끼면 상을 준다 : (a) 유형

의 상을 준다(예 : 학급 보상, 모둠장, 심부름 담당, 5분간 자유 시간 등) 혹은 (b) 무형의 상을 준다(예 : 칭찬, 악수, 미소 등).

42. 쓰기 활동의 내용 구성하는 것을 잘 못한다.

목적

1. 학생은 쓰기 활동을 구성하는 능력이 개선될 것이다.
2. 학생은 기술(記述) 표현 능력이 개선될 것이다.

목표

1. 학생은 교사의 교정을 받고 나면 ____% 정확하게 순차적(예 : 숫자, 낱자, 일자, 월 등)으로 쓸 것이다.
2. 학생은 글을 쓸 때 도움 없이 ____% 정확하게 순차적(예 : 숫자, 낱자, 일자, 월 등)으로 쓸 것이다.
3. 학생은 ____번의 시도 중에 ____번은 주어와 동사가 일치하는 완전한 문자를 쓸 것이다.
4. 학생은 ____번의 시도 중에 ____번은 단어순서가 맞는 완전한 문자를 쓸 것이다.
5. 학생은 ____번의 시도 중에 ____번은 하나의 주제(예 : 사건, 개인적인 경험 등)를 묘사하는 두 개의 관련된 완전한 문장을 쓸 것이다.
6. 학생은 ____번의 시도 중에 ____번은 하나의 주제(예 : 사건, 개인적인 경험 등)를 묘사하는 세 개의 관련된 완전한 문장을 쓸 것이다.
7. 학생은 ____번의 시도 중에 ____번은 일련의 사건을 순차대로 세 개, 혹은 그 이상의 문장으로 연속해 쓸 것이다.
8. 학생은 ____번의 시도 중에 ____번은 세 개, 혹은 그 이상의 문장으로 구성된 단락 하나를 도입 문장과 맺는 문장과 함께 쓸 것이다.

개입방법

1. 교사는 종이 윗부분에 학생이 읽은 이야기에 관한 문장을 다섯 개, 혹은 그 이상을 순

차가 틀리게 쓴다. 학생으로 하여금 각 문장을 따로 오려내어 이들을 순차대로 종이 아래 부분에 붙이게 한다.

2. 학생의 공부 내용을 자주 점검하여 학생이 쓰기 활동을 적절하게 준비하고 있는지 확인한다.
3. 학생에게 서로 관련된 단어 한 묶음(예 : 저자, 읽다, 좋아한다, 베스트셀러 등)을 주고 학생으로 하여금 잘 정리된 단락 하나를 쓰게 한다.
4. 학생에게 짧은 문장 몇 개를 주고 학생으로 하여금 이들을 결합하여 하나의 긴 완전한 문장을 만들게 한다(예 : "그 개는 크다. 그 개는 갈색이다. 그 개는 내 것이다."를 "크고 갈색인 그 개는 내 개다.").
5. 학생으로 하여금 어떤 주제에 관한 일련의 문장들을 적절한 순서로 구성하여 의미가 있는 단락을 짓게 한다.
6. 학생으로 하여금 주어와 동사가 있는 간단한 문장들을 씀으로써 구성하는 쓰기 기술을 연습하게 한다.
7. 학생으로 하여금 재미있는 주제에 관한 이야기를 쓰게 한다. 재미있는 것을 쓰면 학생은 더 잘 쓰려고 노력할 것이다.
8. 학생으로 하여금 자신이 쓰려고 하는 것에 대한 개요나 "뼈대"를 작성하게 한다. 이러한 개요에서 학생은 구성하는 쓰기 기술을 연습하게 된다.
9. 학생으로 하여금 단순한 문장으로 구성하는 쓰기 기술을 연습하게 한다. 학생이 잘해냄에 따라 점진적으로 필요한 문장 구조의 복잡성을 늘이면서 단락, 짧은 이야기 등으로 진행한다.
10. 학생으로 하여금 짧은 이야기를 읽게 한 다음 이야기의 사건에 대한 목록을 작성하게 한다. 학생으로 하여금 그 목록으로 사건의 순차가 맞는 단락 하나를 쓰게 한다.
11. 쓰기 활동을 할 때에는 학생을 개인용 독서 책상에 앉게 함으로써 산만하게 하는 자극을 줄인다. 이는 산만하게 하는 자극을 줄이기 위한 방법이며 어떤 형태의 처벌로 사용되면 안 된다.
12. 학생으로 하여금 자신이 쓴 글을 큰소리 내어 읽게 함으로써 구성하는 데에 실수한 것을 식별하게 한다.
13. 학생에게 즉각적인 결과를 주는 컴퓨터나 휴대용 교육 기기를 사용하여 작문을 구성하는 연습을 시킨다.
14. 학생으로 하여금 연재만화에 나오는 사건을 묘사하는 단락 하나를 짓게 한다.
15. 학생이 읽은 적이 없는 수필을 단락 별로 잘라낸 다음 학생으로 하여금 이들을 적절한 순서로 정리하여 수필을 복원하게 한다.

16. 학생으로 하여금 단계별 지침서(예 : 케이크를 만드는 방법)를 작성하게 하여 이벤트를 순차대로 연결하는 연습을 하게 한다.
17. 학생이 어떤 주제에 관한 아이디어를 브레인스토밍 하는 것을 도와준 다음 이렇게 얻은 아이디어를 취사선택하여 개요 양식에 따라 정리하는 방법을 가르쳐준다.
18. 학생에게 각 수준의 개념을 가르친 다음 새로운 기술 수준을 소개한다.
19. 학생으로 하여금 “누가, 무엇을, 어디서, 언제, 어떻게, 그리고 왜”에 따라 단락을 작성하는 연습을 하게 한다.
20. 학생이 쓰기 활동을 하고 있을 때 방해하거나 서두르게 하지 않도록 한다.
21. 학생으로 하여금 일일 기록부를 유지하게 하여 완전한 문장으로 자신의 생각을 표현하게 한다.
22. 학생이 배울 수 있는 이상의 내용을 공부하게 하면 안 된다.
23. 학생에게 단락, 에세이 등에는 서론과 내용이 들어있는 본론과 결론 부분이 있음을 가르친다.
24. 학생으로 하여금 작문 구성을 잘하는 또래가 쓴 문장, 단락, 이야기 등을 읽게 한다.
25. 학생으로 하여금 어떤 단락에서 이에 속하지 않은 진술을 식별하게 한다.
26. 학생에게 숙제를 마칠 수 있는 적절한 시간을 제공한다.
27. 좋은 내용은 공개한다(예 : 학생의 공부 내용을 전시한다, 학생에게 축하를 보낸다 등).
28. 학생으로 하여금 학생에게 동기를 부여하는 쓰기 활동을 권장함으로써 내용을 구성하는 기술을 연습하게 한다(예 : 친구, 록 스타, 유명 운동선수 등에게 편지를 쓰게 한다).
29. 경쟁에 대한 강조를 줄인다. 경쟁적인 활동은 학생으로 하여금 서두르게 하여 작문 구성을 못하게 한다.
30. 학생이 작문 구성을 맞게 하면 상을 준다 : (a) 유형의 상을 준다(예 : 학급 보상, 모둠장, 심부름 담당 등) 혹은 (b) 무형의 상을 준다(예 : 칭찬, 악수, 미소 등).
31. 학생으로 하여금 모든 작문을 신중하게 읽게 한다. 구성 부분에서 정정한 것에 대해 상을 준다.
32. 개요 작성 원리를 학생에게 가르쳐 학생이 중심 주제와 세부 사항의 차이를 이해할 수 있게 해준다.
33. 학생으로 하여금 전 주, 지난 주말 등에 관한 이야기를 구성에 중점을 두고 쓰게 한다(예 : 사건을 순차대로 쓴다, 단락을 전개한다, 어순을 맞게 쓴다 등).
34. 학생에게 작문 구성 기술을 가르칠 때 평가 결과를 주어 배우는 데에 도움이 되도록 한다(예 : 구성을 개선하기 위해 다시 쓰게 한다, 학생을 위해 글을 다시 쓴다 등).

43. 활자체나 필기체로 쓰는 것이 잘 안된다.

목적

1. 학생은 필치 기술이 개선될 것이다(예 : 모형을 베끼기, 낱자 형성, 낱자 크기, 그리고 간격).

목표

1. 학생은 알파벳의 소문자를 베껴서 형태를 ____% 정확히 복사할 것이다.
2. 학생은 알파벳의 대문자를 베껴서 형태를 ____% 정확히 복사할 것이다.
3. 학생은 알파벳의 소문자를 가까운 거리에서 ____% 정확히 복사할 것이다.
4. 학생은 알파벳의 대문자를 가까운 거리에서 ____% 정확히 복사할 것이다.
5. 학생은 알파벳의 소문자를 필기체로 베껴서 형태를 ____% 정확히 복사할 것이다.
6. 학생은 알파벳의 대문자를 필기체로 베껴서 형태를 ____% 정확히 복사할 것이다.
7. 학생은 알파벳의 소문자를 가까운 거리에서 필기체로 ____% 정확히 복사할 것이다.
8. 학생은 알파벳의 대문자를 가까운 거리에서 필기체로 ____% 정확히 복사할 것이다.
9. 학생은 알파벳의 소문자를 가까운 거리에서 활자체로 ____% 정확히 복사할 것이다.
10. 학생은 알파벳의 대문자를 가까운 거리에서 활자체로 ____% 정확히 복사할 것이다.
11. 학생은 알파벳의 소문자를 ____% 정확히 쓸 것이다.
12. 학생은 알파벳의 대문자를 ____% 정확히 쓸 것이다.

개입방법

1. 학생에게 낱자 형성에 대해 말로 설명하고 실제로 써 보이면서 잘 설명했는지 확인한다.
2. 학생의 손을 잡아 움직이면서 도움을 주어 방향성을 감지하게 한다.
3. 베껴 쓰거나 점과 점을 연결하여 낱자를 형성할 때 학생에게 방향성을 보여주기 위해 화살표를 사용한다.
4. 학생의 쓰는 자세를 점검한다. 필기체를 쓰는 오른손잡이는 종이를 기울여 하단 왼쪽 모퉁이가 자신의 몸 중앙을 향하게 한다. 쓰기가 진행됨에 따라 학생의 팔이 아니라 종

이가 이동해야 한다.

5. 낱자 형성을 할 때 도움이 되도록 줄은 색상을 다르게 한다(윗줄은 빨강, 중간 줄은 노랑, 아래 줄은 초록).
6. 간단한 형(型)이나 줄을 그어 학생이 줄친 종이에서 낱자 형성을 연습하게 한다.
7. 학생이 주어진 공간에 머물도록 돕기 위해 윗줄이나 아래 줄을 중요 표시한다.
8. 학생이 적절한 크기의 걸상에 앉아 발이 마루에 닿고 등은 등받이에 기대고, 어깨는 약간 앞으로 기울고, 팔은 책상에 올려있고, 팔꿈치는 책상 끝에서 나와 있는지 확인한다.
9. 학생으로 하여금 책상에서 낱자를 베껴 쓰게 한다.
10. 학생으로 하여금 칠판에서 낱자를 베껴 쓰게 한다.
11. 학생으로 하여금 일련의 점을 따라 베껴씀으로써 낱자를 형성하는 연습을 하게 한다.
12. 학생이 연필을 잡는 모습을 확인한다. 연필은 엄지와 다음 두 손가락으로 연필 끝에서 2~3cm 위를 잡고, 연필 꼭지가 오른쪽 어깨를 향하게 한다(오른손잡이일 경우).
13. 학생으로 하여금 도움을 덜 받으면서 베껴쓰게 한다. 교사가 쓴 완전한 낱자를 학생으로 하여금 베껴쓰게 한다. 학생이 잘해냄에 따라 완전성이 덜한 낱자를 제공하고 베껴쓰게 한다(예 : 대쉬로 된 낱자로 하다가 점으로 된 낱자를 제공한다).
14. 학생이 형성하는 데에 어려움이 있는 낱자를 식별한다. 이러한 낱자를 하나나 둘을 매일 연습하게 한다.
15. 연필잡기를 숙달하기 위해 연필에 각 손가락 위치를 나타내는 자리에 색상 테이프를 붙인다. 그리고 학생의 손톱에 상응하는 색상의 테이프를 붙인다.
16. 학생에게 알파벳이 적힌 띠를 제공하여 이를 책상에 부착시켜 놓고 낱자 형성할 때 모형으로 사용하게 한다.
17. 학생이 낱자 형성을 잘하면 상을 준다 : (a) 유형의 상을 준다(예 : 학급 보상, 모둠장, 심부름 담당, 5분간 자유 시간 등) 혹은 (b) 무형의 상을 준다(예 : 칭찬, 악수, 미소 등).
18. 학생으로 하여금 동기부여를 하는 활동을 통해 낱자 형성을 잘하게 한다(예 : 친구, 록스타, 유명한 운동선수 등에게 편지 쓰기; 구직 신청서, 경연대회 출전 신청서 등을 작성하기).
19. 잘 한 내용은 여러 사람들에게 알린다(예 : 학생이 한 내용을 전시한다, 학생에게 축하를 보낸다 등).
20. 학생에게 과제를 마치는 데에 필요한 자료를 제공한다(예 : 고무달린 연필, 종이, 필치 샘플 등). 책상 위에는 필요한 자료만 있는지 확인한다.
21. 학생으로 하여금 학생 능력 이상의 내용을 공부하게 하면 안 된다.
22. 학생에게 각 수준의 쓰기 기술을 가르친 다음에 새로운 수준의 기술을 소개한다.

23. 학생이 쓰기 공부를 할 때 이를 다양한 지점에서 점검하면서 낱자를 바르게 쓰는지 확인한다.
24. 학생으로 하여금 모든 필기 내용을 교정하게 한다. 교정할 때마다 상을 준다.
25. 경쟁에 대한 강조를 줄인다. 경쟁적인 활동은 학생으로 하여금 서두르게 하여 낱자를 올바르게 형성하는 것을 어렵게 한다.
26. 학생에게 촉각 자극을 제공한다(예 : 모래, 털, 진흙, 나무 등).
27. 특정 조작물(줄, 이쑤시개 등)을 사용하여 시각적 모형을 따라 낱자를 형성하게 한다.
28. 또래 한 사람을 선정하여 낱자 형성하기, 획을 마치고 연결하기, 간격을 맞추기, 기울기를 일정하게 하기 등을 포함하는 연습을 매일 하는 것을 학생이 본받게 한다.

44. 글 쓸 때 문장부호를 잘 못 찍는다.

목적

1. 학생이 쓰기에 관련된 규칙 따르기가 개선될 것이다(예 : 대문자화, 구두점).

목표

1. 학생은 글 쓸 때 마침표(.)를 ___% 정확히 사용할 것이다.
2. 학생은 글 쓸 때 물음표(?)를 ___% 정확히 사용할 것이다.
3. 학생은 글 쓸 때 느낌표(!)를 ___% 정확히 사용할 것이다.
4. 학생은 글 쓸 때 반점(,)을 ___% 정확히 사용할 것이다.
5. 학생은 글 쓸 때 인용부호(" " ' ') ___% 정확히 사용할 것이다.
6. 학생은 글 쓸 때 콜론(:)을 ___% 정확히 사용할 것이다.
7. 학생은 글 쓸 때 세미콜론(;)을 ___% 정확히 사용할 것이다.

개입방법

1. 학생의 공부 내용을 점검한 후, 학생으로 하여금 문장부호에서 틀린 것을 모두 정정하게 한다.
2. 과제 전반에 걸쳐 여러 지점에서 학생의 공부 내용을 점검하여 학생이 문장부호를 적절

하게 사용하는지 확인한다.

3. 문장부호 규칙을 교실 전면에 전시한다.
4. 학생에게 구두점을 모두 뺀 문장을 여러 개 준다. 학생으로 하여금 색연필로 구두점을 넣게 한다.
5. 작문을 시작하기 전에 학생과 함께 문장부호 규칙을 복습한다.
6. 학생에게 모든 문장부호 규칙을 설명하는 일련의 문장을 준다. 학생으로 하여금 각 문장부호에 대한 규칙을 식별하게 한다. 학생이 문장에 나오는 문장부호에 대한 규칙을 설명할 수 있으면 과제에서 그 문장을 뺀다.
7. 학생에게 문장에 문장부호를 넣는 연습을 위한 컴퓨터 소프트웨어 프로그램을 제공한다.
8. 학생에게 학생이 공부하고 있는 문장부호들을 채워 넣어야 하는 문장을 제공한다.
9. 학생으로 하여금 문장부호와 기타 쓰기 기술을 연마하게 하는 쓰기 활동에 참여하게 한다(예 : 친구, 록 스타, 유명한 운동선수 등에게 편지 쓰기).
10. 학생에게 모든 문장부호의 모양과 사용법을 가르친다.
11. 학생으로 하여금 글 쓸 때 참조할 수 있도록 말로써 점의 기초 규칙 목록(예 : 문장 끝에는 마침표를 친다 등)을 책상에 비치하게 한다.
12. 학생에게 카드 세 장을 준다. 각 카드에는 마침표, 물음표 및 느낌표가 들어있다. 학생에게 문장 하나를 읽어 주면 학생은 이에 해당하는 구두점 카드를 든다.
13. 칠판에 틀린 곳이 있는 문장을 몇 개 주고 학생으로 하여금 구두점 연습을 하게 한다. 학생은 틀린 구두점을 정정한 다음에 교사와 함께 이에 관해 토론한다.
14. 학생과 계약을 맺어 어떤 행동을 기대하는지(예 : 구두점을 맞게 사용하는 것), 그리고 계약조건이 충족되었을 때 어떤 상이 있는지를 명시한다.
15. 학생으로 하여금 한 가지 구두점만 연습한 후에 다음 구두점을 연습하게 한다.
16. 학생의 읽기 과제에 나오는 구두점에 중요 표시하거나 밑줄을 긋는다. 그리고 학생으로 하여금 왜 그러한 구두점을 사용하는지 설명하게 한다.
17. 학생으로 하여금 학생의 능력 이상의 것을 공부하게 하면 안된다.
18. 신문으로 다양한 구두점을 찾는 연습을 한다. 마침표는 빨간 색, 반점은 파란 색 등으로 동그라미를 친다.
19. 학생에게 구두점 규칙으로 지침을 준다(예 : 문장 끝에는 마침표, 질문했을 때는 물음표 등).
20. 학생으로 하여금 모든 쓰기 공부 내용에 나오는 구두점을 교정하게 한다. 구두점 교정을 할 때마다 상을 준다.
21. 모든 작문 활동을 하는 동안 구두점 차트를 앞에 전시하여 참조하게 한다.

22. 학생에게 즉각적인 결과를 주는 컴퓨터 프로그램이나 휴대용 교육기기로 말로 점 연습을 하게 한다.
23. 학생에게 과제를 마치는 데에 필요한 자료를 제공한다(예 : 고무달린 연필, 종이, 사전, 경필 학습지 등). 책상 위에는 필요한 자료만 있는지 확인한다.
24. 교정할 때 사용할 수 있도록 구두점 규칙을 적은 노트를 준비한다.
25. 우수한 공부내용은 여러 사람들에게 알린다(예 : 학생의 공부내용을 전시한다, 학생에게 축하를 보낸다 등).
26. 경쟁에 대한 강조를 줄인다. 경쟁적인 활동은 학생으로 하여금 서두르게 하여 구두점을 틀리게 한다.
27. 학생에게 학생이 사용하게 될 문장부호에 대한 보기를 모아 목록을 만들어 준다(예 : 마침표, 반점, 물음표, 느낌표 등). 학생으로 하여금 보기를 책상에 비치하게 하여 글 쓸 때 참조하게 한다.
28. 학생에게 각 단계의 문장부호를 가르친 다음에 새로운 단계로 간다.
29. 학생이 글 쓸 때 문장부호에 맞게 사용하면 상을 준다 : (a) 유형의 상을 준다(예 : 학급 보상, 모둠장, 심부름 담당, 5분간 자유 시간 등) 혹은 (b) 무형 의 상을 준다(예 : 칭찬, 악수, 미소 등).

45. 글 쓸 때 대문자를 맞게 사용하지 못한다.(영어의 경우)

목적

1. 학생이 쓰기에 관련된 규칙 따르기가 개선될 것이다(예 : 대문자화, 구두점).

목표

1. 학생은 대문자를 ____% 정확하게 쓸 것이다.
2. 학생은 대문자 규칙(예 : 인칭 대명사 "I," 문장 처음에 나오는 단어의 첫 번째 낱자 등) 연습문제에서 대문자를 ____% 정확하게 사용할 것이다.
3. 말로써 준 목록(예 : 사람, 강, 도시, 주 등의 이름들)에서 대문자로 써야 하는 단어의 첫 부분에 대문자를 ____% 정확하게 사용할 것이다.

4. 학생은 글 쓸 때 대문자를 ____% 정확하게 사용할 것이다.

개입방법

1. 학생의 공부 내용을 점검한 후 학생으로 하여금 대문자를 모두 교정하게 한다.
2. 학생이 과제를 진행하는 동안 여러 지점에서 점검하여 학생이 필요한 곳에 대문자를 사용하고 있는지 확인한다.
3. 교실 앞에 대문자 규칙 차트를 전시한다.
4. 학생이 대문자 규칙 하나를 완전히 이해한 후에 다음 규칙으로 진행한다(예 : 고유 명사, 도시, 구, 동 등).
5. 신문에서 이름, 도시, 구, 동을 찾아 밑줄을 긋는다.
6. 학생에게 모든 대문자화 규칙을 설명하는 일련의 문장을 준다. 학생으로 하여금 각 대문자화에 대한 규칙을 식별하게 한다. 학생이 문장에 나오는 대문자화에 대한 규칙을 설명할 수 있을 때에는 그 문장을 과제에서 제거한다.
7. 학생으로 하여금 대문자화와 기타 쓰기 기술을 연마하게 하는 쓰기 활동에 참여하게 한다(예 : 친구, 록 스타, 유명한 운동선수 등에게 편지 쓰기).
8. 학생으로 하여금 항상 대문자로 사용하는 단어를 쓰는 연습을 하게 한다(예 : 국가, 강, 국적, 언어, 수도, 요일, 월 등).
9. 글에 나오는 대문자에 중요 표시하거나 밑줄을 긋고 학생으로 하여금 그것이 왜 대문자로 쓰여 있는지 설명하게 한다.
10. 교정할 때 사용할 수 있도록 대문자화 규칙을 적은 노트를 준비한다.
11. 학생에게 대문자화 규칙 목록을 제공하여 이를 책상에 비치하여 참조하게 한다.
12. 학생에게 각 단계의 대문자화를 가르친 다음에 새로운 단계로 간다.
13. 칠판에 틀린 곳이 있는 문장을 몇 개 주고 학생으로 하여금 대문자화 연습을 하게 한다. 학생은 틀린 대문자를 정정한 다음 교사와 함께 이에 관해 토론한다.
14. 학생으로 하여금 학생의 능력 이상의 것을 배우게 하면 안 된다.
15. 학생에게 모든 대문자를 형성하는 방법을 가르친다.
16. 학생으로 하여금 모든 쓰기 공부 내용에 나오는 대문자화를 교정하게 한다. 대문자를 교정할 때마다 상을 준다.
17. 작문을 시작하기 전에 학생과 함께 대문자화 규칙을 복습한다.
18. 학생에게 대문자화 규칙으로 지침을 준다(예 : 문장의 첫째 단어, 대명사 "I," 고유 명사, 도시, 주, 길, 월, 요일, 공휴일, 영화 제목, 책, 신문, 잡지 등).

19. 모든 작문 활동을 하는 동안 적절하게 대문자화한 문장을 본받게 한다. 이는 칠판이나 OHP 혹은 차트로 할 수 있다.
20. 학생이 글 쓸 때 대문자화를 맞게 사용하면 상을 준다 : (a) 유형의 상을 준다(예 : 학급 보상, 모둠장, 심부름 담당, 5분간 자유 시간 등) 혹은 (b) 무형의 상을 준다(예 : 칭찬, 악수, 미소 등).
21. 학생과 계약을 맺어 어떤 행동을 기대하는지(예 : 대문자를 맞게 사용하는 것), 그리고 계약조건이 충족되었을 때 어떤 상이 있는지를 명시한다.
22. 학생에게 단어 목록을 주고 학생으로 하여금 어느 것을 대문자화 해야 하는지 지적하게 한다(예 : water, new york, mississippi 등).
23. 학생에게 과제를 마치는 데에 필요한 자료를 제공한다(예 : 고무달린 연필, 종이, 사전, 필치 샘플 등). 책상 위에는 필요한 자료만 있는지 확인한다.
24. 우수한 공부내용은 여러 사람들에게 알린다(예 : 학생의 공부내용을 전시한다, 학생에게 축하를 보낸다 등).
25. 학생에게 학생이 사용하게 될 대문자화에 대한 보기(예 : 고유 명사, 도시, 길, 공휴일 등)를 모아 목록을 만들어 주어 학생으로 하여금 보기를 책상에 비치하게 하여 글 쓸 때 참조하게 한다.
26. 경쟁에 대한 강조를 줄인다. 경쟁적인 활동은 학생으로 하여금 서두르게 하여 대문자화를 틀리게 한다.
27. 학생에게 단어를 대문자화하는 연습을 위한 컴퓨터 소프트웨어 프로그램을 제공한다.
28. 학생에게 즉각적인 결과를 주는 컴퓨터 프로그램이나 휴대용 교육기기로 대문자화를 연습을 하게 한다.

46. 글을 쓸 때 동사 시제를 맞게 사용하지 못한다.

목적

1. 학생은 글 쓸 때 문법 기술이 개선될 것이다.
2. 학생은 기술(記述) 표현력이 개선될 것이다.

목표

1. 학생은 글 쓸 때에 동사 현재시제를 ____% 정확하게 사용할 것이다.
2. 학생은 글 쓸 때에 동사 과거시제를 ____% 정확하게 사용할 것이다.
3. 학생은 글 쓸 때에 동사 미래시제를 ____% 정확하게 사용할 것이다.

개입방법

1. 학생에게 일반적으로 많이 틀리는 동사 시제의 보기를 제공하고, 학생으로 하여금 이를 참조용을 보관하게 한다.
2. 학생이 많이 틀리는 동사 시제를 모아 목록을 만든다. 이 목록은 동사 시제에 관한 학습 활동에서 안내 자료로 사용한다.
3. 학생과 계약을 맺어 어떤 행동을 기대하는지(예 : 동사 시제를 맞게 사용하는 것), 그리고 계약조건이 충족되었을 때 어떤 상이 있는지를 명시한다.
4. 또래 한 사람을 선정하여 학생이 동사 사용에 모방하게 한다.
5. 학생에게 어떤 사건이 발생한 시점(예 : 과거, 현재, 미래)을 나타내기 위해 동사가 바뀌어야 함을 가르친다.
6. 학생으로 하여금 문장에 적절한 동사 시제를 넣는 연습문제를 완성하게 한다(예 : 어제 나는 집에 ____.).
7. 학생으로 하여금 맞는 동사 시제를 선택하게 한다(예 : 내일 그녀는 저녁 식사를[먹었다, 먹다, 먹을 것이다]).
8. 학생에게 동사 시제를 주고 이에 맞는 문장을 짓게 한다(예 : 놀았다 : "존은 어제 저녁에 우리 집에서 놀았다.").
9. 학생에게 동사의 과거, 현재, 및 미래 시제를 주고 문장을 짓게 한다.
10. 학생으로 하여금 동사 시제를 잘 듣고 틀린 것을 찾아내어 이를 정정하게 한다.
11. 학생에게 일련의 문장을 주고 과거를 현재로, 현재를 미래 등으로 시제를 바꾸게 한다.
12. 학생에게 일련의 문장을 주고(예 : 말 및 문서로), 각 문장이 문법적으로 맞는지 확인하게 한다.
13. 학부모에게 학생이 문법에 맞게 동사 시제를 사용하면 칭찬해주도록 권한다.
14. 문서 의사소통을 맞게 하는 것에 대한 중요성과 동사의 시제를 틀리게 사용했을 경우에 어떤 일이 발생하는지를 설명해준다(예 : 어떤 사건이 언제 일어났는지에 대한 혼동이 발생한다).
15. 학생이 공부 내용을 모두 자세히 읽고 동사 시제를 교정하는지 확인한다. 교정할 때마

다 상을 준다.

16. 학생으로 하여금 다른 학생의 공부 내용을 교정하거나 채점하는 것을 돕게 하여 올바른 동사 시제의 사용에 대한 인식을 향상시킨다.
17. 학생으로 하여금 기술(記述)한 내용을 큰 소리 내어 읽음으로써 동사 시제가 틀린 곳을 찾아내게 한다.
18. 학생에게 일련의 문장을 읽어주고 학생으로 하여금 문장이 과거, 현재, 혹은 미래 시제인지 식별하게 한다.
19. 학생에게 자주 사용하는 동사의 모든 시제를 모은 목록을 제공한다. 학생으로 하여금 이 목록을 책상에 비치하게 한다.
20. 또래 한 사람을 선정하여 학생과 함께 동사 시제를 연습하게 한다. 동사를 변화시키지만 말고 각 시제를 문장에 사용하도록 한다.
21. 동사 시제 변화를 매일 공부하게 한다.
22. 우수한 학습결과는 여러 사람들에게 알린다(예 : 학생의 공부내용을 전시한다, 학생에게 축하를 보낸다 등).
23. 학생에게 과제를 마치는 데에 필요한 자료를 제공한다(예 : 고무달린 연필, 종이, 사전, 필치 샘플 등). 책상 위에는 필요한 자료만 있는지 확인한다.
24. 학생으로 하여금 학생의 능력 이상의 것을 배우게 하던 안 된다.
25. 학생에게 각 단계의 작문 개념을 가르친 다음에 새로운 단계로 간다.
26. 학생에게 답의 선택(예 : 가능한 답을 하나 이상 준다, 다항 선택식 문제 등)을 주어 정답을 인식하는 능력을 향상시킨다.
27. 과제를 하는 동안 여러 지점에서 학생이 적절한 동사 시제를 사용하는지를 확인한다.
28. 학생으로 하여금 쓰기 기술을 연마하게 하는 쓰기 활동에 참여하게 한다(예 : 친구, 록스타, 유명한 운동선수 등에게 편지 쓰기).
29. 학급에서 쓰기 공부를 할 때 동사 시제를 맞게 사용하는 학생들에게 상을 준다.
30. 학생이 글 쓸 때 동사 시제를 맞게 사용하면 상을 준다 : (a) 유형의 상을 준다 (예 : 학급 보상, 모둠장, 심부름 담당, 5분간 자유 시간 등) 혹은 (b) 무형의 상을 준다(예 : 칭찬, 악수, 미소 등).

47. 주어진 공간 안에 쓰는 것이 잘 안 된다.

목적

1. 학생은 필치 기술이 개선될 것이다(예 : 모형에서 베끼기, 낱자 형성, 낱자 크기, 간격 맞추기).

목표

1. 학생은 종이에 그린 수평선 안에서 ____% 정확히 쓸 것이다.
2. 학생은 종이에 그린 수직선 안에서 ____% 정확히 쓸 것이다.
3. 학생은 초보 용지에 그린 수평선 안에서 ____% 정확히 쓸 것이다.
4. 학생은 종이의 수직 가장자리 안에서 ____% 정확히 쓸 것이다.
5. 학생은 표준 줄 친 종이 안에서 ____% 정확히 쓸 것이다.

개입방법

1. 최근에 학생의 시력을 점검 받은 적이 없으면 이번 기회에 받도록 한다.
2. 과제의 적절성을 평가하여 다음 사항을 확인한다 : (a) 과제가 너무 쉬운지, (b) 과제가 너무 어려운지, 그리고 (c) 과제를 마치는 데에 배정된 시간의 길이가 적절한지.
3. 학생의 종이 위치가 적절한지 점검한다. 오른손잡이는 필기체로 쓸 때에는 종이를 왼쪽으로 기울게 하여 좌하 모서리가 본인의 몸 중앙부를 향하게 하고, 쓰기가 진행됨에 따라 종이를 움직여야 하지만 필기하는 손 방향으로 가면 안 된다.
4. 학생의 연필 잡는 방법을 점검한다. 연필은 엄지손가락과 다음 두 손가락 사이로 잡아야 하며 연필 끝에서 2~3cm 위 지점이 적절하다.
5. 학생이 쓰기가 진행됨에 따라 종이를 이동시키는지 확인한다.
6. 오른쪽 가장자리에 줄을 그어 주어진 공간 안에서 쓰도록 한다.
7. 기선(基線)에 자나 도화지를 놓아 낱자가 이 선에 닿도록 한다.
8. 중앙선이 있는 줄친 용지를 사용하여 작은 낱자가 이 줄에 닿도록 한다.
9. 줄에 중요 표시를 하여 학생이 이를 길잡이로 사용할 수 있게 한다.
10. 학생이 단어나 낱자를 공간에 맞게 쓸 때마다 칭찬해준다.

11. 학생에게 바로 쓴 자료를 주어 이를 모사(模寫)하게 한다.
12. 줄을 진하게 그어 학생이 주어진 공간 안에 쓰는 것이 수월하게 한다.
13. 학생으로 하여금 이러한 줄을 스스로 긋게 한다.
14. 학생이 기선 대신 자를 사용하는 것을 허용한다.
15. 학생이 쓸 때에 실제로 손을 잡아준다.
16. 학생으로 하여금 자신이 틀리게 쓴 것을 정정하게 한다.
17. 학생으로 하여금 연습장에서 연습을 충분히 한 후에 제출용 숙제를 하게 한다.
18. 학생으로 하여금 일련의 점을 연결하면서 낱자, 단어, 혹은 문장을 쓰는 연습을 하게 한다.
19. 학생에게 큰 종이를 주어 여기에서 쓰는 연습을 하게 한다. 학생이 잘해냄에 따라 점차적으로 종이의 크기를 표준 사이즈로 줄이게 한다.
20. 잘 쓸 때에는 이를 공개한다(예 : 학생이 쓴 글을 전시한다, 학생에게 축하의 말을 한다 등).
21. 학생에게 과제를 하는 데에 필요한 자료를 제공한다(예 지우개가 달린 연필, 종이, 사전, 필체 샘플 등).
22. 수직선이나 그래프용지를 사용하여 학생이 낱자의 공간이 맞게 쓰도록 한다.
23. 경계선을 그어 학생으로 하여금 쓸 수 있는 공간의 끝에 온 것을 알 수 있게 해준다.
24. 학생이 과제를 하는 동안 여러 지점에서 점검하여 학생이 주어진 공간 안에서 쓰이고 있는지 확인한다.
25. 학생에게 쓰기 과제를 짧게 내준다. 학생이 잘해냄에 따라 점진적으로 과제의 길이를 늘린다.
26. 학생에게 쓰기 과제를 한 번에 하나씩 준다. 먼저 과제를 잘 마친 후에만 다음 과제를 내준다.
27. 학생으로 하여금 자발적으로 잘 쓰기를 원하게 하는 쓰기 활동에 참여하게 한다(예 : 친구, 록 스타, 유명한 운동선수 등에게 편지 쓰기).

48. 동의어, 반대어 및 동음이의어를 이해하는 것이 어렵다.

목적

1. 학생은 어휘 기술이 개선될 것이다.
2. 학생은 반대어의 이해와 사용 능력을 보일 것이다.
3. 학생은 동의어의 이해와 사용 능력을 보일 것이다.
4. 학생은 동음이의어의 이해와 사용 능력을 보일 것이다.

목표

1. 학생은 ____번의 시도 중에 ____번은 목표 어휘를 설명하는 물체/그림을 지적하거나 행위를 실현할 것이다.
2. 학생은 ____번의 시도 중에 ____번은 목표 어휘를 설명하는 물체/그림에 라벨을 붙이거나 행위를 실현할 것이다.
3. 학생은 ____번의 시도 중에 ____번은 목표 어휘에 대한 동의어/반대어/동음이의어를 제공할 것이다.
4. 학생은 ____번의 시도 중에 ____번은 주어진 문장의 목표 어휘에 대한 동의어/반대어를 사용하는 문장을 제공할 것이다.
5. 학생은 말로/기술(記述) 문장에서 ____번의 시도 중에 ____번은 목표 어휘(동의어, 반대어 및 동음이의어)를 사용할 것이다.
6. 학생은 일상적인 대화 상황에서 ____번의 시도 중에 ____번은 목표 어휘(동의어, 반대어 및 동음이의어)를 사용할 것이다.
7. 학생은 ____번의 시도 중에 ____번은 맞는 동음이의어를 선택하여 주어진 문장을 완성할 것이다.

개입방법

1. 최근에 학생의 시력을 점검 받은 적이 없으면 이번 기회에 받도록 한다.
2. 집에서 학생에게 영향을 주는 언어의 유형을 확인한다. 이러한 언어에 대한 부정적인 인상을 주지 않으면서, 의미가 풍부한 언어와 어휘가 제한적인 언어와의 차이를 설명

한다.

3. 학생에게 단어목록을 주고 이에 대한 반대어, 동의어, 혹은 동음이의어를 제공하도록 한다.
4. 학급 전체로 하여금 각자의 개인적인 경험을 글이나 혹은 말로 설명하는 과정에서 새로운 동의어, 반대어 및 동음이의어를 사용하게 한다.
5. 학생이 동의어, 반대어 및 동음이의어를 정확하게 사용하면 상을 준다 : (a) 유형의 상을 준다(예 : 학급 보상, 모둠장, 심부름 담당, 5분간 자유 시간 등) 혹은 (b) 무형의 상을 준다(예 : 칭찬, 악수, 미소 등).
6. 학생의 표현 및 수용 어휘가 제한적인지 여부를 확인한다. 왜냐하면 이는 학생의 동의어, 반대어 및 동음이의어의 이해와 사용에 영향을 줄 수 있기 때문이다.
7. 학생에게 동의어와 반대어 개념의 기초가 되는 "같은"과 "다른"의 개념을 가르친다. 새로운 어휘를 소개하기 전에 구체적인 물체, 그림, 행위 등의 유사점과 차이점을 강조하여 이러한 개념의 이해를 높인다.
8. 새로운 동의어, 반대어 혹은 동음이의어를 소개할 때에 가능하면 시각적 도구를 사용한다.
9. 학생에게 새로운 단어들을 동의어 및 반대어로 구분하는 방법을 설명하여(예 : 예쁘다, 아름답다, 매력적이다 는 의미상 모두 유사하며 추하다의 반대가 되는 단어이다), 자신의 기억 속에 단어를 파일하는 방법을 갖추게 한다.
10. 학생으로 하여금 주변에 있는 사람이나 장소를 묘사하는 물건, 그림, 혹은 카드을 각 속성(예 : 기능, 색깔, 크기, 용도, 구성 등)에 따라 다른 범주로 분류하게 한다. 이들의 범주가 달라짐에 따라 품목 간의 유사점과 차이점을 지적한다 (예 : 공과 사과는 모두 빨갛고 둥글고 매끄럽다; 그러나 사과만 먹을 수 있다; 등).
11. 학생으로 하여금 반대어(예 : 걷다/달리다, 아주 높이/아주 낮게, 빨리/천천히 등)과 주어진 단어에 대한 동의어(예 : 걷다= 거닐다, 한가로이 거닐다 등) 및 동음이의어 (예 : 배/배, 눈/눈, 해독(解讀)/해독(解毒) 등)을 몸짓으로 설명하게 한다.
12. 학생으로 하여금 연기로서 표현하기 힘든 반대어와 동음이의어 "쌍"을 그림으로 설명하거나 그림을 오려내어 설명하게 한다(예 : "거칠다"라는 단어를 들쭉 날쭉하고 불규칙한 낱자로 쓰거나 사포를 오려내어 철자를 쓰고, "매끄러운"은 흐르는 듯 부드러운 선으로 혹은 밀랍 종이를 오려 낸 낱자로 쓴다; 배/배는 그리거나 그림을 오려내어 표현한다).
13. 학생에게 단어 세 개를 주고 여기에서 동의어와 반대어를 선택하게 한다(예 : 좋은, 친절한, 성질이 못 된).

14. 학생으로 하여금 그림을 그리거나 그림을 오려내어 어떤 명사의 반대되는 속성을 묘사하게 한다(예 : 큰/작은 나무, 행복한/슬픈 사람 등).
15. 반대어, 동의어 및 동음이의어를 적절하게 사용하는 학생들에게 상을 준다.
16. 반대어, 동의어 및 동음이의어를 잘 구사하는 또래 한 사람을 선정하여 학생과 함께 공부하게 하여 학생의 반대어, 동의어 및 동음이의어에 대한 이해를 증진하게 한다.
17. 학생에게 상황 실마리를 이용하여 학생이 듣거나 보는 반대어, 동의어 및 동음이의어의 의미를 파악하는 방법을 설명한다(예 : 주변에 있는 단어를 경청하거나 보고나서 어떤 유형의 단어가 적절하지 파악한다).
18. 학급 도서실에서 단어의 뜻을 찾을 수 있는 자료에 대해 설명한다(예 : 사전, 백과사전 등).
19. 학생으로 하여금 모르는 단어의 뜻을 적은 어휘 공책을 유지하게 한다. 학생으로 하여금 동의어와 사전에 나오는 의미를 같이 적고 부근에 반대어와 동음이의어를 적어두게 한다.
20. 과제를 읽기 전에 학생이 읽게 될 새로운 단어에 대한 목록을 준비한다. 학생이 각 단어의 뜻을 찾아 이를 발음하고 또한 이를 문장에서 사용하는 연습을 돕거나 학생을 도울 수 있는 또래를 선정하여 돕게 한다. 학생이 이미 사용하는 어휘에 들어있는 동의어, 반대어 및 동음이의어를 사용하여 동의어, 반대어 및 동음이의어의 개념과 이해를 촉진한다.
21. 학생이 자연스럽게 하는 스피치를 학생이 사용하는 특정 단어들을 유념하면서 녹음한다. 학생으로 하여금 이러한 단어들을 대체할 수 있는 단어들(동의어)에 대한 목록을 작성하게 한다.
22. 학부모가 학생의 어휘 능력을 향상시키는 데에 도움을 줄 수 있는 방법에 대해 학부모와 의논한다(예 : 학생으로 하여금 신문, 소설, 잡지 등을 읽도록 한다; 다양한 정보 자원을 사용하여 동의어, 반대어, 및 동음이의어 등을 찾게 한다).
23. 새로운 어휘 단어들을 집에 보내어 학부모로 하여금 활동이나 일반적인 대화 속에서 이러한 단어를 사용하게 한다.
24. 학생으로 하여금 오감에 따른 동의어와 반대어를 제공하게 한다(예 : 미각 : 맛있는/쓴; 촉감 : 거친/매끄러운; 시각 : 아름다운/추한; 청각 : 시끄러운/조용한; 후각 : 향기로운/톡 쏘는). 감각을 이용하여 어휘를 기억하는 것을 쉽게 한다.
25. 다양한 보기를 들어 어떤 반대어의 상대적 특성을 지적한다(예 : 젊은/나이 많은, 키가 작은/키가 큰, 오른쪽/왼쪽 등).
26. 당일에 "과잉 사용한" 단어(예 : 엄청난)를 게시하고 학생들로 하여금 그 밑에 이에 대

한 반대어와 동의어를 당일에 적게 한다. 학생으로 하여금 마지막 시간에 이 단어들을 동의어와 반대어로 구분하게 한다.

27. 학생으로 하여금 쐐기벌레 머리에 적은 주제 단어에 대한 동의어를 마디마다 하나씩 적게 한다.
28. 학생으로 하여금 신문이나 잡지에서 동의어의 보기에 밑줄을 긋거나 중요 표시를 하게 한다.
29. 유도구(carrier phrases)를 사용하여 반대어를 이끌어 낸다(예 : ____이 아니라 면, ____이다. 혹은 ____이라면 ____이 아니다.).
30. 어떤 문장에 나오는 특정 단어에 밑줄을 긋거나 중요 표시하고 학생으로 하여금 이러한 단어를 반대어로 대체하게 함으로써 문장의 뜻을 바꾸게 한다(예 : 키가 작고 못 생긴 그 남자는 성질이 사납게 보인다→ 키가 크고 잘 생긴 그 남자은 친절해 보인다.). 혹은, 동의어나 반대어를 사용하여 문장의 의미를 같게 유지한다(예 : 키가 작고 못 생긴 그 남자는 성질이 사납게 보인다→ 체구가 작고 구역질나게 하는 그 사람은 위험해 보인다; 혹은 그 남자는 키가 크거나 친절해 보이지도 않는다.).
31. 학생으로 하여금 쌍으로 된 단어들을 반대어 혹은 동의어로 식별하게 한다(예 : 반짝거리게 하다/광채를 내다= 동의어; 행복한/슬픈= 반대어; 등).
32. 학생으로 하여금 원래 단어에 접두사를 더하여 형성된 반대어에 대한 목록을 만들게 한다.
33. '사이먼이 말하기를' 게임을 변형한다. 사이먼이 말하는 것에 반대가 되는 행동을 보여 주는 것이다. 이 활동을 너무 어려워하면 파트너와 같이 하도록 한다.
34. 학급을 "반대어" 팀과 "동의어" 팀으로 가른다. 그리고 주어진 단어에 대한 동의어나 반대어를 가능한 한 많이 제공하게 한다(예 : "크다" : 반대어= 작은, 조그마한, 아주 작은 등; 동의어= 크다, 거대한, 막대한 등).
35. 학생에게 단어 하나를 주고 학생으로 하여금 반대어, 동의어, 반대어 등으로 바꾸면서 연결고리를 만들어가게 한다(예 : 소년/소녀/여자/남자/남성/여성/등).
36. 학생으로 하여금 주어진 단어에 대한 연상 단어를 제공하게 하고 이에 대한 반대어를 말하게 한다(예 : 걸상 : 앉다/서다; 점심 : 배부르다/배고프다; 책상 : 공부하다/놀다; 등).
37. 학생으로 하여금 특정 명사와 어울리는 동사, 혹은 특정 명사와 어울리는 형용 사, 혹은 특정 동사와 어울리는 부사의 목록을 만들게 한다. 그리고 나서 학생으로 하여금 자신이 만든 목록에서 동의어나 반대어가 되는 단어들을 식별하게 한다.
38. 매일 동음이의어 한 쌍씩 차트에 적게 하고 학생들로 하여금 이를 하루 종일 기술(記述) 및 말로 언어에서 사용하게 한다.

39. 학생으로 하여금 맞는 동음이의어로 빈칸에 채우는 연습문제를 하게 한다.
40. 학생으로 하여금 한 문장에서 동음이의어 한 쌍을 사용하게 한다.
41. 학생에게 동음이의어를 몇 개 주고 여기서 맞는 동의어나 반대를 선택하게 한다.
42. 학생으로 하여금 목록에 있는 동음이의어와 의미를 짝 맞추게 한다.
43. 하루를 통해 여러 과목에서 사용된 동의어, 반대어 및 동음이의어를 구체적으로 식별하게 한다 : 음악 교사나 미술 교사나 체육 교사 등에게 이러한 정보를 수업시간에 이 점을 지적하게 한다.

49. 쓰기를 할 때 단어를 탈락, 추가, 혹은 대치한다.

목적

1. 학생은 기술(記述) 표현력이 개선될 것이다.
2. 학생은 쓰기 숙제에 대한 집중력이 개선될 것이다.
3. 학생은 집중력이 개선될 것이다.
4. 학생은 쓰기를 할 때에 문법실력이 개선될 것이다.
5. 학생은 쓰기 기술이 개선될 것이다.

목표

1. 학생은 교사가 정정해주면 ____% 정확하게 완성된 구로 문장을 쓸 것이다.
2. 학생은 쓰기를 할 때 도움 없이 ____% 정확하게 완성된 구(句)를 사용할 것이다.
3. 학생은 글을 쓸 때 교사가 정정해주면 ____% 정확하게 문장을 완성할 것이다.
4. 학생은 쓰기를 할 때 도움 없이 ____% 정확하게 완성된 문장을 사용할 것이다.

개입방법

1. 과제의 난이도를 평가하여 학생에게 과제를 주기 전에 추가적인 정보, 시간, 도움 등이 필요한지 확인한다.
2. 학생이 정보를 필기할 때 도움을 준다. 학생이 잘해냄에 따라 점진적으로 도움을 줄이고 학생으로 하여금 스스로 책임지게 한다.

3. 학생이 쓰기를 할 때 정확도를 점검한다. 과제를 빨리 실행하는 것도 정확히만 하면 괜찮다.
4. 학생이 쓰기 과제를 할 때에 여러 지점에서 점검하여 탈락, 추가 혹은 대치 여부을 확인한다.
5. 학생이 과제를 도움 없이 하기를 기대하기 전에 학생의 능력 수준과 경험을 세심하게 고려하여야 한다.
6. 학생에게 문장을 구술하여 학생으로 하여금 간단한 문장을 정확하게 쓰는 연습을 하게 한다.
7. 학생으로 하여금 흥미 있는 주제에 대한 이야기를 쓰게 함으로써 경험을 많이 쌓게 한다.
8. 학생으로 하여금 탈락, 추가 및 대치 없이 간단한 문장을 잘 쓰는 연습을 하게 한다.
9. 학생에게 일단(一團)의 관련 단어(예 : 야구, 팬, 글로브, 삼진 등)를 주고 이를 이용하여 문단 하나를 작성하게 한다.
10. 학생 모두가 최선의 실행 능력을 발휘할 수 있는 환경을 조성한다(예 : 조용한 교실, 배경 음악, 신선한 공기 등).
11. 학생에게 전이어(그러므로, 그럼에도 불구하고, 왜냐하면 등)로 구성된 목록을 제공하여 문장을 하나씩 만들게 한다.
12. 학생으로 하여금 쓰기 공부 내용을 모두 교정하게 한다. 정정할 때마다 칭찬해준다.
13. 주변에 있는 시각적 및 청각적 자극을 평가하여 외생적 자극을 줄이거나 제거한다.
14. 학생이 무엇을 잘 못하고 있는지(과제를 마치기 위해 서두른다), 그리고 어떻게 해야 하는지(천천히 그리고 조심스럽게 공부한다)를 설명해준다. 예를 들면, 학생이 숙제를 천천히 그리고 조심스럽게 해야 틀리지 않는다는 것을 말해준다.
15. 학생이 쓰기 활동을 할 때에 방해를 받거나 서두르지 않도록 한다.
16. 학생으로 하여금 다른 학생들의 쓰기 공부 내용을 채점하거나 교정하는 일을 돕게 하여 탈락, 추가 및 대치에 대한 인식을 높이게 한다.
17. 학생에게 문장을 구술하여 간단한 문장을 잘 쓰는 연습을 시킨다.
18. 학생으로 하여금 모든 쓰기 공부 내용을 큰 소리로 읽음으로써 탈락, 추가, 혹은 대치를 찾아내게 한다.
19. 학생에게 일단의 뒤섞인 단어를 주고 이를 정리하여 문장을 만들게 한다.
20. 학생으로 하여금 의문이 있을 때에는 반드시 질문하게 한다.
21. 학생으로 하여금 자신의 생각을 완성된 문장으로 표현하는 일일기록부나 일기를 쓰게 한다.

22. 학생이 쓰기 활동을 할 때 감독을 철저히 한다(예 : 보조 교사, 또래 등의 도움으로).
23. 학생이 글을 쓸 때에 단어를 탈락, 추가 혹은 대치하지 않도록 일관성 있게 기대하도록 한다.
24. 학생이 가장 많이 탈락, 추가 및 대치하는 단어의 목록을 작성하여 학생으로 하여금 쓰기 활동을 할 때에 이를 참조하면서 틀린 것을 찾아내게 한다.
25. 학생에게 부적절한 행동과 이에 따르는 결과의 관계를 가르친다(예 : 지침을 받아 적을 때 단어를 탈락, 추가 혹은 대치할 경우에 숙제를 틀리게 하는 결과를 낳을 수 있다.).
26. 학생에게 준 쓰기 과제가 학생의 발육과 능력 수준에 적절한지 확인한다.
27. 학생에게 글을 읽을 때에 내용 실마리를 이용하는 방법을 가르쳐 단어의 인식과 의미를 이해하는 데에 도움이 되도록 한다.
28. 학생이 완성한 쓰기 과제를 제출하기 전에 다른 사람(예 : 보조 교사, 또래 등)이 탈락, 추가 및 대치에 대해 교정하였는지 확인한다.
29. 학생으로 하여금 더 잘 쓰게 하는 쓰기 활동에 참여하게 한다(예 : 친구, 록 스타, 유명한 운동선수 등에게 편지쓰기).
30. 잘한 공부 내용을 다른 사람들에게 알린다(예 : 학생이 공부한 내용을 전시한다, 학생에게 축하를 보낸다 등).
31. 당신이 학생에게 한꺼번에 너무 많은 것을 요구하여 학생이 과제 등을 마치기 위해 서두르고 있지 않는지 확인한다.
32. 학생이 쓰기 활동을 할 때에는 개인용 독서 책상이나 조용한 공간에 앉게 함으로써 산만하게 하는 자극을 줄인다. 이는 산만하게 하는 자극을 줄이기 위한 수단이지 어떤 형태의 처벌이 아니다.
33. 학생으로 하여금 간단한 글을 읽게 하고 이를 녹음한다. 그러고 나서 학생으로 하여금 탈락된 부분에 밑줄을 긋게 한다.
34. 경쟁에 대한 강조를 줄인다. 경쟁적인 활동은 글을 쓸 때 학생으로 하여금 서두르게 하여 단어를 탈락, 추가 혹은 대치하게 한다.
35. 학생이 과제를 빨리 마치려고 하다가 틀리게 한 부분이 발생하면 이를 다시 쓰게 한다.
36. 학생으로 하여금 빈칸 채우기 이야기나 문장을 완성한 다음 이를 크게 읽게 한다.
37. 학생에게 학생이 무엇을 잘못하고 있는지(예 : 단어를 대치하기, 단어를 빼먹기 등) 그리고 어떻게 해야 하는지(예 : 단어 하나하나를 조심스럽게 쓰기, 쓰기 과제를 다시 읽기 등)를 설명해준다.
38. 학생으로 하여금 자신이 실수하는 부분(예 : 단어를 탈락한다, 단어를 대치한다 등)을

인식하게 하여 글을 쓸 때에는 이를 좀 더 의식하게 한다.

39. 학생으로 하여금 모든 쓰기 과제를 세밀하게 읽어 탈락, 추가 혹은 대치하는 것이 없도록 한다. 탈락, 추가 혹은 대치한 것을 교정할 때마다 칭찬해준다.
40. 학생의 쓰기 과제 내용을 점검할 때 건설적인 평가 결과를 제공한다(예 : 탈락, 추가 및 대치를 지적한다; 이러한 실수가 내용이나 의미에 주는 영향에 대해 설명한다; 학생으로 하여금 탈락, 추가 및 대치한 것을 정정하기 위해 공부 내용을 다시 쓰게 한다; 등).
41. 산만하게 하는 자극을 줄일 수 있도록 환경을 조성한다(예 : 학생을 앞줄이나 앞에 가까운 자리에 앉힌다, 개인용 독서 책상이나 산만한 것으로부터 떨어진 조용한 장소를 제공한다 등).

50. 쓰기를 할 때에 낱자와 숫자를 거꾸로 쓴다.

목적

1. 학생은 필기 기술이 개선될 것이다(예 : 모형에서 베끼기, 낱자 형성, 낱자 크기 및 공간을 주기).

목표

1. 학생은 낱자와 숫자를 ____% 정확히 인식할 것이다.
2. 학생은 낱자와 숫자를 ____% 정확히 베낄 수 있을 것이다.
3. 학생은 글을 쓸 때 낱자와 숫자를 ____% 정확히 형성할 것이다.

개입방법

1. 학생이 최근에 시력을 점검한 적이 없으면 이번 기회에 점검하도록 한다.
2. 칠판 활동을 통해 학생에게 각 낱자나 숫자에 대한 적절한 방향성을 가르친다.
3. 학생의 손을 잡아주면서 방향성에 대한 감각을 제공한다.
4. 낱자를 OHP를 통해 칠판에 투영하고 학생으로 하여금 이를 베끼게 한다.
5. 학생이 자주 거꾸로 쓰는 낱자와 숫자를 바르게 쓰도록 한다.
6. 거꾸로 쓴 낱자가 있는 완성한 과제를 점검할 때 방향 화살표를 사용하여 학생이 방향

성을 정확하게 배우도록 한다.

7. 학생이 거꾸로 쓰는 낱자와 숫자를 식별하여 학생으로 하여금 매일 이러한 낱자를 한 두 개를 연습하게 한다.
8. 학생에게 맞게 쓴 낱자와 숫자의 형을 인식하는 방법을 가르친다(예 : b, d, 2, 5 등).
9. 학생이 자주 거꾸로 쓰는 낱자와 숫자를 점검하는 방법을 학생에게 가르친다.
10. 학생에게 시각적 신호를 제공하여 낱자와 숫자를 형성할 때에 도움을 준다(예 : 획의 방향을 가리키는 화살표).
11. 학생에게 학생이 자주 거꾸로 쓰는 낱자와 숫자를 크게 쓴 것을 제공하여 올바르게 쓰도록 한다.
12. 낱자와 숫자를 하나씩 쓴 카드를 많이 만들어 학생으로 하여금 같은 것을 골라 짝을 맞추게 한다.
13. 학생으로 하여금 bed라는 단어를 쓴 카드를 책상에 항상 보관하게 하여 어떤 단어에 b자나 d자가 나올 때에 이를 기억하는 데에 도움이 되도록 한다.
14. 학생으로 하여금 자신이 자주 거꾸로 쓰는 낱자가 들어있는 가장 자주 사용하는 단어를 모아 목록을 만들게 한다. 그리고 이 목록을 글을 쓸 때 참조하게 한다.
15. 학생이 거꾸로 쓰는 낱자와 숫자를 식별한 후, 학생으로 하여금 잡지나 신문에서 이러한 낱자나 숫자가 나올 때마다 중요 표시하거나 밑줄을 긋게 한다.
16. 학생이 늘 거꾸로 쓰는 낱자나 숫자의 미세한 차이를 지적해준다. 학생으로 하여금 학생이 혼동하는 낱자나 숫자를 다섯 줄 정도 타이프를 쳐서 학생으로 하여금 훑어보게 한다(예 : nnhnhhnn). 그리고 다른 색깔로 n와 h에 색칠하게 한다.
17. 필기체는 거꾸로 쓰는 것이 불가능하기 때문에 대안으로 사용하여도 좋다.
18. 연습한 내용이 좋으면 공개한다(예 : 여러 사람들에게 전시한다, 학생에게 축하의 말을 해준다 등).
19. 학생에게 수직선(數直線)과 알파벳이 적힌 띠를 제공하여 학생이 이를 책상에 놓고 참조하게 함으로써 낱자와 숫자를 바르게 쓸 수 있게 해준다.
20. 경쟁에 대한 강조를 줄인다. 경쟁적인 활동은 학생으로 하여금 글을 쓸 때 서두르게 하여 거꾸로 쓰게 만든다.
21. 학생이 형성하는 낱자가 적절하고 일관성이 있는지 확인한다.
22. 학생이 글 쓸 때에 낱자와 숫자를 맞게 쓰면 상을 준다 : (a) 유형의 상을 준다 (예 : 학급 보상, 모둠장, 심부름 담당, 5분간 휴식 등) 혹은 (b) 무형의 상을 준다(예 : 미소, 악수, 칭찬 등).
23. 학생으로 하여금 잘 쓰려고 애쓰게 하는 쓰기 활동에 참여하게 한다(예 : 친구, 록 스타,

유명한 운동선수 등에게 편지쓰기).

24. 학생으로 하여금 일련의 점을 연결함으로써 낱자, 단어 및 문장을 쓰는 연습을 하게 한다.
25. 학생으로 하여금 모든 쓰기 과제를 세밀하게 읽도록 한다. 틀린 것을 정정할 때마다 학생에게 상을 준다.

51. 쓰기를 할 때 낱자의 크기가 적절하지 않다.

목적

1. 학생은 필기 기술이 개선될 것이다(예 : 원형을 따라 쓰기, 낱자 형성, 낱자 크기 및 간격 띄우기).

목표

1. 학생은 알파벳의 소문자를 베껴 쓸 때 크기를 ____% 정확히 모사할 것이다.
2. 학생은 알파벳의 대문자를 베껴 쓸 때 크기를 ____% 정확히 모사할 것이다.
3. 학생은 가까이 있는 알파벳의 소문자를 베껴 쓸 때 크기를 ____% 정확히 모사할 것이다.
4. 학생은 가까이 있는 알파벳의 대문자를 베껴 쓸 때 크기를 ____% 정확히 모사할 것이다.
5. 학생은 알파벳의 소문자를 활자체로 쓸 때 크기를 ____% 정확히 모사할 것이다.
6. 학생은 알파벳의 대문자를 활자체로 쓸 때 크기를 ____% 정확히 모사할 것이다.
7. 학생은 알파벳의 소문자를 필기체로 쓸 때 크기를 ____% 정확히 모사할 것이다.
8. 학생은 알파벳의 대문자를 필기체로 쓸 때 크기를 ____% 정확히 모사할 것이다.

개입방법

1. 학생의 몸자세를 확인한다. 학생을 몸 크기에 맞는 걸상에 앉힌다. 발은 바닥에 닿아야 하고 등은 등받이에 기대어야 하고, 어깨는 약간 앞으로 기울어야 하고, 팔은 책상 위에 편하게 놓여야 하고, 그리고 팔꿈치는 책상 끝에서 약간 나와야 한다.

2. 학생의 용지 위치를 확인한다. 오른손잡이가 필기체로 쓸 때에는 용지가 왼쪽으로 기울어 용지의 왼쪽 하단이 몸 중앙부를 향해야 하며, 쓰기가 진행됨에 따라 필기하는 팔은 움직이면 안 되지만 용지는 이동해야 한다.
3. 학생의 연필 잡는 자세를 확인한다. 연필은 엄지와 처음 두 개의 손가락 사이에 있어야 하며 연필 끝에서 2~3 cm 위를 잡아야 한다.
4. 중앙선과 하강문자 공간이 있는 용지를 사용해야 한다.
5. 높이가 최고(b, d, f, h, k, l), 중간(t), 및 최저(a, c, e, g, I, j, m, m, o, p, q, r, s, u, v, w, x, y, z)인 낱자를 확인하게 하여 각 그룹의 위치를 바로 잡는 데에 도움이 되게 한다.
6. 학생의 글쓰기가 진행됨에 따라 학생이 용지를 이동시키고 있는지 확인한다.
7. 필체 정렬 상태를 평가하기 위해 크기가 같아야 하는 낱자들의 윗부분을 지나가는 수평선을 긋는다.
8. 학생이 낱자 크기를 맞게 쓰도록 하기 위해 선에 중요 표시를 한다.
9. 학생이 글 쓸 때 낱자의 크기를 적절하게 만들 수 있도록 또래 한 사람을 선정하여 본보기를 보이게 한다.
10. 글쓰기를 요하는 활동을 위해 학생에게 낱자 샘플을 제공한다.
11. 학생이 써야 할 크기의 낱자로 된 알파벳이 적힌 띠를 제공하여 책상에 비치하게 한다.
12. 학생이 사용할 용지에 낱자를 써주어 학생이 이를 베껴 쓰게 한다.
13. 학생이 사용할 용지에 낱자를 점선으로 써주어 학생이 이를 연결하게 한다.
14. 그래프용지에 쓴 보기 아래에 이를 베끼게 한다.
15. 낱자 크기 연습을 위해 만든 용지에 선을 진하게 긋는다.
16. 학생이 낱자 크기를 틀리게 한 부분을 학생 자신이 정정하게 한다.
17. 특정 낱자의 크기와 용지에 있는 선과의 관계를 나타내기 위해 박스를 그려 넣는다.
18. 제도 용지를 이용하여 학생으로 하여금 특정 낱자나 단어를 베껴 쓰게 한다.
19. 학생에게 수용할 수 있는 완성도 기준을 분명하게 설명해준다(예 : 깔끔할 것 등).
20. 잘 한 것은 공개한다(예 : 학생이 완성한 과제를 전시한다, 학생을 축하해준다 등).
21. 학생에게 과제를 마치는 데에 필요한 자료를 제공한다(예 : 지우개 달린 연필, 용지, 사전, 필기체 샘플 등). 학생 책상에 필요한 물건만 있는지 확인한다.
22. 학생에게 각 수준의 필기 기술을 가르친 후에 새로운 수준의 기술을 소개한다.
23. 학생이 과제를 수행하는 과정에 여러 지점에서 학생의 낱자 크기가 적절한지 확인한다.
24. 일련의 점을 이용하여 학생으로 하여금 단어나 문장을 베껴 쓰게 한다.
25. 학생의 책상에 수직선(數直線)과 알파벳이 적힌 띠를 비치하여 학생이 낱자나 숫자를

쓸 때 이를 참조함으로써 실수를 줄이게 한다.

26. 수직선이나 그래프용지를 사용하여 학생이 낱자를 베껴 쓸 때 도움이 되도록 한다.
27. 학생에게 맞는 크기의 연필이나 연필 그립을 제공한다.
28. 과제의 적절성을 평가하여 다음 사항을 확인한다 : (a) 과제가 너무 쉬운지, (b) 과제가 너무 어려운지, 그리고 (c) 과제를 마치는 데에 배정한 시간의 길이가 적절한지.
29. 학생의 원작 이야기로 OHP에 사용할 슬라이드를 준비한다. 그리고 이를 스크린에 비추어놓고 학생으로 하여금 이를 베껴 쓰게 한다. 이는 작게 쓰는 경향이 있는 학생에게 효과 있는 연습방법이다.
30. 학생이 쓰는 낱자의 크기가 적절하면 상을 준다 : (a) 유형의 상을 준다(예 : 학급 보상, 모둠장, 심부름 담당, 5분간 자유 시간 등) 혹은 (b) 무형의 상을 준다(예 : 칭찬, 악수, 미소 등).
31. 학생이 최근에 시력검사를 받은 적이 없으면 이번 기회에 받도록 한다.

52. 글 쓸 때 단어나 문장 사이의 간격이 적절하지 않다.

목적

1. 학생은 필기 기술이 개선될 것이다(예 : 원형을 따라 쓰기, 낱자 형성, 낱자 크기 및 간격 띄우기).

목표

1. 학생은 낱자나 숫자 사이에 간격을 ____% 정확히 띄울 것이다.
2. 학생은 글을 쓸 때에 단어 사이의 간격을 ____% 정확히 띄울 것이다.
3. 학생은 글을 쓸 때에 문장 사이의 간격을 ____% 정확히 띄울 것이다.

개입방법

1. 학생이 최근에 시력검사를 받은 적이 없으면 이번 기회에 받도록 한다.
2. 학생을 몸 크기에 맞는 걸상에 앉힌다. 발은 바닥에 닿아야 하고 등은 등받이에 기대어야 하고, 어깨는 약간 앞으로 기울어야 하고, 팔은 책상 위에 편하게 놓여야 하고, 그리

고 팔꿈치는 책상 끝에서 약간 나와야 한다.

3. 학생의 용지 위치를 확인한다. 오른손 잡이가 필기체로 쓸 때에는 용지가 왼쪽으로 기울어 용지의 왼쪽 하단이 몸 중앙부를 향해야 하며, 쓰기가 진행됨에 따라 필기하는 팔은 움직이면 안되지만 용지는 이동해야 한다.
4. 낱자와 낱자 사이에 점을 찍고, 단어와 단어 사이는 학생으로 하여금 손가락으로 간격을 맞추게 한다.
5. 학생의 글쓰기가 진행됨에 따라 학생이 용지를 이동시키고 있는지 확인한다.
6. 간격을 적절하게 유지하면서 단어나 문장을 활자체 혹은 필기체로 쓴다. 그리고 학생으로 하여금 이를 베껴 쓰게 한다.
7. 경쟁에 대한 강조를 줄인다. 경쟁적인 활동은 학생으로 하여금 서두르게 하여 단어나 문장을 쓸 때에 간격을 제대로 띄우는 것을 잘 못하게 한다.
8. 학생에게 필기한 단어와 문장을 제공하여 간격을 띄울 때 참고하게 한다.
9. 학생으로 하여금 쓰고 있는 단어마다 손가락 하나의 간격을 띄우게 한다.
10. 낱자와 단어 사이의 간격을 띄우는 데에 사용할 수 있도록 수직선을 그려준다(예 : | | | | |).
11. 학생에게 다음 단어를 항상 보도록 하여 가장자리까지 충분한 공간이 있는지 확인하게 한다.
12. 학생에게 그래프용지를 제공하여 낱자를 블록 안에 적게 하고 단어 사이는 블록 하나를 건너뛰게 한다.
13. 연습한 내용이 좋으면 공개한다(예 : 여러 사람들에게 전시한다, 학생에게 축하의 말을 해준다 등).
14. 학생에게 과제를 마치는 데에 필요한 자료를 제공한다(예 : 지우개 달린 연필, 용지, 사전, 필기체 샘플 등). 학생 책상에 필요한 물건만 있는지 확인한다.
15. 학생이 과제를 수행하는 과정에 여러 지점에서 학생의 간격 띄우기가 적절한지 확인한다.
16. 학생에게 한 번에 필기 과제를 하나씩 준다. 학생이 이 과제를 성공적으로 마친 후에만 다음 과제를 소개한다.
17. 학생에게 과제를 적게 준다. 학생이 잘해냄에 따라 점진적으로 과제의 수를 늘린다.
18. 학생으로 하여금 일련의 점을 연결함으로써 낱자, 단어 및 문장을 쓰는 연습을 하게 한다.
19. 수직선이나 그래프용지를 사용하여 학생이 낱자의 간격을 제대로 띄우는 것을 돕는다.
20. 학생으로 하여금 잘 쓰려고 애쓰게 하는 쓰기 활동에 참여하게 한다(예 : 친구, 록 스타,

유명한 운동선수 등에게 편지쓰기).
21. 학생으로 하여금 간격 띄우기가 잘 된 자료를 보게 함으로써 이를 표본으로 삼게 한다.
22. 학생이 낱자나 단어의 간격을 적절하게 띄워 쓰면 상을 준다 : (a) 유형의 상을 준다 (예 : 학급 보상, 모둠장, 심부름 담당, 5분간 자유 시간 등) 혹은 (b) 무형의 상을 준다 (예 : 칭찬, 악수, 미소 등).
23. 학생으로 하여금 "연습 페이지"에서 연습한 후에 실제 과제를 실행하게 한다.

53. 문법적으로 잘 맞지 않게 글을 쓴다.

목적

1. 학생은 쓰기 공부에서 맞는 문법을 사용할 것이다.

목표

1. 학생은 기술(記述)된 문장에서 틀린 문법과 맞는 문법의 차이를 ____% 정확히 분간할 것이다.
2. 학생은 간단한 기술 문장에서 맞는 문법을 ____% 정확하게 사용할 것이다.

개입방법

1. 학생이 최근에 시력검사를 받은 적이 없으면 이번 기회에 받도록 한다.
2. 학생에게 학생이 글 쓸 때에 문법이 틀린다는 사실을 알려주고 문법에 맞게 글 쓰는 것에 대한 중요성을 설명해준다.
3. 학생의 집에서 사용되는 문법의 유형을 확인한다. 부모의 문법 스타일에 부정적인 내색을 보이지 않도록 주의하면서 표준 문법과 표준이 아닌 문법과의 차이를 설명한다.
4. 학생이 말할 때 적절한 문법을 사용하는지 여부를 평가한다. 말하기가 유창하면 이는 기술(記述) 과제에서 사용하는 언어의 유형에 영향을 준다.
5. 또래 한 사람을 선정하여 말 및 기술 과제에서 학생에게 문법 사용의 본보기가 되게 한다.
6. 학생에게 올바른 문법 사용을 기대하는 것이 적절한지 평가한다(예 : 발육상으로 6~7세

될 때까지 기술 문장에서 적절한 문법 사용이 어려운 아이가 있다).

7. 학생이 문법적으로 맞는 문장을 쓰면 상을 준다 : (a) 유형의 상을 준다(예 : 보상, 모둠장, 심부름 담당, 5분간 자유 시간 등) 혹은 (b) 무형의 상을 준다(예 : 칭찬, 악수, 미소 등).
8. 학생으로 하여금 문법적으로 맞는 단어의 형으로 빈칸을 채우는 연습을 하게 한다(예 : They ____to the show yesterday.).
9. 학생으로 하여금 자신이 완성한 기술 과제를 문법적으로 맞게 했는지 세밀히 점검하게 한다.
10. 학생으로 하여금 다른 학생들이 완성한 기술 과제를 점검하여 문법이 맞는지 확인하고 이를 고치는 것을 돕도록 한다.
11. 특정 주어에는 특정 유형의 동사를 사용해야 하고 주어-동사 일치를 맞게 하려면 주어와 동사가 짝이 맞아야 함을 설명해준다. 학생에게 주어-동사 일치는 다양하지만 그 중에서 맞는 것을 선택하는 방법을 가르친다. 학생으로 하여금 다양한 주어에 맞는 동사를 찾는 연습을 시킨다.
12. 학생이 자주 틀리는 주어-동사 조합에 대한 예를 학생에게 제공한다.
13. 학생에게 문법적으로 맞는 문장과 틀린 일련의 문장을 제공한다. 학생으로 하여금 어느 것이 맞는 것인지, 그리고 어느 것이 틀린 것인지를 식별하고 틀린 문장을 적절히 수정하게 한다.
14. 학생이 문법적으로 흔히 틀리는 부분을 식별한다. 학생으로 하여금 문법적으로 맞는 어형을 매일 연습하게 한다.
15. 학생으로 하여금 문법에 맞는 어형을 선택하는 연습문제를 완성하게 한다(예 : I(seen, have seen) that show before.).
16. 낮에는 학생이 문법적으로 틀리는 특정 문장을 적어둔다. 학생에게 이 문장을 읽어주고 그로 하여금 말로로 정정하게 한다.
17. 낮에는 학생이 문법적으로 틀리는 특정 문장을 적어둔다. 학생에게 이 문장을 주고 정정하게 한다(예 : 처음에는 틀린 부분에 표시해준다. 학생이 이러한 과제에 익숙해짐에 따라 학생으로 하여금 도움 없이 틀린 부분을 찾아 정정하게 한다.).
18. 학생으로 하여금 틀린 문법의 보기를 경청하고, 틀린 부분을 식별하고, 그리고 맞는 어형을 기술하게 한다.
19. 학생과 별도로 만나 이야기할 때에 어조를 높이면서 그가 틀린 문법을 다시 말해주고 (예 : "He done it?") 학생이 틀린 곳을 발견하고 바로 정정하는지 관찰한다.
20. 학생에게 일련의 기술(記述) 및 말로 문장을 주고 학생으로 하여금 문법적으로 맞는 문

장과 틀린 문장을 구별하게 한다.

21. 학부모에게 학생이 집에서 문법적으로 맞는 문장을 사용할 때에는 칭찬해주도록 요청한다.
22. 학생이 바로 쓰는 데에 어려움이 있는 문법적 어형을 식별한다. 맞는 어형을 모은 목록을 작성하여 이를 학생 책상에 비치하여 글 쓸 때에 참조하게 한다.
23. 경쟁에 대한 강조를 줄인다. 경쟁적인 활동은 학생으로 하여금 서두르게 하여 문법적으로 틀리게 할 수 있다.
24. 학생으로 하여금 완전하게 숙달할 목표로 동사 하나를 정하게 한다. 학생이 이 동사를 정확하게 사용하게 되면 이를 목록에 올리고 별표를 표시한다. 그리고 숙달할 다음 단어를 찾는다.
25. 학생이 한 기술(記述) 과제에서 맞게 사용한 문법적 어형에 중요 표시하거나 밑줄을 그어 이와 같은 적절한 조합을 강조한다.
26. 학생의 읽기 자료에서 맞게 사용한 문법적 어형에 중요 표시하거나 밑줄을 그어 이와 같은 적절한 조합에 주의를 환기시킨다.
27. 학생이 완성한 기술(記述) 과제를 점검한 후 학생이 문법적인 교정을 모두 완료하였는지 확인한다.

54. 노트 필기 기술이 떨어진다.

목적

1. 학생은 공부 관련 행동이 개선될 것이다.
2. 학생은 노트 필기 기술이 개선될 것이다.

목표

1. 학생은 교과서에 나오는 주요 단어를 ____번의 시도 중에 ____번은 쓸 것이다.
2. 학생은 교과서에 나오는 주요 구(句)를 ____번의 시도 중에 ____번은 쓸 것이다.
3. 학생은 수업 시간에 나온 정보를 녹음하여 이것으로 ____번의 시도 중에 ____번은 노트 필기를 할 것이다.

4. 학생은 시각적으로 받은 정보로(예 : 칠판, OHP 등) ____번의 시도 중에 ____번은 노트 필기를 할 것이다.
5. 학생은 청각적으로 받은 정보로(예 : 녹음기, 강의 등) ____번의 시도 중에 ____번은 노트 필기를 할 것이다.
6. 학생은 수업 중에 필요하면 말로써 도움으로 ____번의 경우 ____번은 노트 필기를 할 것이다.
7. 학생은 수업 중에 도움 없이 ____번의 경우 ____번은 노트 필기를 할 것이다.
8. 학생은 수업 중에 필요하면 주변 신호의 도움으로 ____번의 경우 ____번은 노트 필이기를 할 것이다.
9. 학생은 ____번의 경우 ____번은 수업 내용에 관련된 노트를 필기할 것이다.

개입방법

1. 과제의 적절성을 평가하여 다음 사항을 확인한다 : (a) 과제가 너무 쉬운지, (b) 과제가 너무 어려운지, 그리고 (c) 과제를 마치는 데에 배정한 시간의 길이가 적절한지.
2. 학생으로 하여금 지침이나 설명에서 이해하지 못한 부분이 있으면 반드시 질문하게 한다.
3. 학생이 노트 필기하는 데에 필요한 도구(예 : 안경, 보청기 등)를 사용하는지 확인한다.
4. 학생에게 개요 양식(예 : 누가, 무엇을, 어디서, 언제, 어떻게, 왜)을 사용하는 방법을 가르친다.
5. 학생에게 지도(mapping) 만들기 양식(예 : 누가, 무엇을 , 어디서, 언제, 어떻게, 왜)을 사용하는 방법을 가르친다. 학생은 이 기법을 노트 필기 개발에 중점을 두고 연습해야 한다.
6. 학생에게 지침 단어를 경청하거나 찾는 방법을 가르친다(예 : 동그라미를 친다, 밑줄 긋다, 선택한다, 목록을 작성한다 등).
7. 강의 노트 필기를 위한 표준 양식을 제공한다(예 : 종이와 연필 혹은 펜을 준비한다, 주요 아이디어나 중요한 정보를 경청한다, 주요 아이디어나 중요한 정보를 요약해 기록한다, 필요하면 주요 아이디어나 중요한 정보를 반복해주기를 요청한다 등).
8. 교사는 주기적으로 잠시 멈추면서 학생이 놓친 부분을 적고 설명한 개념에 대한 생각을 할 수 있는 여유를 준다.
9. 학생으로 하여금 새로운 강의가 시작되기 전에 먼저 강의 내용을 필기한 것을 잠깐 복습하게 한다.

10. 학생에게 노트 필기를 할 때에 누가, 무엇을, 어디서, 언제, 어떻게, 그리고 왜에 대한 답이 되는 주요 단어와 아이디어를 적는 요령을 가르친다. 그리고 학생에게 세부적인 연결 부분을 채울 수 있도록 시간을 주기적으로 준다(예 : 학생은 이렇게 적는다, "콜럼버스-스페인-신세계-1492년," 그리고 돌아가 "~에서 출항하다-발견하다-몇 년도에"를 채워 넣을 수 있는 시간을 준다, 그 결과로 얻은 완전한 서술 내용은 : "콜럼버스는 스페인에서 출항하여 1492년에 신세계를 발견하였다."라는 완전한 내용을 적을 수 있게 된다.).
11. 학생에게 효과적으로 노트 필기를 할 수 있도록 자주 사용하는 단어에 대한 약어를 배우고 사용하는 방법을 가르친다. 학생에게 약어 및 상징 모음집을 제공한다.
12. 교사는 강의 끝날 무렵에 학생들이 노트 필기한 것을 검토하고 미진한 부분에 대한 질문을 할 수 있도록 몇 분간의 시간을 제공한다.
13. 학생에게 또래 한 사람을 배정하여 강의 끝날 때에 노트를 검토하게 한다. 이러한 과정은 학생으로 하여금 정보를 분명하게 이해하고 자료에 대한 기억 시간을 늘이는 데에 도움을 준다.
14. 학생에게 주요 단어를 경청하고 찾는 방법을 가르친다(예 : 콜럼버스, 스페인, 신세계 등).
15. 학생으로 하여금 집에서 숙제를 할 때에는 먼저 이러한 노트를 약 5분간 복습하게 한다(예 : 노트를 소리 내지 않고 읽는다, 노트를 소리 내면서 읽는다, 노트를 덮고 이를 암기한다 등).
16. 학생으로 하여금 과목별 혹은 활동별로 파일을 만들어 노트를 정리하게 한다.
17. 학생에게 이미 알고 있는 단어나 기호를 새로운 정보와 관련시켜 생각나게 하는 방법을 가르친다.
18. 강의를 할 때에 다중 양식을 사용한다(예 : 시각적, 청각적 등).
19. 학생에게 노트는 미완성 문장으로 필기해도 된다는 사실을 가르친다.
20. 지침이나 설명을 들을 때에는 노트 형식으로 필기해야 함을 지적해준다.
21. 학생이 과제를 시작하기 전에 학생의 노트를 점검하여 노트 내용이 숙제하는 데에 적절한지 확인한다.
22. 학생에게 개요나 설문을 주고 강의나 지침 등을 들으면서 이를 완성하거나 응답하게 한다.
23. 학생에게 행동 단어(예 : 항해하였다, 발견하였다, 설립하였다 등)를 경청하거나 찾는 요령을 가르친다.
24. 학생에게 다른 학생들이 지침이나 강의 시간에 적은 노트를 샘플로 제공하여 학생이 노

트 필기할 때에 어떤 정보가 필요한지 배우게 한다.

25. 학생이 노트 필기를 할 때에는 가장 좋은 자리에 앉도록 배려한다(예 : 칠판이나 교사나 기타 정보원 가까이).
26. 학생의 노트 필기를 잘 감독한다.
27. 학생에게 이중 칼럼 형식을 사용하는 방법을 가르친다(예 : 누가, 무엇을, 어디서, 언제, 어떻게, 왜). 학생은 이 기법을 노트 필기 기술 개발을 목적으로 연마한다.
28. 지침, 강의 등을 학생이 잘 들을 수 있도록 크고 분명하게 제공한다.
29. 학생에게 지침이나 강의 내용의 주요점을 요약해 제공한다.
30. 지침을 전달하거나 강의할 때에는 교사와 학생 사이에 시야를 유지하여 노트 필기를 잘 할 수 있도록 배려한다.
31. 지침 전달이나 강의 속도를 학생이 노트 필기하는 속도에 맞도록 조절한다.
32. 지침이나 강의를 순차적인 단계로 제공하여 학생의 노트 필기에 도움이 되도록 한다.
33. 학생에게 노트 용지를 좌우로 구분하여 왼쪽에는 주요 아이디어와 주요 단어를 적고 오른쪽에는 세부 사항과 연결점을 적도록 가르친다.
34. 정보를 토막으로 제공하여 학생이 노트 필기를 잘할 수 있게 한다.
35. 지침 전달이나 강의할 때에 사용하는 어휘가 학생의 능력 수준에 적절한지 확인한다.
36. 학생을 또래 옆에 앉혀 또래가 적은 노트를 베낄 수 있게 한다.
37. 학생이 노트 필기를 할 때 충분한 책상 표면 공간이 있는지 확인한다(예 : 잡다한 것이 책상위에 있는지 여부).
38. 학생의 노트 필기를 방해하는 산만한 자극을 줄인다(예 : 다른 학생들이 얘기하는 소리, 야외 활동, 교실 안에서 움직임, 복도에서 나는 잡음 등).
39. 가장 흥미 있는 방법으로 정보를 제공한다.
40. 학생이 노트 필기에 필요한 자료를 모두 갖고 있는지 확인한다(예 : 용지, 고무 달린 연필, 펜 등).
41. 학생으로 하여금 지침이나 강의 내용을 노트 필기 대신 녹음하게 한다.

Part 4. 철자쓰기와 관련된 문제

55. 철자쓰기를 할 때 어미를 맞게 쓰지 못하거나 이를 빠뜨린다.

목적

1. 학생은 철자 기술이 개선될 것이다.

목표

1. 학생은 어미를 ____% 정확히 인식할 것이다.
2. 학생은 어미를 ____% 정확히 쓰는 능력을 보일 것이다.
3. 학생은 어근의 철자를 바꾸지 않아도 되는 어미를 ____% 정확히 사용할 것이다.
4. 학생은 어근의 철자를 바꿔야 하는 어미를 ____% 정확히 사용할 것이다.

개입방법

1. 어미 목록과 샘플 단어를 학생 책상에 부착시켜 학생이 글을 쓸 때에 이를 참조하게 한다.
2. 또래 한 사람을 선정하여 학생과 함께 어미 연습 활동을 매일 하게 한다.
3. 학생에게 각 수준의 철자개념을 가르친 후에 새로운 기술 수준을 소개한다.
4. 학생으로 하여금 학생이 학습할 수 있는 이상의 양을 배우게 하면 안 된다.
5. 학생에게 한 번에 몇 개의 단어에 대한 철자 공부를 하게 한다. 단어 하나에 충분한 시간을 주어 학생이 철자를 확실히 쓸 수 있게 한다.
6. 학생으로 하여금 어미 규칙 1부를 책상에 부착하게 한다.

7. 잘한 공부 내용은 공개한다(예 : 학생이 한 공부 내용을 전시한다, 학생을 축하해 준다 등).
8. 학생으로 하여금 "가장 많이 틀리는 철자 사전"을 간직하게 한다. 학생이 자신이 없어 하는 철자는 반드시 사전을 참조하게 한다.
9. 학생의 읽기 과제에 나오는 어미에 중요 표시하거나 밑줄을 그어 어미의 적절한 용법에 주의를 환기시킨다.
10. 학생이 어려워하는 철자 단어에 대한 목록을 작성하여 항상 참조하게 한다.
11. 학생으로 하여금 새로운 기술이나 과제를 혼자 연습하게 하거나, 보조교사나 교사가 또래와 함께 연습하게 한 다음, 학급 전체 앞에서 시도하거나 채점 받도록 한다.
12. 학생이 철자가 틀린 소리를 맞게 들을 수 있는지 확인한다. 학생으로 하여금 단어를 큰 소리로 발음하게 하여 학생이 단어 안에 들어있는 낱자나 소리 단위를 인식하고 있는지 확인한다.
13. 학생으로 하여금 어미 한 가지만 갖고 하루 종일 연습하게 한다. 학생이 이 단어의 어미를 완전히 습득한 다음 새로운 어미를 소개한다.
14. 학생으로 하여금 자신이 모르는 철자 단어를 사전을 이용해 맞는 철자를 확인하게 한다. 학생에게 정확한 철자를 강조한다.
15. 경쟁에 대한 강조를 줄인다. 경쟁적인 활동은 학생으로 하여금 서두르게 하여 어미를 틀리게 쓸 수 있다.
16. 학생으로 하여금 의미 있는 방법(예 : 친구, 록 스타, 유명한 운동선수 등에게 편지 쓰기)으로 철자 공부를 하게 함으로써 개선하려는 의욕을 촉진한다.
17. 학생이 어미 사용에 대한 지침을 받았는지 확인한다.
18. 바로 결과를 주는 컴퓨터 소프트웨어 프로그램이나 휴대용 교육 기기로 어미 연습을 하게 해준다.
19. 학생으로 하여금 모든 기술(記述) 공부 내용에 대한 철자를 세밀히 점검하게 한다. 틀린 철자를 교정할 때마다 상을 준다.
20. 단어 어미와 샘플 단어를 모은 벽 차트를 사용하여 학생이 글을 쓸 때 참조할 수 있게 한다.
21. 학생이 글을 쓸 때 어미를 맞게 사용하면 상을 준다 : (a) 유형의 상을 준다(예 : 학급 보상, 모둠장, 심부름 담당, 5분간 자유 시간 등) 혹은 (b) 무형의 상을 준다(예 : 칭찬, 악수, 미소 등).
22. 학생으로 하여금 또래 교사가 되어 자신이 완전하게 터득한 철자 개념을 다른 학생에게 가르치게 한다. 이는 학생에게 상을 주는 효과도 갖는다.

56. 철자 규칙을 잘 사용하지 못한다.

목적

1. 학생은 철자 기술이 개선될 것이다.

목표

1. 학생은 철자 규칙을 ____% 정확히 사용할 것이다.
2. 학생은 철자 규칙을 ____% 정확히 사용할 것이다.
3. 학생은 철자 규칙을 ____% 정확히 사용할 것이다.
4. 학생은 철자 규칙 "음절이 하나이고 모음이 하나이고 끝에는 자음이 오는 단어는 마지막 자음을 반복한 다음 어미를 붙인다"를 ____% 정확히 사용할 것이다.

개입방법

1. 단어어미와 샘플 단어 목록을 학생 책상에 부착하여 학생이 글 쓸 때에 참조하게 한다.
2. 학생의 학습 능력을 초과하는 양의 정보를 배우게 하면 안 된다.
3. 또래 한 사람을 선정하여 단어, 문장 등을 쓸 때 철자 규칙을 사용하는 연습을 매일 학생과 함께 하게 한다.
4. 철자 단어를 낱자 별로 오려내어 퍼즐을 만든다. 학생으로 하여금 이를 섞은 다음에 단어 철자대로 맞추게 한다.
5. 학생으로 하여금 한 번에 너무 많은 철자 단어를 공부하게 하면 안 된다.
6. 학생에게 신문이나 잡지를 준다. 학생으로 하여금 학생이 공부하고 있는 철자 규칙에 준하는 단어에 중요 표시하게 한다.
7. 학생으로 하여금 매주 자신이 철자공부하기를 원하는 단어 목록(예 : 5, 10, 혹은 15개)을 식별하게 한다. 학생에게 철자 규칙에 따라 이러한 단어를 가르친다.
8. 철자 규칙을 설명하는 단어 목록을 교실 벽에 붙인다. 학생은 기술(記述) 과제를 완성할 때 이 목록을 참조하게 한다.
9. 학생으로 하여금 어미 규칙 복사본을 책상에 보관하도록 한다.
10. 학생이 단어, 문장 등을 쓸 때 철자 규칙에 따라 연습을 충분히 하였는지 확인한다.

11. 철자 규칙을 전반적인 언어과목 프로그램과 통합한다(예 : 철자, 읽기 및 언어를 분리하지 않고 전체로 가르치는 것과 관련된 활동, 방법 및 자료).
12. 학생으로 하여금 새로운 철자기술을 혼자 연습하게 하거나, 보조교사나 교사가 또래와 함께 연습하게 한 다음, 학급 전체 앞에서 시도하거나 채점 받도록 한다.
13. 학생으로 하여금 철자 연습을 할 수 있는 컴퓨터 프로그램이나 휴대용 교육 기기을 제공한다.
14. 학생으로 하여금 철자 규칙 하나를 완전히 숙달할 때까지 일관성 있게 연습하게 한다.
15. 경쟁에 대한 강조를 줄인다. 경쟁적인 활동은 학생으로 하여금 서두르게 하여 실수하게 만든다.
16. 학생으로 하여금 매일 어미를 하나씩 연습하게 한다. 학생이 이 어미를 완전하게 숙달하면 새로운 것을 소개한다.
17. 학생에게 각 수준의 철자 개념을 가르친 다음에 새로운 기술 수준으로 간다.
18. 학생으로 하여금 자신이 공부할 철자 단어를 직접 작성하게 한다.
19. 학생으로 하여금 최근에 배운 철자 단어를 의미 있는 방법으로(예 : 친구, 록 스타, 유명한 운동선수 등에게 편지 쓰기) 사용하게 하여 개선할 의욕을 촉진시킨다.
20. 학생의 읽기 과제에 나오는 어미에 중요 표시하거나 밑줄을 그어 적절한 어미 사용에 주의를 환기시킨다.
21. 학생이 철자 규칙을 이용하여 단어 철자를 쓴 방법을 말로 설명하게 한다.
22. 학생으로 하여금 자신이 완전히 숙달한 철자 개념을 또래 개인교사로서 다른 학생에게 가르치게 한다. 이는 학생에게 상을 주는 효과를 낸다.
23. 학생이 기술(記述) 과제를 마치는 데에 준 시간이 적절한지 확인하여 철자 규칙을 사용하는 요령이 개선될 수 있도록 한다.
24. 학생으로 하여금 최근에 배운 철자 단어를 교실 안에 다양한 위치(예 : 칠판, 게시판, 책상 등에서)에서 쓰게 한다.
25. 철자 규칙을 암기하기 위해 매일 연습하게 한다.
26. 학생에게 다양한 경험을 통해 정보를 반복할 수 있는 기회를 주어 기억력을 개선할 수 있도록 한다.
27. 학생으로 하여금 "가장 많이 틀리는 철자 단어 사전"을 책상에 비치하도록 한다. 그리고 확실치 않은 단어는 모두 점검하게 한다.
28. 철자 규칙으로 노래를 만든다.
29. 학생을 또래 한 사람과 같이 상대방의 공부 내용을 교정하게 한다.
30. 학생으로 하여금 잘 틀리는 철자 단어를 모아 목록을 만들게 한다. 그리고 자신이 없는

철자는 모두 점검하게 한다.

31. 철자 규칙 차트를 걸어놓아 학생이 기술(記述) 과제를 마칠 때에 이를 참조하게 한다.
32. 학생에게 철자 규칙을 설명하는 단어 목록을 제공하고 필요할 때에 이를 참조할 수 있도록 책상에 보관하게 한다.
33. 학생으로 하여금 기초적인 철자 규칙을 매일 연습하게 한다.
34. 학생에게 자가 점검 자료를 제공한다. 그리고 과제를 제출하기 전에 교정하게 한다.
35. 잘한 공부 내용은 공개한다(예 : 학생이 공부한 내용을 전시한다, 학생에게 축하한다 등).
36. 학생이 철자 공부나 이에 관련된 활동을 할 때에는 교실에서 산만하게 하는 자극을 줄인다.
37. 학생으로 하여금 매일 쓰는 단어, 문장 등에서 철자 규칙을 이용하는 연습을 하게 한다.
38. 학생에게 상업적으로 제조한, 혹은 교사가 만든 게임을 지공하여 철자 규칙을 사용하는 연습을 하게 한다.
39. 학생으로 하여금 철자 규칙에 따라 자신이 한 기술(記述) 과제를 교정하게 한다. 학생이 철자 규칙을 이용할 때마다 상을 준다.
40. 먼저 공부한 철자 규칙을 매일 복습한다.
41. 학생에게 시험 준비를 위해 단어의 철자를 단순히 암기하는 대신 철자 규칙을 이용하는 방법을 가르친다.
42. 학생이 철자를 모르는 단어는 사전을 이용하여 맞는 철자를 찾게 한다. 정확한 철자의 중요성을 강조한다.
43. 먼저 배운 기술은 매일 복습한다.
44. 학생에게 철자 규칙을 배우는 이유를 설명해준다(예 : 실생활에서 각 단어가 어떻게 사용되는지 구체적인 예를 제공한다).
45. 학생으로 하여금 철자 규칙 목록을 책상에 항상 비치하고 단어, 문장 등을 쓸 때 이러한 규칙을 참조하게 한다.
46. 먼저 배운 철자 기술을 매일 복습한다.
47. 어미와 샘플 단어가 들어 있는 벽 차트를 이용하여 학생이 글을 쓸 때 참조하게 한다.

57. 철자 규칙을 따르지 않는 단어를 철자할 때 어려움이 있다.

목적

1. 학생은 철자 기술이 개선될 것이다.

목표

1. 학생은 확실한 식별 단어의 철자를 ____% 정확히 쓸 것이다.
2. 학생은 철자 규칙을 따르지 않는 철자 단어의 철자를 ____% 정확히 쓸 것이다.

개입방법

1. 또래 한 사람을 선정하여 학생과 함께 철자 규칙을 따르지 않는 철자 단어 공부을 매일 하게 한다.
2. 철자 단어를 낱자 별로 오려 내어 퍼즐을 만든다. 학생으로 하여금 낱자를 섞은 다음 이를 정리하여 단어를 만들게 한다.
3. 학생으로 하여금 학생 능력 이상의 것을 배우도록 하면 안 된다.
4. 학생에게 철자 공부를 할 단어를 한 번에 몇 개씩만 준다. 학생이 철자를 맞게 쓸 수 있을 때까지 시간을 넉넉히 준다.
5. 학생으로 하여금 자신이 완전히 숙달한 철자 개념을 또래 개인교사로서 다른 학생에게 가르치게 한다. 이는 학생에게 상을 주는 효과를 낸다.
6. 학생으로 하여금 "가장 많이 틀리는 철자 단어 사전"을 책상에 비치하도록 한다. 그리고 확실치 않은 단어는 모두 점검하게 한다.
7. 학생이 가장 많이 틀리는 철자 단어의 목록을 만든다. 철자를 맞게 쓴 단어 목록을 학생 책상에 비치하여 글을 쓸 때에 참조하게 한다.
8. 학생으로 하여금 철자 단어로 노래나 가락을 만들어 부르게 한다.
9. 학생으로 하여금 자기가 한 기술(記述) 과제의 철자를 점검하게 한다. 그리고 교정할 때마다 상을 준다.
10. 학생에게 읽을 기회를 많이 제공하여 학생이 철자를 배워야 하는 단어를 인쇄체으로 볼 수 있게 한다.

11. 학생으로 하여금 새로운 기술이나 과제를 혼자, 혹은 보조 교사나 또래과 함께 연습하게 한 다음, 학급 전체와 연습하거나 채점을 위해 제출하도록 한다.
12. 학생에게 한 수준의 철자 개념을 가르친 후에 새로운 기술 수준으로 진행한다.
13. 학생으로 하여금 자신이 사용할 철자 목록을 직접 타이프 치게 한다.
14. 다양한 활동을 통해 학생이 표음식 철자 기술을 강화하지 한다(예 : 자신의 이야기, 문장 등을 쓰게 한다).
15. 학생으로 하여금 최근에 배운 철자 단어를 의미 있는 방법으로 사용하여 개선하려는 욕구를 증진시킨다(예 : 친구, 록 스타, 유명한 운동선수 등에게 편지 쓰기).
16. 학생이 철자 연습이나 이에 관련된 활동을 할 때에 교실에서 일어나는 산만하게 하는 자극을 줄인다(예 : 학생을 개인용 독서 책상에 앉힌다 등).
17. 학생으로 하여금 최근에 배운 철자 단어를 교실 안에 다양한 위치(예 : 칠판, 게시판, 책상 등에서)에서 쓰게 한다.
18. 학생이 가장 자주 사용하는 단어 중에서 철자 규칙을 따르지 않는 단어를 찾아내어 이를 소리 내어 읽지 않아도 눈으로 쉽게 익힐 수 있는 단어로 쓰는 방법을 가르친다.
19. 학생으로 하여금 좋아하는 주제에 관해 매일 문장이나 문단이나 이야기를 쓰게 한다. 학생으로 하여금 참조 자료(예 : 사전, 단어 목록 등)를 활용하여 철자를 맞게 쓰도록 권장한다.
20. 철자를 전반적인 언어과목 프로그램과 통합한다(예 : 활동, 방법 및 자료는 분리하지 않고 전체로 가르치는 것과 관련된다).
21. 단어 철자를 맞게 쓰는 연습을 제공하는 컴퓨터 프로그램을 사용하도록 한다.
22. 철자 규칙을 따르지 않지만 자주 나오는 단어를 고아 목록을 만들어 학생의 책상에 비치한다.
23. 학생으로 하여금 자신이 철자 공부하기를 원하는 단어 목록(예 : 5, 10, 혹은 15개 단어)을 매주 하나씩 만들게 한다. 이는 학생이 해당 주에 공부할 철자 단어가 될 것이다.
24. 학생이 기술(記述) 과제를 마치는 데에 시간이 충분한지 확인하여 철자를 맞게 쓸 수 있도록 돕는다.
25. 학생에게 낱자 모둠이나 낱자가 내는 소리를 가르친다. 학생으로 하여금 플래시카드에 나오는 낱자를 보고 낱자 소리를 내는 연습을 하게 한다.
26. 철자 규칙을 따르지 않는 철자 단어를 연습할 수 있는 상업적으로 제조한 혹은 교사가 만든 게임을 학생에게 제공한다.
27. 학생에게 자신이 사용하는 단어 중에서 철자 규칙을 따르지 않는 단어를 모은 목록을 제공한다. 학생이 완전하게 숙달하는 단어가 나옴에 따라 새로운 단어를 추가한다.

28. 좋은 공부 내용은 공개한다(예 : 학생의 공부 내용을 전시한다, 학생에게 축하를 보낸다 등).
29. 철자 규칙을 따르지 않는 단어 철자를 맞게 쓰면 상을 준다 : (a) 유형의 상을 준다(예 : 학급 보상, 모둠장, 심부름 담당, 5분간 자유 시간 등) 혹은 (b) 무형의 상을 준다(예 : 칭찬, 악수, 미소 등).
30. 학생이 철자를 모르는 단어는 사전을 이용하게 한다. 정확한 철자를 강조한다.
31. 철자를 잘 못 쓴 단어에 들어있는 소리를 학생이 듣고 있는지 확인한다. 학생으로 하여금 그 단어를 큰 소리 내어 발음하게 하여 단어 속에 들어있는 낱자나 소리 단위를 인식하고 있는지 확인한다.
32. 일일 연습문제를 이용하여 학생이 철자 단어를 외우는 것을 돕는다(예 : 플래시 카드, 철자 단어를 세 번씩 쓰기 등).
33. 학생으로 하여금 한 번에 너무 많은 단어를 배우게 하면 안 된다.
34. 전에 배운 철자 단어를 매일 복습한다.

58. 철자를 소리 나는 대로 따라하는 것이 어렵다.

목적

1. 학생은 철자 기술이 개선될 것이다.

목표

1. 학생은 알파벳의 낱자 이름을 ____% 정확히 알 것이다.
2. 학생은 알파벳의 낱자 소리를 ____% 정확히 인식할 것이다.
3. 학생은 특정 소리를 명시하는 알파벳의 낱자를 ____% 정확히 인식할 것이다.
4. 학생은 도움을 받으면 철자를 소리 나는 대로 ____% 정확히 따라할 것이다.
5. 학생은 도움 없이 철자를 소리 나는 대로 ____% 정확히 따라할 것이다.

개입방법

1. 또래 한 사람을 선정하여 단어의 철자를 소리 나는 대로 쓰는 것을 보여주게 한다. 학

생으로 하여금 또래가 소리 나는 대로 쓰는 것을 읽게 한다.

2. 철자 단어를 낱자 별로 오려 내어 퍼즐을 만든다. 학생으로 하여금 낱자를 섞은 다음 이를 정리하여 단어를 만들게 한다.
3. 한 번에 소리 하나씩 불러주어 학생으로 하여금 이를 적게 한다.
4. 학생으로 하여금 학생 능력 이상의 것을 배우도록 하면 안 된다.
5. 학생이 쓰기 활동에서 사용하기를 원하는 단어를 식별하여 목록을 만들게 한다. 학생에게 이러한 단어를 소리 나는 대로 따라하는 방법을 가르친다.
6. 학생에게 즉각적인 결과를 주는 컴퓨터 소프트웨어 프로그램이나 휴대용 교육 기기를 제공하여 철자 연습을 하게 한다.
7. 학생으로 하여금 너무 많은 철자 단어를 한꺼번에 배우게 하면 안 된다.
8. 학생에게 철자 공부를 할 단어를 한 번에 몇 개씩만 준다. 학생이 철자를 맞게 쓸 수 있을 때까지 시간을 넉넉히 준다.
9. 학생으로 하여금 소리를 구술하게 하고 교사는 이를 받아쓴다.
10. 또래 한 사람을 선정하여 매일 학생과 함께 철자 단어를 표음적으로 공부하게 한다.
11. 학생으로 하여금 자신이 완전히 숙달한 철자 개념을 또래 개인교사로서 다른 학생에게 가르치게 한다. 이는 학생에게 상을 주는 효과를 낸다.
12. 학생이 철자 연습이나 이에 관련된 활동을 할 때에 교실에서 일어나는 산만하게 하는 자극을 줄인다(예 : 학생을 개인용 독서 책상에 앉힌다 등).
13. 학생으로 하여금 새로운 철자 학습이나 과제를 혼자, 혹은 보조교사나 또래와 함께 연습하게 한 다음, 학급 전체와 연습하거나 채점을 위해 제출하도록 한다.
14. 학습개념카드를 이용하여 단어공부를 시킨다. 학생들로 하여금 단어를 보고, 단어을 발음하게 한 다음, 큰 소리로 철자를 말하게 한다.
15. 다양한 활동을 통하여 단어를 소리 나는 대로 쓰는 훈련을 강화한다(예 : 자신에 관한 이야기, 문자 등을 쓰기).
16. 학생으로 하여금 일상적으로 말하거나 쓰기를 할 때에 많이 사용하는 단어를 소리 나는 대로 따라 철자를 쓰는 연습을 하게 한다.
17. 학생에게 단어 목록을 주고 소리 나는 대로 철자를 쓰게 한다. 단어를 소리 나는 대로 쓰는 방법을 학생에게 보여주는 평가 결과를 제공한다.
18. 학생으로 하여금 매일 쓰는 문장에 나오는 철자 단어를 소리 나는 대로 쓰게 한다.
19. 학생에게 한 수준의 철자 개념을 가르친 후에 새로운 기술 수준으로 진행한다.
20. 학생이 자신의 철자 목록을 소리 나는 대로 쓴 것과 그렇지 않은 것을 구분하게 한다.

21. 철자를 전반적인 언어과목 프로그램과 통합한다(예 : 활동, 방법 및 자료는 분리하지 않고 전체로 가르친다).
22. 철자를 잘 못 쓴 단어에 들어있는 소리를 학생이 듣고 있는지 확인한다. 학생으로 하여금 그 단어를 큰 소리 내어 발음하게 하여 단어 속에 들어있는 낱자나 소리 단위를 인식하고 있는지 확인한다.
23. 학생에게 선정한 발음 소리를 사용하게 하는 짧은 철자 연습을 매일 하게 한다. 학생이 잘해냄에 따라 발음 소리의 수를 늘린다.
24. 학생에게 학생이 발음대로 철자를 쓰지 못하는 단어의 보기를 제공한다.
25. 잘한 공부 내용은 공개한다(예 : 학생이 한 공부 내용을 전시한다, 학생을 축하해 준다 등).
26. 학생으로 하여금 "가장 많이 틀리는 철자 단어 사전"을 책상에 비치하도록 한다. 그리고 확실치 않은 단어는 모두 점검하게 한다.
27. 소리 나는 대로 단어 철자를 쓰면 상을 준다 : (a) 유형의 상을 준다(예 : 학급 보상, 모둠장, 심부름 담당, 5분간 자유 시간 등) 혹은 (b) 무형의 상을 준다(예 : 칭찬, 악수, 미소 등).
28. 학생이 철자를 모르는 단어의 철자를 소리 나는 대로 적게 한다.
29. 학생으로 하여금 좋아하는 주제에 관해 매일 문장이나 문단이나 이야기를 하나씩 쓰게 한다. 학생으로 하여금 자신이 사용하는 단어를 소리 나는 대로 쓰도록 권장한다.
30. 학생에게 낱자가 내는 소리를 가르친다. 학생으로 하여금 학습개념카드에 나오는 낱자 소리를 내는 연습을 하게 한다.

59. 단어를 철자할 때 낱자나 소리를 누락, 대치, 추가, 혹은 재배열한다.

목적

1. 학생은 철자 기술이 개선될 것이다.

목표

1. 학생은 단어 혹은 소리 단위를 ____% 정확히 철자할 것이다.
2. 학생은 철자할 때 모든 낱자 혹은 소리 단위를 ____% 정확히 포함시킬 것이다.
3. 학생은 철자할 때 반드시 필요한 낱자나 소리 단위만을 ____% 정확히 포함시킬 것이다.
4. 학생은 철자할 때 낱자나 소리 단위를 ____% 정확히 배열할 것이다.
5. 학생은 철자할 때 낱자나 소리 단위의 순차를 ____% 정확히 배열할 것이다.

개입방법

1. 또래 한 사람을 선정하여 학생과 함께 일일 철자 단어 연습에 참가하게 한다.
2. 학생으로 하여금 자신의 철자 단어 목록을 타이프 치게 한다.
3. 철자 단어를 낱자 별로 오려 내어 퍼즐을 만든다. 학생으로 하여금 낱자를 섞은 다음 이를 정리하여 단어를 만들게 한다.
4. 학생으로 하여금 "가장 많이 틀리는 철자 단어 사전"을 책상에 비치하도록 한다. 그리고 확실치 않은 단어는 모두 점검하게 한다.
5. 학생으로 하여금 한꺼번에 너무 많은 단어를 배우게 하면 안 된다.
6. 학생에게 철자 공부를 할 단어를 한 번에 몇 개씩만 준다. 학생이 철자를 맞게 쓸 수 있을 때까지 시간을 넉넉히 준다.
7. 학생으로 하여금 자신이 완전히 숙달한 철자 개념을 또래 개인교사로서 다른 학생에게 가르치게 한다. 이는 학생에게 상을 주는 효과를 낸다.
8. 학생에게 철자를 맞게 써야하는 이유를 설명해준다(예 : 실생활에서 각 단어가 어떻게 사용되는지 구체적인 예를 제공한다).
9. 학생으로 하여금 자신이 한 기술(記述) 과제를 모두 자세히 읽어 탈락, 대치, 추가, 혹은 낱자나 소리 단위를 재배열하게 한다. 정정할 때마다 상을 준다.
10. 학생에게 읽을 기회를 많이 만들어주어 자신이 배워야 철자를 인쇄된 상태로 볼 수 있게 한다.
11. 학생의 철자 단어들이 학생이 가끔 보는 것이 아니고 정기적으로 보는 단어들이어야 단어의 맞는 철자와 사용을 잘 배울 수 있다.
12. 잘한 공부 내용은 공개한다(예 : 학생이 한 공부 내용을 전시한다, 학생을 축하해 준다 등).
13. 학생의 읽기 과제에서 학생이 탈락, 추가, 대치 혹은 재배열하는 낱자나 소리 단위에 중

요 표시하거나 밑줄을 그음으로써 학생의 주의를 철자 단어를 틀리지 않게 쓰는 데에 집중하게 한다.

14. 학생이 낱자나 소리 단위를 탈락, 대치, 추가 혹은 재배열함으로써 철자를 틀리게 하는 단어들을 찾아낸다. 학생으로 하여금 매일 기술하는 문장에서 이러한 단어의 철자를 맞게 쓰는 연습을 하게 한다.
15. 학생에게 자석 낱자를 주어 이들을 순차에 맞게 배열하여 철자 단어를 만들게 한다.
16. 학생에게 각 수준의 철자 개념을 가르친 다음에 새로운 기술 수준을 소개한다.
17. 학생이 낱자나 소리 단위를 탈락, 대치, 추가 혹은 재배열함으로써 철자를 틀리게 하는 단어들을 찾아내어 목록을 만든다. 학생으로 하여금 이러한 단어들을 맞게 철자하는 연습을 하게 한다. 학생이 단어 하나를 완전하게 습득할 때마다 이를 목록에서 뺀다.
18. 시중에 있는 책이나 교사가 만든 철자 연습 게임을 제공한다. 학생은 이러한 연습을 위해 개인 단어 목록을 만든다.
19. 학생이 철자를 모르는 단어는 사전을 이용하게 한다. 정확한 철자를 강조한다.
20. 학생으로 하여금 매주 철자 공부를 할 단어 목록(예 : 5, 10, 혹은 15개의 단어들로)을 만들게 한다(예 : 학생이 자동차에 흥미를 갖고 있으면 자동차 잡지, 광고 등에서 단어를 찾아낸다).
21. 매일 연습문제를 통해 학생으로 하여금 철자 단어를 암기하게 한다.
22. 학생이 낱자나 소리 단위를 탈락, 대치, 추가 혹은 재배열함으로써 틀리게 철자하는 단어들을 찾아낸다. 학생으로 하여금 자신이 틀리게 철자하는 단어들로 개인용 사전을 만들고 이를 자주 업데이트 하여 참조로 사용하게 한다.
23. 학생에게 개인용 컴퓨터 소프트웨어를 제공하여 자신의 단어 목록을 연습하게 한다.
24. 학생이 단어의 철자를 쓸 때에 탈락, 대치, 추가 혹은 재배열된 낱자나 단위 소리를 맞게 듣는지 확인한다. 학생으로 하여금 그러한 단어를 큰 소리 내어 발음하게 하여 단어 속에 들어있는 낱자나 소리 단위를 인식하고 있는지 확인한다.
25. 학생으로 하여금 의미 있는 방법(예 : 친구, 록 스타, 유명한 운동선수 등에게 편지 쓰기)으로 철자 공부를 하게 함으로써 개선하려는 의욕을 촉진한다.
26. 소리 나는 대로 단어 철자를 쓰면 상을 준다 : (a) 유형의 상을 준다(예 : 학급 보상, 모둠장, 심부름 담당, 5분간 자유 시간 등) 혹은 (b) 무형의 상을 준다(예 : 칭찬, 악수, 미소 등).
27. 학생에게 즉각적인 결과를 주는 컴퓨터 소프트웨어 프로그램이나 휴대용 교육 기기를 제공하여 철자 연습을 하게 한다.
28. 경쟁에 대한 강조를 줄인다. 경쟁적인 활동은 학생으로 하여금 서두르게 하여 단어의

철자를 틀리게 한다.

60. 철자 단어를 배우려면 지속적인 훈련과 연습이 필요하다.

목적

1. 학생은 철자 기술이 개선될 것이다.

목표

1. 학생이 주어진 시간 안에(1주일, 2주일, 1개월 등으로 표시함) 배우는 철자 단어의 수가 증가할 것이다.

개입방법

1. 또래 한 사람을 선정하여 학생과 함께 매일 철자 단어 연습에 참여하게 한다.
2. 학생의 철자 단어로 구성된 가로세로 퍼즐을 개발하여 학생으로 하여금 풀게 한다.
3. 학생이 자신의 철자 단어 중에 학습한 것에 표시를 하게 한다. 그리고 이 단어를 철자할 수 있게 되면 현재 목록에서 제외하도록 한다.
4. 학생에게 한꺼번에 너무 많은 단어를 주지 않도록 한다. 학생이 철자를 맞게 쓸 수 있을 때까지 그 단어 연습에 충분한 여분의 시간을 준다.
5. 학생이 학습할 수 있는 능력 이상의 양을 주지 않도록 한다.
6. 과제의 적절성을 평가하여 다음과 사항을 확인한다 : (a) 과제가 너무 쉬운지, (b) 과제가 너무 어려운지, 그리고 (c) 과제를 완성하는 데에 배정한 시간이 충분한지.
7. 학생으로 하여금 읽기 과제, 신문, 잡지 등에 나오는 철자 단어에 중요 표시하거나 밑줄을 긋게 한다.
8. 학생으로 하여금 즉각적인 결과를 주는 컴퓨터 소프트웨어 프로그램이나 휴대용 교육기기를 이용하여 철자연습을 하게 한다.
9. 학생으로 하여금 매주 공부할 단어 목록(예 : 5, 10, 혹은 15 단어씩)을 준비하여 철자공부를 하게 한다(예 : 학생이 차에 관심이 있으면 자동차 잡지, 광고 등에서 단어를 고르게 한다).

10. 경쟁에 대한 강조를 줄인다. 경쟁적인 활동은 학생으로 하여금 서두르게 하여 실수하게 만든다.
11. 학생으로 하여금 다른 사람(예 : 교사, 보조교사, 또래 등)에게 철자 문제를 내게 한다.
12. 학생의 철자 단어를 계속해 반복하는 문장, 문단 등을 작성하여 학생으로 하여금 읽게 한다.
13. 학생으로 하여금 철자 단어를 매일 기술(記述) 문장에 사용하도록 한다.
14. 학생에게 주는 철자 과제는 학생이 잘해낼 수 있는 수준으로 작성되어야 한다. 학생이 잘해냄에 따라 난이도를 점진적으로 올린다.
15. 학생에게 학생이 왜 철자 단어를 공부하는지 설명한다(예 : 학생에게 단어가 실생활에서 어떻게 사용되는지 그 구체적인 예를 제공한다).
16. 학생이 철자 공부를 할 때 교실 내에 여러 위치에서 철자하게 한다(예 : 칠판, 게시판, 학생 책상에 붙여 놓은 목록 등).
17. 학생으로 하여금 "하루에 단어 하나씩 철자하기" 프로그램을 시작하게 한다.
18. 학생으로 하여금 또래 교사로서 다른 학생에게 철자 단어를 가르치게 한다.
19. 공부한 내용이 좋으면 이를 공식적으로 인정한다(예 : 학생의 공부내용을 전시한다, 학생에게 축하를 보낸다 등).
20. 학생으로 하여금 현재 공부하고 있는 철자 단어들을 의미 있는 방법으로 사용하게 하여 학생이 개선하려고 하는 욕구를 증진시킨다(예 : 친구, 록 스타, 유명한 운동선수 등에게 편지 쓰기).
21. 학생으로 하여금 철자 단어를 일주일에 2~3일 긴 시간 동안 복습하기보다 매일 짧은 시간을 투자하게 한다.
22. 학생으로 하여금 새로운 철자 단어를 혼자서, 혹은 보조 교사나 또래와 함께 연습한 다음에 학급 전체와 연습하거나 채점 받도록 한다.
23. 학생에 철자 단어 쓰기를 연습할 때마다 칭찬해준다.
24. 학생이 현재 공부하고 있는 철자 단어를 칠판에 항상 적어놓는다.
25. 철자 공부를 전반적인 언어과목 프로그램과 통합한다(예 : 활동, 방법 및 자료는 분리하지 않고 전체로 가르친다).
26. 학생이 모르는 철자는 사전을 이용하여 맞게 철자하도록 한다. 정확한 철자를 강조한다.
27. 학생이 최근에 공부하는 철자 목록을 학생 책상에 붙여 놓는다. 학생으로 하여금 이를 자주 연습하게 한다.
28. 학생이 철자 공부를 열심히 하면 상을 준다 : (a) 유형의 상을 준다(예 : 학급 보상, 모둠장, 심부름 담당, 5분간 자유 시간 등) (b) 무형의 상을 준다(예 : 칭찬, 악수, 미소 등).

29. 학생의 일상에서 흔히 보는 단어로 학생의 철자 목록을 작성한다(예 : 광고, 위험 표지, 방향, 점심 메뉴 등).
30. 학생으로 하여금 모든 기술(記述) 공부 내용의 철자를 교정하게 한다.

61. 한 문맥에서는 철자를 맞게 쓰지만 다른 문맥에서는 같은 글자를 틀리게 쓴다.

목적

1. 학생은 철자 기술이 개선될 것이다.

목표

1. 학생은 도움을 받으면 하나 이상의 문맥에서 ____% 정확히 철자할 것이다.
2. 학생은 도움 없이 하나 이상의 문맥에서 ____% 정확히 철자할 것이다.

개입방법

1. 또래 한 사람을 선정하여 학생과 함께 매일 철자 단어 연습에 참여하게 한다.
2. 학생으로 하여금 철자 단어를 자주 쓰게 하여 철자 단어의 시각적 기억을 촉진하게 한다.
3. 학생으로 하여금 매주 공부할 단어 목록(예 : 5, 10, 혹은 15 단어씩)을 준비하여 철자 공부를 하게 한다(예 : 학생이 차에 관심이 있으면 자동차 잡지, 광고 등에서 단어를 고르게 한다).
4. 학생으로 하여금 한꺼번에 너무 많은 철자 단어를 공부하게 하면 안 된다.
5. 학생이 문장이나 문단에서 철자 단어를 사용하면 상을 준다.
6. 학생에게 학생이 왜 철자 단어를 공부하는지 설명한다(예 : 학생에게 단어가 실생활에서 어떻게 사용되는지 그 구체적인 예를 제공한다).
7. 학생에게 학생이 틀림없이 잘할 수 있는 시험 문제를 내준다(예 : 학생이 충분한 시간을 갖고 공부한 내용).
8. 학생으로 하여금 "가장 많이 틀리는 철자 단어" 사전을 항상 갖고 있다가 학생이 확신

하지 못하는 단어를 모두 점검하게 한다.

9. 학생이 틀리게 철자했다고 생각하는 단어 모두에 동그라미를 치게 한다. 그러고 나서 교사에게 묻거나 사전을 이용하여 맞는 철자를 식별하게 한다.
10. 학생으로 하여금 한 번에 적은 수의 철자 단어를 공부하게 한다. 학생이 맞게 철자할 때까지 충분한 시간을 갖고 연습하게 한다.
11. 학생이 기술 과제를 마칠 때까지 충분한 시간을 준다.
12. 학생으로 하여금 현재 공부하고 있는 철자 단어들을 의미 있는 방법으로 사용하게 하여 학생이 개선하려고 하는 욕구를 증진시킨다(예 : 친구, 록 스타, 유명한 운동선수 등에게 편지 쓰기).
13. 학생에게 읽을 기회를 많이 제공하여 학생이 배워야 할 단어를 활자로 볼 수 있는 기회를 자주 갖게 한다.
14. 철자 공부를 전반적인 언어과목 프로그램과 통합한다(예 : 활동, 방법 및 자료는 분리하지 않고 전체로 가르친다).
15. 학생이 최근에 공부하는 철자 목록을 학생 책상에 붙여 놓는다. 학생으로 하여금 이를 자주 연습하게 한다.
16. 학생으로 하여금 모든 기술(記述) 공부 내용의 철자를 교정하게 한다.
17. 학생이 철자 공부를 할 때 교실 내에 여러 위치에서 철자하게 한다(예 : 칠판, 게시판, 학생 책상에 붙여 놓은 목록 등).
18. 학생의 철자 단어를 계속해 반복하는 문장, 문단 등을 작성하여 학생으로 하여금 읽게 한다.
19. 학생의 철자 단어는 자주 보지 못하는 단어가 아니라 일상적으로 흔히 보는 단어들이어야 한다.
20. 경쟁에 대한 강조를 줄인다. 경쟁적인 활동은 학생으로 하여금 서두르게 하여 실수하게 만든다.
21. 학생에게 자가 점검 자료를 제공하여 숙제를 제출하기 전에 교정하게 한다.
22. 학생으로 하여금 공부하고 있는 철자 단어들에 대한 폴더를 작성하게 한다. 학생이 쓰기 활동을 할 때에 이 폴더를 참조하면서 철자를 점검하게 한다.
23. 학생이 철자 공부에 충분한 시간을 할애하는지 확인한다(예 : 연습 문제, 문장 활동 등).
24. 공부 내용이 좋으면 공식적으로 인정한다(예 : 학생의 공부 내용을 전시한다, 학생에게 축하의 말을 전한다 등).
25. 이야기를 쓸 때에 컴퓨터 소프트웨어를 사용할 수 있는 기회를 준다. 학생은 이 컴퓨터로 모든 철자 단어를 점검한다.

26. 학생으로 하여금 철자 단어 하나에 대한 문장을 하루에 하나씩 쓰게 한다.
27. 학생이 철자 공부를 할 때에 교실에서 일어나는 산간하게 하는 자극을 줄인다(예 : 학생을 개인용 독서 책상에 앉힌다 등).
28. 학생이 확신하지 못하는 단어의 철자는 사전을 이용하여 맞는 철자를 찾게 한다. 정확한 철자를 강조한다.
29. 학생이 시험 준비하기 위해 철자를 암기하는 것보다 철자 단어를 이용하는 방법을 가르친다(예 : 학생으로 하여금 철자 단어를 쓰기 활동에서 대일 사용하게 한다).
30. 학생이 모든 상황에서 철자를 맞게 사용하면 상을 준다 : (a) 유형의 상을 준다 (예 : 학급 보상, 모둠장, 심부름 담당, 5분간 자유 시간 등) (b) 구형의 상을 준다(예 : 칭찬, 악수, 미소 등).
31. 철자 단어의 시각적 기억을 강화하기 위해 다양한 활동을 시도한다(예 : 학습개념카드, 칠판에 단어 목록을 적어둔다, 학생 책상에 단어 목록을 붙여둔다 등).

Part 5. 말하기와 관련된 문제

62. 단어 안에서 어떤 소리 하나를 누락한다.

목적

1. 학생은 명확한 발음법이 개선될 것이다.
2. 학생은 말소리에 대한 판별력이 개선될 것이다.
3. 학생은 별도로 된 말소리의 제작이 개선될 것이다.
4. 학생은 음절 안에 있는 말소리의 제작이 개선될 것이다.
5. 학생은 단어 안에 있는 말소리의 제작이 개선될 것이다.
6. 학생은 문장 안에 있는 말소리의 제작이 개선될 것이다.
7. 학생은 자발적인 말에서 나오는 말소리의 제작이 개선될 것이다.

목표

1. 학생은 ____번의 시도 중에 ____번은 단어 소리의 제작이 맞는지 혹은 틀리는지를 판별할 것이다.
2. 학생은 ____번의 시도 중에 ____번은 단음절 단어에서 말해야 할 소리를 흉내 낼 수 있을 것이다.
3. 학생은 ____번의 시도 중에 ____번은 두 음절 단어에서 끝에 있는 말해야 할 소리를 흉내 낼 수 있을 것이다.
4. 학생은 ____번의 시도 중에 ____번은 세 음절 단어에서 중간에 있는 말해야 할 소리를 흉내 낼 수 있을 것이다.
5. 학생은 ____번의 시도 중에 ____번은 단어에서 연령에 맞는 말소리를 자발적으로 제작

할 것이다.

6. 학생은 ____번의 시도 중에 ____번은 문장에서 연령에 맞는 말소리를 자발적으로 제작할 것이다.
7. 학생은 ____번의 시도 중에 ____번은 회화에서 연령에 맞는 말소리를 자발적으로 제작할 것이다.

개입방법

1. 최근에 학생의 청력을 점검 받은 적이 없으면 지금 받도록 한다.
2. 학생이 특정 소리를 정확하게 제작할 것을 기대하는 것이 적절한지 평가한다(즉, 발육상 어떤 소리는 8~9세가 될 때까지 정확하게 발음하는 것이 가능하지 않다).
3. 학생에게 무엇을 다르게 해야 하는지를 설명해준다(예 : 단어에 나오는 소리 중에 누락하는 소리 없이 모두 발음할 것). 교사는 단어 이름이 아닌 표적이 되고 있는 단어 소리를 내도록 해야 한다.
4. 학생이 말해야 할 소리를 맞게 제작하면 상을 준다 : (a) 학생에게 유형의 상을 준다(예 : 학급 보상, 모둠장, 심부름, 5분간 자유 시간 등) 혹은 (b) 학생에게 무형의 상을 준다(예 : 칭찬, 악수, 미소 등). 처음에는 맞게 제작할 때마다 상을 준다. 학생이 잘해냄에 따라 무작위로 상을 주는 것이 적절하다.
5. 학생이 단어의 모든 소리를 포함해서 발음하는 것과 틀리게 발음했을 때(소리가 누락되었을 때)와의 차이를 판별할 수 있는지 확인한다.
6. 밑줄 그어 놓은 말해야 할 소리를 학생이 맞게 발음하면 상을 준다.
7. 학생으로 하여금 말해야 할 소리가 맞게 발음되었을 때에는 엄지손가락을 치켜들고, 틀리게 발음되었을 때에는 엄지손가락을 아래로 향하게 한다.
8. 학생으로 하여금 말해야 할 소리 목록을 이용하여 문장을 짓게 한다.
9. 학생으로 하여금 자신이 정확히 발음하기 어려워하는 소리가 들어있는 단어들을 모아 목록을 작성하게 한다.
10. 교사나 또래가 단어 목록을 읽을 때 학생으로 하여금 자신이 들은 말해야 할 단어가 맞게 발음된 수를 세게 한다.
11. 학생이 즉흥적으로 독백하는 것을 녹음한다. 학성으로 하여금 이 녹음한 것을 경청하고 실수한 것과 맞게 발음한 것을 세게 한다. 교사도 테이프를 들어야 한다. 교사와 학생은 자신들의 분석 결과를 서로 비교하게 한다.
12. 학생으로 하여금 짧은 글을 읽게 하고 이를 녹음한다. 학생으로 하여금 녹음 테이프를

재생해 듣게 하고 틀린 것과 맞게 한 것을 기록하게 한다.

13. 학생으로 하여금 단어 목록을 읽게 하고 각 단어에 대한 자신의 발음에 등급을 매기게 한다.
14. 또래 한 사람을 선정하여 학생에게 말해야 할 단어를 맞게 발음하는 본보기를 보이게 한다.
16. 시각적인 학습자료로 그림을 사용하면서 학생에게 말해야 할 소리를 만드는 동안 입의 모습이 어떻게 되는지를 보여준다.
17. 보드 게임을 이용하여 학생으로 하여금 말해야 할 단어의 그림에 표시를 하게한다. 학생은 말해야 할 소리를 맞혀야 다음 단계로 진행할 수 있다(이 활동은 학생의 수준에 따라 단순하게 만들 수도 있고 확대할 수도 있다).
18. 학생으로 하여금 말해야 할 소리를 묘사하는 그림을 오려내어 매일 연습할 수 있는 장소에 전시해놓도록 한다.
19. 학생에게 말해야 할 소리 목록을 제공한다. 학생으로 하여금 이를 매일 연습하게 한다. 학생이 이를 통달하면 목록에 단어를 추가한다(학생이 사용하는 일상 어휘, 읽기 목록, 철자 목록 등에 나오는 어휘를 말해야 할 소리에 맞게 발음하면서 일상 대화에 사용하도록 한다).
20. 학부모로 하여금 특정 시간에 학생의 말소리에 대한 등급을 매기게 한다(예 : 저녁 시간에 "틀린 것 없음," "몇 개 틀렸음" "많이 틀렸음").
21. 학생으로 하여금 매일 보는 어려운 단어를 모은 노트를 준비하게 한다. 학생은 이러한 단어를 교사나 또래의 도움으로 매일 연습한다.
22. 학생에게 주제 목록을 제공한다. 학생으로 하여금 주제 하나를 선택하게 하여 특정 시간 동안 즉석 말하기를 하게 한다. 틀린 개수를 세고 이에 대한 개선 방법을 제안한다.

63. 순서대로 말을 할 때 순차적 기술이 부정확하다.

목적

1. 학생은 순차적 기술이 개선될 것이다.

목표

1. 학생은 ____번의 시도 중에 ____번은 시간, 정도, 크기, 가치 등에 관한 질문을 맞게 답할 수 있다.
2. 학생은 ____번의 시도 중에 ____번은 시간, 정도, 크기, 가치 등에 관한 그림을 순차에 맞게 답할 수 있다.
3. 학생은 ____번의 시도 중에 ____번은 시간, 정도, 크기, 가치 등에 관한 말로 및 문서 정보를 순차에 맞게 답할 수 있다.
4. 학생은 ____번의 시도 중에 ____번은 구조화 된 언어활동에서 적절한 순차적 어휘를 이용할 것이다.
5. 학생은 ____번의 시도 중에 ____번은 일상적인 상화에서게서 적절한 순차적 어휘을 이용할 것이다.
6. 학생은 학교가 끝날 때에 학급 활동을 순서대로 묘사함으로써 순차 능력을 ____% 정확히 보일 것이다.
7. 학생은 영화, TV, 프로그램 및 책에 나오는 이야기를 순서에 맞게 재현함으로써 순차 능력을 ____% 정확하게 보일 것이다.
8. 학생은 순차 능력을 ____% 정확하게 일련의 논리적인 단계를 기획해 보임으로써 증명할 것이다

개입방법

1. 학생이 최근에 청력검사를 받은 적이 없으면 지금 받도록 한다.
2. 과제의 적절성을 점검하여 다음과 같은 사항을 확인한다 : (a) 과제가 너무 쉬운지, (b) 과제가 너무 어려운지, 그리고 (c) 과제를 완성하는 데에 배정한 시간의 길이가 적절한지.
3. 정보를 순서에 맞게 연관시키는 것에 대한 중요성을 설명한다.
4. 학생과 함께 예상되는 행동에 대해 논의한다(예 : 정보를 순서에 맞게 연관시키는 것).
5. 학생이 정보를 순서에 맞게 정리하면 상을 준다 : (a) 학생에게 유형의 상을 준다(예 : 학급 보상, 모둠장, 심부름, 5분간 자유 시간 등) 혹은 (b) 학생에게 무형의 상을 준다(예 : 칭찬, 악수, 미소 등). 학급에서 주제의 시작, 유지 및 마감을 잘해내는 학생들에게는 상을 준다.
6. 학생의 청각 및 시각적 단기 기억 기술을 간단히 평가하여 어느 쪽이 더 나은지 확인한다. 강한 쪽을 이용하여 순서대로 정보에 대한 기억력을 강화한다.

7. 학생으로 하여금 듣고 대화하기의 주요점에 주목하게 하면서 정보를 정확하게 순서대로 정리하는 능력을 향상시킨다(예 : 주요점을 반복한다, 학생에게 어느 정보가 특히 중요한지 말해준다 등).
8. 학생으로 하여금 정보를 영화처럼 시각화하게 한 다음 말로 설명해야 할 경우에 머릿속에서 이를 재생하게 한다.
9. 학생으로 하여금 지침을 받는 즉시 실행하게 함으로써 불필요하고 산만하게 하는 정보가 지침을 적절한 순서대로 따라하는 그의 능력에 주는 영향을 극소화한다.
10. 학생에게 정보를 작은 단위 혹은 조각으로 정리하는 요령을 가르친다(예 : 숫자의 순차 132563을 13, 25, 63의 단위로 나눈다; 그리고 전화번호는 314를 기억한 다음, 581을 기억하고, 그런 다음 0000을 기억한다).
11. 학생이 잘해낼 때까지 단계의 수를 줄인다. 학생이 잘해냄에 따라 단계의 수를 점차적으로 늘린다.
12. 학생에게 한 번에 과제 하나씩 준다. 다음 과제는 먼저 과제를 성공적으로 마친 후에만 내준다.
13. 학생으로 하여금 지침이나 설명 내용 중에 이해하지 못하는 부분이 있으면 반드시 질문하게 한다.
14. 말할 때나 지침을 따를 때 순서대로 적절한 행동을 보이는 학생들에게 상을 준다.
15. 또래 한 사람을 선정하여 학생에게 능숙한 순서대로 기술을 보여주게 한다. 이 또래로 하여금 학생이 말로 설명해야 할 정보를 순서에 맞게 정리하는 것을 돕도록 한다.
16. 학생과 함께 오전과 오후 일정을 점검하면서 학생으로 하여금 그 순서를 큰소리로 말하게 한다. 학생이 잘해냄에 따라 그러한 순차의 길이를 점차적으로 늘린다.
17. 학생으로 하여금 의도적으로 순서대로 활동을 하게 함으로써 지침을 따르는 연습을 시킨다(예 : 장비를 작동하기, 조리법을 따라 하기, 다이얼 자물쇠 열기 등).
18. 방과 후에 학생으로 하여금 그날 참여한 활동 중에 세 가지를 기억하게 한다. 학생이 잘해냄에 따라 기억할 활동의 수를 점차적으로 늘린다.
19. 학생으로 하여금 실지 견학이나 특수 활동에서 일어난 활동의 순서를 말하게 한다.
20. 학생과 함께 매일 달력을 보면서 학생이 전날에 무엇을 했는지, 오늘은 무엇을 하고 있는지, 혹은 내일은 무엇을 할 것인지에 대해 대화를 한다.
21. 주변 환경에 정보를 제공하여 학생으로 하여금 공부하는 데에 도움이 되도록 한다(예 : 학급 규칙을 게시한다, 일정표, 과제를 완성하는 단계 등).
22. 학급 전체가 어떤 활동을 하고 있는 것을 필름 사진기로 순서로 이뤄진 사진을 찍는다. 학생으로 하여금 사진을 순서에 따라 정리하고 이를 말로써 설명하게 한다.

23. 학생에게 해야 할 일, 학생이 필요하게 될 자료 등에 대한 목록을 제공한다.
24. 학생에게 기억해야 할 정보나 지침에 대한 노트를 작성하는 연습을 시킨다. 학생으로 하여금 이 노트를 점검표로 사용함으로써 모든 단계를 완성하였는지를 확인할 수 있게 한다.
25. 학생에게 정보 수집 기술을 가르친다(예 : 경청한다, 주요점을 적는다, 해명을 요청한다, 과제를 시작하기 전에 모든 정보를 받을 때까지 기다린다 등).
26. 세계 어떤 지역이나 역사의 어떤 시대로 가는 상상적인 여행을 계획한다. 학생으로 하여금 필요한 사항을 순서대로 준비하게 한다.
27. 학생으로 하여금 정보를 반복해 외우게 함으로써 단기 암기 기술을 향상시킨다.(예 : 이름, 전화 번호, 행사 일자 등을 반복해 외운다,).
28. 학생으로 하여금 지침, 설명 내용 등을 받자마자 큰소리로 말하게 하거나 요약하게 한다.
29. 활동의 순서를 일관성 있게 유지함으로써 학생이 잘해낼 수 있는 확률을 높인다.(예 : 수학은 매일 1시에, 휴식은 2시에 등).
30. 학생으로 하여금 의도적으로 순서대로 활동을 하게 함으로써 순서를 기억하는 연습을 시킨다(예 : 장비를 작동하기, 조리법을 따라 하기, 다이얼 자물쇠 열기 등).
31. 학생으로 하여금 학습자료를 이용하여 순차를 기억하게 한다(예 : 달력, 사전 등).
32. 학생으로 하여금 학급 리포터가 되어 전날의 "뉴스"를 내용의 순차에 따라 말하게 한다.
33. 하루를 통해 학생에게 순서를 암송할 수 있는 기회를 자주 줌으로써 기억 기술을 향상시킨다.
34. 학생으로 하여금 순서대로 사용하는 활동을 하게 함으로써 순서를 기억하고 이를 말로 설명할 수 있게 한다.
35. 순서대로 기억하기 활동을 매일 하게 함으로써 학생이 기억해야 할 순서를 잘 기억할 수 있게 한다(예 : 중요한 전화번호, 주소 등).
36. 학생에게 순서가 섞여있는 문장을 주고 이를 순서에 맞게 정돈하게 한다.
37. 학생에게 어떤 이야기의 주제와 이야기 속에 나오는 일관적인 관계를 식별하는 방법을 가르쳐 줌으로써 순차에 맞게 정보를 기억하게 한다.
38. 학생으로 하여금 또래들이 보드게임 하는 것을 관찰하게 한 다음, 시작과 끝을 중심으로 게임 법칙을 구별하게 한다.
39. 학생으로 하여금 또래 한 사람에게 어떤 과제를 완성하는 방법을 가르치게 한다(또래에게 말로 설명한 내용만을 실행하게 한다).

40. 학생으로 하여금 또래들과 함께 짧은 연극 극본 하나를 쓰게 한다. 그리고 이를 연출하게 함으로써 어떤 이야기나 역사적 사건 등에 나오는 순차적 정보를 잘 기억 할 수 있게 한다.
41. 학생으로 하여금 자신이 좋아하는 TV 쇼, 영화 등의 내용을 순차적으로 말하게 한다.
42. 학생으로 하여금 물체를 큰 것과 작은 것, 가벼운 것과 무거운 것 등으로 분류하게 한다.
43. 학생에게 순서대로 단어를 사용하는 방법을 가르친다(예 : 첫째, 둘째, 셋째, 다음에, 그때/지금, 전에/후에, 곧/나중에 등).
44. 학생으로 하여금 미술, 음악, 체육 등에서 순서대로 하는 활동을 구별하게 한다.
45. 학생으로 하여금 당일에 한 일상을 말로써 설명하면서 연출하게 한다(예 : 애완동물에게 먹이를 주는 단계, 학교에 오기 전에 한 일상적인 행위 등).

64. 말을 할 때 단어나 소리를 왜곡하거나 틀리게 발음한다.(사투리와 관계 없이)

목적

1. 학생은 말소리 제작이 개선될 것이다.
2. 학생은 대화가 개선될 것이다.
3. 학생은 말의 표현력이 유창해질 것이다.
4. 학생은 말로 표현력이 개선될 것이다.
5. 학생은 문법에 맞는 말소리가 개선될 것이다.

목표

1. 학생은 단어나 소리를 듣고 ____% 정확히 인식할 것이다.
2. 학생은 단어나 소리를 따로 ____% 정확히 발음할 것이다.
3. 학생은 말할 때 단어나 소리를 ____% 정확히 발음할 것이다.

개입방법

1. 학생이 최근에 청력검사를 받은 적이 없으면 지금 받도록 한다.
2. 학생이 제대로 발음된 단어의 소리와 틀리게 발음된 단어의 소리(왜곡된 소리)와의 차이를 구분하여 들을 수 있는지 확인한다.
3. 학생으로 하여금 말해야 할 소리가 맞게 발음되었을 때어는 엄지손가락을 치켜들고, 틀리게 발음되었을 때에는 엄지손가락을 아래로 향하게 한다.
4. 교사나 또래가 단어 목록을 읽을 때 학생으로 하여금 자신이 들은 말해야 할 소리가 맞게 발음된 수를 세게 한다.
5. 학생으로 하여금 짧은 글을 읽게 하고 이를 녹음한다. 학생으로 하여금 녹음 테이프를 재생해 듣게 하고 틀린 것과 맞게 한 것을 기록하게 한다.
6. 학생이 즉흥적으로 독백하는 것을 녹음한다. 학생으로 하여금 이 녹음한 것을 경청하고 실수한 것과 올바르게 발음한 것을 세게 한다. 교사도 테이프를 들어야 한다. 교사와 학생은 자신들의 분석 결과를 서로 비교하게 한다.
7. 학생으로 하여금 단어 목록을 읽게 하고 각 단어에 대한 자신의 발음에 등급을 매기게 한다.
8. 또래 한 사람을 선정하여 학생에게 말해야 할 소리를 맞게 발음하는 본보기를 보이게 한다.
9. 시각적인 학습자료로 그림을 사용하면서 학생에게 표를 만드는 동안 입의 모양이 어떻게 되는지를 보여준다.
10. 보드 게임을 이용하여 학생으로 하여금 표적 단어의 그림에 표시하게 한다. 학생은 말해야 할 소리를 맞혀야 다음 단계로 진행할 수 있다(이 활동은 학생의 수준에 따라 단순하게 만들 수도 있고 확대할 수도 있다).
11. 학생으로 하여금 말해야 할 소리를 묘사하는 그림을 오려내어 매일 연습할 수 있는 장소에 전시해놓도록 한다.
12. 학생에게 말해야 할 소리 단어 목록을 제공한다. 학생으로 하여금 이를 매일 연습하게 한다. 학생이 이를 통달하면 목록에 단어를 추가한다(학생이 사용하는 일상 어휘, 읽기 목록, 철자 목록 등에 나오는 어휘를 말해야 할 소리에 맞게 발음하면서 일상 대화에 사용하도록 한다).
13. 학생으로 하여금 매일 보는 어려운 단어를 모은 노트를 준비하게 한다. 학생은 이러한 단어를 교사나 또래의 도움으로 매일 연습한다.
14. 학생으로 하여금 자신이 정확히 발음할 수 있는 소리가 들어있는 단어들을 모아 목록을

작성하게 한다.
15. 학생으로 하여금 말해야 할 단어를 이용하여 문장을 짓게 한다.
16. 밑줄 그어 놓은 말해야 할 단어를 학생이 맞게 발음하면 상을 준다.
17. 학부모로 하여금 특정 시간에 학생의 말소리에 대한 등급을 매기게 한다(예 : 저녁 시간에 "틀린 것 없음", "몇 개 틀렸음", "많이 틀렸음").
18. 학생에게 주제 목록을 제공한다. 학생으로 하여금 주제 하나를 선택하게 하여 특정 시간 동안 즉석 말하기를 하게 한다. 틀린 개수를 세고 이에 대한 개선 방법을 제안한다.
19. 학생이 말해야 할 소리나 단어를 맞게 발음하면 상을 준다 : (a) 학생에게 유형의 상을 준다(예 : 학급 보상, 모둠장, 심부름, 5분간 자유 시간 등) 혹은 (b) 학생에게 무형의 상을 준다(예 : 칭찬, 악수, 미소 등). 처음에는 맞게 제작할 때마다 상을 준다. 학생이 잘 해냄에 따라 무작위로 상을 주는 것이 적절하다.
20. 학생이 특정 소리를 정확하게 발음할 것을 기대하는 것이 적절한지 평가한다(즉, 발육상 어떤 소리는 8~9세가 될 때까지 정확하게 발음하는 것이 가능하지 않다).

65. 말소리를 흉내 내는 것이 어렵다.

목적

1. 학생은 명확한 발음법이 개선될 것이다.
2. 학생은 대화가 개선될 것이다.
3. 학생은 말소리 판별력이 개선될 것이다.
4. 학생은 대화 문법적 말하기가 개선될 것이다.
5. 학생은 말소리 제작이 개선될 것이다.
6. 학생은 격리된 말소리 발음이 개선될 것이다.
7. 학생은 문장에서의 말소리 발음이 개선될 것이다.
8. 학생은 음절에서의 말소리 발음이 개선될 것이다.
9. 학생은 단어에서의 말소리 발음이 개선될 것이다.
10. 학생은 즉흥적 말하기에서의 말소리 발음이 개선될 것이다.
11. 학생은 말하기 표현력이 개선될 것이다.
12. 학생은 말하기의 유창성이 개선될 것이다.

목표

1. 학생은 ____번의 시도 중에 ____번은 단어 속에 말해야 할 소리가 맞게 발음되었는지 틀리게 발음되었는지 구분할 수 있을 것이다.
2. 학생은 ____번의 시도 중에 ____번은 격리된 말해야 할 소리를 맞게 발음한 것을 흉내 낼 수 있을 것이다.
3. 학생은 ____번의 시도 중에 ____번은 단어 속에서 말해야 할 소리를 맞게 발음한 것을 흉내 낼 수 있을 것이다.
4. 학생은 ____번의 시도 중에 ____번은 문장 속에서 말해야 할 소리를 맞게 발음한 것을 흉내 낼 수 있을 것이다.
5. 학생은 말소리를 도움 없이 ____% 정확히 흉내 낼 것이다.
6. 학생은 말소리를 도움을 주면 ____% 정확히 흉내 낼 것이다.
7. 학생은 말소리를 ____% 정확히 인식할 것이다.

개입방법

1. 학생이 제대로 발음된 말해야 할 소리와 틀리게 발음된 소리를 구분할 수 있는지 확인한다.
2. 학생으로 하여금 자신이 정확하게 발음하기를 어려워하는 소리가 들어있는 단어들을 최대한 많이 모아 목록을 만들게 한다.
3. 소리내어 읽기 시간에 말해야 할 소리가 들어있는 단어에 밑줄을 긋고 학생이 바로 발음 할 수 있도록 돕는다.
4. 학생이 어떤 소리를 정확하게 발음하기를 기대하는 것이 적절한지 평가한다(예 : 발육상, 어떤 소리는 8~9세가 되기 전에는 발음하지 못할 수 있다).
5. 학생으로 하여금 말해야 할 소리가 들어있는 단어를 그사하는 그림을 오려내게 한다. 이를 매일 연습할 수 있는 위치에 전시해둔다.
6. 학생으로 하여금 어려운 단어를 보게 되면 이를 매일 적어두는 수첩을 만들게 한다. 학생은 교사나 또래의 도움으로 이를 연습한다.
7. 학생으로 하여금 간단한 글을 읽게 하고 이를 녹음한다. 그리고 학생으로 하여금 이를 경청하고 틀린 곳을 표시하고 맞게 발음하게 한다.
8. 학생이 최근에 청력 검사를 받은 적이 없으면 지금 받도록 한다.
9. 시각적 학습 자료로 약도를 이용하여 말해야 할 소리를 발음할 때 입의 모양을 보여준다.

10. 학생에게 말해야 할 소리가 들어있는 단어 목록을 제공한다. 학생으로 하여금 이 단어들을 매일 연습하게 한다. 학생이 이 목록을 통달하게 되면 단어를 더 추가한다.(학생의 일일 어휘집, 읽기 목록, 철자 목록 등에 나오는 단어를 이용하면 말해야 할 소리를 바르게 발음하는 습관이 일상적으로 하는 대화에 반영될 것이다).
11. 학생으로 하여금 교사나 또래가 단어 목록을 읽어 내려갈 때 목표 소리를 맞게 발음하는 수를 세게 한다.
12. 학생이 말소리를 흉내 내게 할 때 무엇을 찾아 들어야 하는지 학생에게 말해준다.
13. 학생으로 하여금 말해야 할 소리가 들어있는 단어를 이용하여 문장을 짓게 한다.
14. 또래 한 사람을 선발하여 학생에게 목표단어를 맞게 발음하는 모델이 되게 한다.
15. 처음에는 맞게 발음할 때마다 상을 준다. 학생이 잘해냄에 따라 무작위로 상을 주는 것이 적절하다.
16. 학생으로 하여금 말해야 할 단어가 들어가는 문장을 짓게 한다.
17. 학부모를 개입시켜 학생의 말하기를 특정 기간 동안 관찰한 후 등급을 매기게 한다(예 : 저녁 식사 시간에 "틀린 것 없음", "몇 개 틀렸음" 혹은 "많이 틀렸음"과 같이 평가함).
18. 학생이 말해야 할 단어를 주목하고 있는지 확인한다(예 : 눈 접촉이 이루어지고 있는지, 손에는 자료 같은 것이 없는지 등).
19. 말해야 할 소리를 맞게 발음했을 때에는 엄지손가락을 위로 올리고, 틀리게 발음했을 때에는 엄지손가락을 아래로 내리게 한다.
20. 학생이 말해야 할 소리를 맞게 발음하면 상을 준다 : (a) 학생에게 유형의 상을 준다(예 : 학급 보상, 모둠장, 심부름, 5분간 자유 시간 등) 혹은 (b) 학생에게 무형의 상을 준다(예 : 칭찬, 악수, 미소 등).
21. 학생이 즉흥적으로 혼자 말하는 것을 녹음한다. 학생으로 하여금 녹음한 것을 경청하면서 맞게 발음한 것과 틀리게 발음한 것을 세게 한다. 교사도 이 테이프를 들어야 한다. 교사와 학생은 이러한 발음을 각기 분석한 것을 비교하도록 하다.
22. 똑같이 말해야 할 소리를 맞게 내기도 하고 틀리게 내기도 한다. 학생이 정해진 숫자만큼 맞히면 상을 준다.
23. 학생에게 주제 목록을 제공한다. 학생으로 하여금 주제 하나를 선택하여 정해진 시간 동안 즉흥적인 말하기를 하게 한다. 틀린 것을 센 다음 학생에게 개선 방법을 제안한다.
24. 학생으로 하여금 정해진 단어를 읽게 하고, 학생이 단어 하나를 발음하고 나면 이에 대한 등급을 매긴다.

66. 숙어, 속담, 직유, 은유, 농담, 재담, 수수께끼 등과 같은 비문자적 양식의 말을 이해하는 것이 어렵다.

목적

1. 학생은 비판적인 사고와 추리력이 개선될 것이다.
2. 학생은 어휘력이 개선될 것이다.
3. 학생은 비문자적 형태의 말하기에 대한 이해력을 보일 것이다.

목표

1. 학생은 ____번의 시도 중에 ____번은 시각적 혹은 말하기 자료에서 불합리한 것을 식별할 것이다.
2. 학생은 ____번의 시도 중에 ____번은 시각적 혹은 말하기 자료에서 불합리한 것을 설명할 것이다.
3. 학생은 ____번의 시도 중에 ____번은 유사성으로 물건, 그림, 혹은 사건을 범주별로 구분할 것이다.
4. 학생은 ____번의 시도 중에 ____번은 목표 어휘에 대한 연상 단어를 제공할 것이다.
5. 학생은 ____번의 시도 중에 ____번은 목표 어희의 뜻을 설명할 것이다.
6. 학생은 ____번의 시도 중에 ____번은 숙어, 속담, 직유 등의 문자적 및 비문자적 의미를 분간할 것이다.
7. 학생은 ____번의 시도 중에 ____번은 비문자적 형태의 표현을 자신의 언어로 다시 설명할 것이다.
8. 학생은 ____번의 시도 중에 ____번은 일상적인 대화 상황에서 비문자적 형태의 표현을 사용할 것이다.
9. 학생은 ____번의 시도 중에 ____번은 직유와 은유의 차이를 구분할 것이다.
10. 학생은 한 단어 번역을 제공함으로써 숙어에 대한 이해력을 ____% 정확히 보일 것이다.
11. 학생은 한 숙어의 첫 부분을 주면 직유 하나를 만들어냄으로써 ____% 정확히 직유를 창작할 수 있는 능력을 보일 것이다.
12. 학생은 직유 하나를 은유로 바꿈으로써 ____% 정확히 은유를 창작할 수 있는 능력을

보일 것이다.

13. 학생은 숙어가 하나인지 혹은 다른 것이지를 확인함으로써 ____% 정확히 직유와 은유의 차이점에 대한 이해력을 보일 것이다.
14. 학생은 속담을 요약함으로써 속담의 의미에 대한 이해력을 ____% 정확히 보일 것이다.

개입방법

1. 학생이 최근에 청력검사를 받은 적이 없으면 지금 받도록 한다.
2. 학생이 비유적인 언어에 대한 이해력을 보이면 상을 준다 : (a) 학생에게 유형의 상을 준다(예 : 학급 보상, 모둠장, 심부름, 5분간 자유 시간 등) 혹은(b) 학생에게 무형의 상을 준다(예 : 칭찬, 악수, 미소 등).
3. 비문자적 형태의 언어에 대한 이해력을 보이는 학생들에게 상을 준다.
4. 또래 한 사람을 선정하여 학생에게 비유적인 언어를 이해하는 모델이 되게 한다. 또래로 하여금 학생과 함께 공부하여 학생의 비문자적 형태의 언어에 대한 이해력을 개선할 수 있도록 도와주게 한다.
5. 학생으로 하여금 숙어, 직유, 은유 등을 이들의 의미와 연결시키게 한다.
6. 학생으로 하여금 어휘 수첩이나 비유적인 언어 수첩을 준비하여 새로운 어휘와 비문자적 형태의 언어와, 그리고 이에 대한 의미를 수록하여 참조하게 한다.
7. 학생이 매일 읽는 자료에서 나오는 숙어, 직유, 은유 등을 지적해준다. 학생을 도와 단어에 대한 뜻을 직역을 포함하여 모두 2개나 3개를 제공함으로써 학생이 문맥에서 그 의미를 확인하게 한다.
8. 학생으로 하여금 매일 읽는 자료에서 숙어, 직유, 은유 등을 식별하여 문맥에서 그 의미를 확인하게 한다. 필요하면 직역을 포함한 의미의 선택을 제공한다.
9. 학생으로 하여금 숙어, 직유, 은유 등을 하나 선택하여 문장, 그림, 이야기 등을 완성하게 한다.
10. 하루를 통해 사용한 숙어, 직유, 은유 등에 주목하고, 학생으로 하여금 이들의 의미를 설명하게 한다.
11. 전 학급을 두 팀으로 나누어서 한 팀으로 하여금 숙어, 직유, 은유 등을 직역으로 설명하게 하고, 다른 팀으로 하여금 그 의미를 생각해내고 이를 문장에서 적절히 사용하게 한다.
12. 학생으로 하여금 속담, 말장난 등의 두 가지 의미 모두 설명하게 한다.
13. 전 학급으로 하여금 숙어, 직유, 은유 등을 사용하여 축하 카드, 포스터, 광고, 게시판

등을 디자인하게 한다.

14. TV 광고 중에는 비유적인 언어를 사용하여 주의를 끌려고 하는 경우가 있다. 학생으로 하여금 특정 광고에서 숙어, 직유, 말장난 등을 구별하게 한다.
15. 이솝 우화 등과 같은 책에서 내용상의 속담을 찾아낸다. 학생으로 하여금 이야기 내용을 이용하여 두 가지 선택 중에서 맞는 "교훈"을 선택하게 한다.
16. 학생으로 하여금 목록에 나오는 속담과 그 의미를 맞추게 한다.
17. "오늘의 속담"을 게시하여 하루를 통해 이를 사용한다. 학급으로 하여금 이를 사용할 때마다 그 의미를 확인하게 한다.
18. 비언어적 표현은 농담을 하고 있다는 사실을 암시할 때 사용한다는 사실을 지적해준다(예 : 미소, 윙크, 팔꿈치로 슬쩍 찌르기 등).
19. 학급 전체로 하여금 속담이나 은유적으로 축하 카드, 게시판, 포스터, 광고 등을 디자인하게 한다.

67. 말의 속도가 너무 빠르거나 너무 느리다.

목적

1. 학생은 또렷한 발음 기술이 개선될 것이다.
2. 학생은 말소리의 분별력이 개선될 것이다.
3. 학생은 격리된 말소리의 발음이 개선될 것이다.
4. 학생은 음절 속에 말소리의 발음이 개선될 것이다.
5. 학생은 단어 속에 말소리의 발음이 개선될 것이다.
6. 학생은 문장 속에 말소리의 발음이 개선될 것이다.
7. 학생은 즉흥적 말하기 속에 말소리의 발음이 개선될 것이다.

목표

1. 학생은 ____번의 시도 중에 ____번은 샘플이 있으면 말의 속도 너무 빠른지 혹은 너무 느린지를 인식할 것이다.
2. 학생은 ____번의 시도 중에 ____번은 적절한 말하기 속도로 문장을 흉내 낼 것이다.

3. 학생은 ____번의 시도 중에 ____번은 적절한 말하기 속도로 문장을 읽을 것이다.
4. 학생은 ____번의 시도 중에 ____번은 적절한 말하기 속도로 즉흥적으로 문장을 발음할 것이다.

개입방법

1. 학생이 최근에 청력검사를 받은 적이 없으면 지금 받도록 한다.
2. 학생으로 하여금 특정 속도로 말하기를 기대하는 것이 적절한지 평가한다(예 : 학생은 정보 처리하는 것이 어렵거나 단어 찾기에 어려움이 있어 말소리가 느릴 수 있다).
3. 학생과 대화하면서 무엇을 다르게 해야 하는지를 설명해준다(예 : 말을 더 느리게 혹은 더 빨리 말하게 한다).
4. 학생이 적절한 속도로 말하면 상을 준다 : (a) 학생에게 유형의 상을 준다(예 : 학급 보상, 모둠장, 심부름, 5분간 자유 시간 등), 혹은 (b) 학생에게 무형의 상을 준다(예 : 칭찬, 악수, 미소 등). 처음에는 계속해서 상을 주는 것이 필요할 수 있다. 학생이 진전을 보이면서 무작위로 상을 주는 것이 적절할 수 있다.
5. 학생하고 신호를 만들어 학생의 말하는 속도를 늦추거나 올리게 할 때 사용한다.
6. 학생의 음악교사와 상의하여 교실이나 음악실에서 완성할 수 있는 리듬 연습/게임을 개발하게 한다. 아이가 리듬에 대한 인식이 높아지면 아이의 말하기 속도도 더 적절해질 것이다.
7. 학생이 말하는 것을 녹음하고 그 일부분을 재생하여 학생으로 하여금 부적절한 말의 속도를 구별하게 한다. 적절하지 않으면 적절한 말속도의 예를 틀어주고 이를 연습하게 한다.
8. 학생으로 하여금 적절한 속도의 문장으로 말하는 연습을 하게 한 다음 부적절한 속도로 말하게 한다. 학생으로 하여금 이를 경청하고 비교한 다음 어느 문장이 더 나은지 구별하게 한다. 녹음으로 이러한 활동을 원활하게 진행할 수 있다.
9. 학생이 말하고 있을 때 손가락을 가볍게 두드려서 학생으로 하여금 자신의 말하기 속도를 인식하게 한다.
10. 학생으로 하여금 1 음절 단어로 구성된 목록을 과장해서 짧게/빠르게 읽게 한다. 이 연습을 길게/느리게 그리고 정상적인 시간으로 반복하게 한다.
11. 학생의 책상에 중요문구(예 : "속도를 늦춘다", "속도를 낸다")를 붙여 놓아 자신의 말의 속도를 인식하게 한다
12. 학생으로 하여금 더 느린/더 빠른 음성을 사용해야 하는 단막극에 참여하게 한다.

68. 부자연스러운 음성으로 말한다.

목적

1. 학생은 자연스러운 음성으로 말할 것이다.
2. 학생은 말할 때 자연스러운 톤으로 말할 것이다.

목표

1. 학생은 ____번의 시도 중에 ____번은 자연스러운 음성으로 말할 것이다.
2. 학생은 ____번의 시도 중에 ____번은 말할 때 자연스러운 음성 톤을 사용할 것이다.

개입 방법

1. 학생이 부자연스러운 음성으로 말하게 하는 주제, 환경 등을 피한다(예 : 죽음, 이혼, 실직, 알코올 중독 등).
2. 또래 한 사람을 선정하여 말할 때 자연스러운 음성을 사용하는 모델이 되게 한다.
3. 학생에게 어떤 행동을 기대하는지(예 : 자연스러운 음성을 사용하기) 그리고 계약 조건들이 충족되었을 때 어떤 상을 받게 되는지를 명시한 계약을 학생과 체결한다.
4. 부모, 대리인, 혹은 적절한 당사자와 상담하여 이러한 문제에 대해 알리고, 문제의 원인을 확인하고, 그리고 문제에 대한 해결 방법을 찾는다.
5. 학생으로 하여금 다른 사람들과 어울리도록 강요하면 안 된다.
6. 말할 때 자연스러운 음성을 사용하는 학생들에게 상을 준다.
7. 과제의 적절성을 평가하여 다음과 같은 사항을 확인한다 : (a) 과제가 너무 쉬운지, (b) 과제가 너무 어려운지, 그리고 (c) 과제를 마치는 데에 배정한 시간의 길이가 적당한지.
8. 학생이 부자연스러운 음성을 내기 시작하면 미리 약속한 신호를 보낸다.
9. 학생의 부자연스러운 음성이 가끔 일어나거나 자극이 덜한 상황에서 일어날 때에는 지적하지 말고 그냥 넘어간다.
10. 모든 성인들(예 : 학교 및 가정에서)이 학생으로 하여금 자연스러운 음성으로 말하게 한다.
11. 학생이 자연스러운 음성으로 말하면 성공적으로 해낸 시간의 길이에 따라 상을 준다.

학생이 잘해냄에 따라 상을 받을 수 있는 시간의 길이를 점진적으로 늘린다.

12. 학생이 부자연스러운 음성으로 말했을 때 웃어버림으로써 부적절한 행위를 조장하면 안 된다.
13. 학생의 부자연스러운 음성에 지나치게 주목함으로써 의도와 달리 이를 조장하는 결과를 내면 안 된다(즉, 학생은 자신에게 주의를 끌기 위해 부자연스러운 음성으로 말할 수 있다).
14. 당신의 느낌을 사회적으로 수용될 수 있는 방법으로 표현한다.
15. 학생이 편하게 느끼면서 자연스러운 음성을 낼 수 있는 환경을 만들어 준다.
16. 학생이 자연스러운 음성으로 말하면 상을 준다 : (a) 학생에게 유형의 상을 준다(예 : 학급 보상, 모둠장, 심부름, 5분간 자유 시간 등), 혹은 (b) 학생에게 무형의 상을 준다(예 : 칭찬, 악수, 미소 등)
17. 학생과 대화하면서 다음과 같은 사항을 설명해준다 : (a) 학생이 무엇을 잘못하고 있는지(예 : 부자연스러운 음성을 사용한다) 그리고 (b) 학생이 어떻게 해야 하는지(예 : 자연스러운 음성을 사용한다).
18. 학생에게 불쾌감, 분노, 욕구불만 등을 표현하는 적절한 방법을 가르친다.
19. 학부모와 연락(예 : 가정통신, 전화 등)을 하여 학생의 진전 상황에 대한 정보를 공유한다. 부모는 학생이 학교에서 자연스러운 음성을 사용하면 집에서 학생에게 상을 준다.
20. 학생으로 하여금 교실에서는 항상 자연스러운 음성을 사용하도록 한다.

69. 조리에 맞지 않게 말한다.

목적

1. 학생은 자연스러운 음성으로 말할 것이다.
2. 학생은 조리에 맞게 말할 것이다.

목표

1. 학생은 ____번의 시도 중에 ____번은 의미가 명료한 안내를 할 것이다.
2. 학생은 ____번의 시도 중에 ____번은 진술에 연결성이 있을 것이다.

3. 학생은 ____번의 시도 중에 ____번은 진술에 관련성이 있을 것이다.
4. 학생은 ____번의 시도 중에 ____번은 조리에 맞게 말할 것이다.
5. 학생은 ____번의 시도 중에 ____번은 자연스러운 음성으로 말할 것이다.
6. 학생은 ____번의 시도 중에 ____번은 말할 때 음성의 자연스러운 톤을 사용할 것이다.

개입방법

1. 학생이 방해받지 않고 서두르지 않으면서 말할 수 있게 한다.
2. 학생에게 완성된 진술이나 생각(예 : 분명하게, 천천히, 간략하게 말하고 또한 완성된 문장과 진술 그리고 생각으로 말한다)으로 말하는 모델을 보여준다.
3. 학생으로 하여금 누가 훌륭한 발표자이며 왜 그런지 말하게 한다.
4. 좋은 발표자가 갖고 있는 속성(예 : 속도, 어법, 음성의 크기, 어휘 등)을 구별하고 학생으로 하여금 자신을 각 속성에 비교하여 평가하게 한다. 한 번에 한 두 분야에서만 개선할 것을 목표로 정한다.
5. 받아들일 수 있는 말과 받아들일 수 없는 말을 시범해 보인다. 완성/미완성 진술 및 생각을 사용하고 학생으로 하여금 각 보기를 안내하게 한다.
6. 학생으로 하여금 학생이 말할 때 사용할 수 있는 묘사적인 진술과 생각을 연습하게 한다.
7. 학생이 불편해 하면 학생으로 하여금 다른 학생들 앞에서 말하게 하면 안 된다. 학생이 더 편하게 느낀다면 학생으로 하여금 교사나 다른 학생 한 사람과 개인적으로 말하게 한다.
8. 또래 한 사람을 선정하여 완성된 진술이나 생각으로 말하는 모델을 보이게 한다. 두 학생을 함께 활동에 배정하고, 함께 과제를 실행하게 한다.
9. 학생이 대화중에 어려움을 느끼면 학생에게 이러한 일은 누구에게나 있을 수 있으므로 기분 나쁘게 생각하면 안 된다고 말해준다.
10. 학생이 말할 때 완성된 문장이나 생각을 사용하지 않으면 말로 학생의 실수를 교정해줌으로써 자신이 말한 것에 대한 맞는 버전을 들을 수 있게 한다.
11. 학생으로 하여금 강제로 다른 사람들과 어울리게 하면 안 된다.
12. 학생으로 하여금 긴장 이완하는 기법(예 : 심호흡하기, 근육을 긴장시키고 이완시키기 등)을 연습하게 하여 학생이 유창성 장애가 나타나기 시작할 때 사용할 수 있도록 한다.
13. 학급에서 말할 때에 완성된 진술이나 생각을 사용하는 학생들에게 상을 준다.
14. 학생이 너무 빨리 말하면 속도를 늦추도록 한다. 학생에게 지속적인 관심을 줌으로써

학생이 주목을 받기 위해 다른 사람들과 경쟁하거나 서두를 필요를 느끼지 않게 한다.

15. 학생에게 어떤 행동을 기대하는지(예 : 말할 때 완성된 진술이나 문장을 사용하기) 그리고 약속한 조건들이 충족되었을 때 어떤 상을 받게 되는지를 명시한 약속을 학생과 체결한다.
16. 학생으로 하여금 말을 잘하는 것이 중요한 다양한 상황을 역할 연기하게 한다(예 : 구직 면접).
17. 좋은 발표자가 되게 하는 데에 도움이 될 수 있는 속성에 대한 목록을 작성한다(예 : 충분한 시간을 갖는다, 말하기 시작하기 전에 무슨 말을 할지 생각한다 등).
18. 학생에게 불쾌감, 분노, 욕구불만 등을 표현하는 방법을 가르친다.
19. 학생으로 하여금 자신이 긴장하거나 불안해지며 보통 때보다 말하기에 문제가 생기는 시간과 상황에 대한 목록을 작성하게 한다. 학생을 도와 이러한 상황에서 좀 더 잘할 수 있는 방법을 찾게 한다.
20. 학생이 완성된 문장을 사용하지 못하면(예 : "공"이라고 말하면서 공을 지적한다) 그가 말한 것에 대해 상세히 묻는다(예 : "그러니까 공을 갖고 놀고 싶다는거지?"). 이렇게 하여 완성된 진술과 생각에 대한 모델을 제공한다.
21. 경쟁에 대한 강조를 줄인다. 경쟁적인 활동은 학생을 불안하게 하여 학생이 진술이나 생각을 완성할 수 있는 능력을 저하시킨다.
22. 학생이 말할 때 완성된 진술이나 생각을 사용하면 상을 준다 : (a) 학생에게 유형의 상을 준다(예 : 학급 보상, 모둠장, 심부름, 5분간 자유 시간 등), 혹은 (b) 학생에게 무형의 상을 준다(예 : 칭찬, 악수, 미소 등).
23. 학생이 즉흥적으로 독백하는 것을 녹음한다. 학생의 말하기를 필기하고 학생으로 하여금 자신이 한 말을 경청하게 한다. 학생으로 하여금 틀린 곳을 고치고 완성된 진술이나 생각으로 말하는 연습을 하게 한다.
24. 학생이 가장 자주 사용하는 미완성 진술이나 생각에 대한 목록을 작성한다. 이러한 진술이나 생각을 완성하는 방법을 연습하는 데에 학생과 시간을 함께한다.

70. 말할 때 어순이 틀리게 한다.

목적

1. 학생은 말할 때 어순이 맞게 할 것이다.
2. 학생은 말로 문장 구조가 개선될 것이다.

목표

1. 학생은 ____번의 시도 중에 ____번은 문법적으로 맞는 문장과 틀린 문장을 구분할 것이다.
2. 학생은 ____번의 시도 중에 ____번은 문법적으로 맞는 문장을 흉내 낼 것이다.
3. 학생은 ____번의 시도 중에 ____번은 단어를 재정리하여 문법적으로 맞는 문장을 형성할 것이다.
4. 학생은 ____번의 시도 중에 ____번은 대화중에 문법적으로 맞는 문장을 자동적으로 형성할 것이다.

개입방법

1. 학생이 최근에 청력 검사를 받은 적이 없으면 지금 받드록 한다.
2. 학생과 대화하면서 학생이 문장에서 어순을 틀리게 사용하고 있다는 것과 문법적으로 맞는 문장을 사용하는 것에 대한 중요성을 설명해준다.
3. 학생이 집에서 노출되고 있는 문법적 모델의 유형을 확인한다. 부모의 문법 스타일에 부정적인 함축을 두지 않고 표준 문법과 비표준 문법과의 차이를 설명한다.
4. 학생에게 완성된 문장으로 말하는 모델을 보여준다(분명하게, 천천히, 간략하게 말한다; 완성된 문장과 진술과 생각을 사용한다).
5. 학생이 말할 때 방해받지 않고 서두르지 않게 한다.
6. 경쟁에 대한 강조를 줄인다. 경쟁적인 활동은 학생으로 하여금 말할 때 서두르게 하기 때문에 어순을 틀리게 한다.
7. 학생으로 하여금 자신이 긴장하고 불안해지고, 말하는 것이 보통보다 더 어려워지는 때와 상황에 대한 목록을 작성하게 한다. 학생이 이러한 상황에서 더 잘 할 수 있는 방법

을 찾는 데에 도움을 준다.

8. 또래 한 사람을 선정하여 학생에게 맞는 어순의 모델을 보여주게 한다.
9. 학생이 말할 때 어순을 맞게 사용하면 상을 준다 : (a) 학생에게 유형의 상을 준다(예 : 학급 보상, 모둠장, 심부름, 5분간 자유 시간 등), 혹은 (b) 학생에게 무형의 상을 준다(예 : 칭찬, 악수, 미소 등).
10. 학생으로 하여금 어순이 틀린 문장을 경청한 후 틀린 것을 식별하고 이를 교정하게 한다.
11. 학생이 대화중에 어려움이 있으면 학생에게 이러한 현상은 누구에게도 일어난다는 사실을 알려준다.
12. 학생이 어순을 맞게 사용하는 다른 학생과 말하고 있는 것을 녹음하여 학생의 이러한 문제에 대한 인식력을 향상시킨다. 학생에게 이 테이프를 틀어주고 학생으로 하여금 맞는 어순과 틀린 어순을 식별할 수 있는지 확인하게 한다.
13. 학생이 문장은 생각을 표현하며 주어가 무엇인지 혹은 무엇을 하는 것인지를 이해하는지 확인한다.
14. 비언어적 신호(예 : 귓불을 만지기, 검지를 쳐들기 등)를 이용하여 학생이 말할 때 어순을 맞게 사용하도록 상기시킨다.
15. 정기적으로 학생의 말소리를 녹음하여 문장에서 어순을 틀리게 사용하는 것을 지적한다. 녹음을 계속하면서 개선이 보일 때마다 칭찬해준다.
16. 학생의 말소리를 녹음한 후, 학생으로 하여금 문장에 틀린 어순이 나오는 것을 식별하고 이를 적절하게 수정하게 한다.
17. 자막을 뺀 간단한 연재만화를 이용하여 학생으로 하여금 등장인물들이 무엇을 하고 있는지 맞는 어순으로 묘사하게 한다.
18. 학생으로 하여금 틀린 어순의 문장과 맞는 어순의 문장을 구별하게 하는 연습문제를 완성하게 한다.
19. 하루동안 학생이 틀린 어순을 사용하는 사례를 적어둔다. 학생에게 이러한 문장을 읽어주고 학생으로 하여금 말로 정정하게 한다.
20. 학생이 가장 자주 틀리는 어순에 대한 목록을 만든다. 학생과 시간을 내어 말할 때 어순을 맞게 사용하는 방법을 연습한다.
21. 학생과 친구들이 다양한 행동을 하는 것을 녹화한다. 이를 소리 없이 재생하여 학생으로 하여금 문법적으로 맞는 문장으로 해설하게 한다. (이 활동은 기존 비디오 테이프를 사용해도 무방하다)
22. 학생으로 하여금 그가 말할 때 사용할 수 있는 맞는 어순이 들어있는 말이나 생각을 연

습하게 한다(예 : 맞는 어순을 사용하여 물건, 사진, 활동 등을 묘사하게 한다).

23. 학생으로 하여금 글이 없는 책을 이용하여 문법적으로 맞는 문장으로 내용을 설명하게 한다. 이를 녹음한 테이프를 학생으로 하여금 경청하고 어순이 틀린 부분을 찾아내고 이를 적절하게 교정하게 한다.
24. 학생에게 일련의 말로 문장을 주고, 학생으로 하여금 어순이 틀린 문장을 구별하게 한다. 그리고 적절하게 교정하게 한다.
25. 학생에게 문서나 말로 일련의 뒤섞인 단어를 준다. 학생으로 하여금 이러한 단어들을 문법적으로 맞는 문장이 되도록 재정리하게 한다.
26. 학생으로 하여금 적절한 말하기가 중요한 다양한 상황을 역할 연기로 묘사하게 한다(예 : 취업 면접 등).
27. 좋은 발표자를 만드는 속성에 대한 목록을 만든다(예 : 시간을 충분히 갖는다, 말을 시작하기 전에 무슨 말을 할지 생각한다 등).
28. 부모로 하여금 학생이 집에서 문법적으로 맞는 문장을 사용하면 상을 줌으로써 학생이 어순이 맞게 사용하는 것을 격려하게 한다.

71. 대명사를 틀리게 사용한다.

목적

1. 학생은 대명사 사용이 개선될 것이다.

목표

1. 학생은 ____번의 시도 중에 ____번은 문법적으로 맞는 대명사와 틀린 대명사가 있는 문장의 차이를 구분할 것이다.
2. 학생은 ____번의 시도 중에 ____번은 문장에서 적절한 대명사의 사용을 흉내 낼 것이다.
3. 학생은 ____번의 시도 중에 ____번은 문장에서 적절한 주격 대명사를 사용할 것이다.
4. 학생은 ____번의 시도 중에 ____번은 문장에서 적절한 목적격 대명사를 사용할 것이다.
5. 학생은 ____번의 시도 중에 ____번은 문장에서 적절한 소유격 대명사를 사용할 것이다.

6. 학생은 ____번의 시도 중에 ____번은 대화중에 적절한 대명사형을 자동적으로 발음할 것이다.

개입방법

1. 학생이 최근에 청력 검사를 받은 적이 없으면 지금 받도록 한다.
2. 학생과 대화하면서 학생이 문장에서 대명사를 틀리게 사용하고 있다는 것과 문법적으로 맞는 문장을 사용하는 것에 대한 중요성을 설명해준다.
3. 학생이 집에서 노출되고 있는 문법적 모델의 유형을 확인한다. 부모의 문법 스타일에 부정적인 함축을 두지 않고 표준 문법과 비표준 문법과의 차이를 설명한다.
4. 또래 한 사람을 선정하여 학생에게 대명사의 적절한 용법의 모델을 보여주게 한다.
5. 학생이 대명사를 맞게 사용하면 상을 준다 : (a) 학생에게 유형의 상을 준다(예 : 학급 보상, 모둠장, 심부름, 5분간 자유 시간 등), 혹은 (b) 학생에게 무형의 상을 준다(예 : 칭찬, 악수, 미소 등).
6. 학생이 복수형을 적절하게 사용하는 다른 학생과 말하고 있는 것을 녹음하여 학생의 이러한 문제에 대한 인식력을 향상시킨다. 학생에게 이 테이프를 틀어주고 학생으로 하여금 맞는 대명사와 틀린 대명사를 식별할 수 있는지 확인하게 한다.
7. 학생이 자주 틀리는 대명사 용법에 대한 보기를 학생에게 많이 제공한다.
8. 비밀 신호(예 : 귓불을 만지기, 검지를 위로 들기 등)를 이용하여 학생이 말할 때 대명사형을 적절하게 사용하도록 상기시킨다.
9. 학생이 자주 틀리게 사용하는 대명사의 목록을 만든다. 이 목록은 대명사를 맞게 사용하는 학습활동에 가이드가 될 것이다.
10. 학생으로 하여금 특정 대명사형이 들어가는 문장을 말로 만들게 한다.
11. 학생의 말하기를 녹음한 후 학생으로 하여금 대명사를 잘못 사용한 부분을 식별하여 이를 수정하게 한다.
12. 하루를 통해 학생이 대명사를 틀리게 사용한 것을 적는다. 이러한 문장을 학생에게 읽어주고 학생으로 하여금 이를 말로 정정하게 한다.
13. 학생에게 일련의 문장을 문서 및 말로 주고, 학생으로 하여금 대명사형이 적절한지 확인하고 이를 수정하게 한다.
14. 자막을 뺀 연재만화를 이용하여 학생으로 하여금 등장인물들과 그들이 무엇을 하고 있는지 적절한 대명사를 사용하면서 묘사하게 한다.
15. 학부모로 하여금 학생이 집에서 적절한 대명사를 사용할 때 칭찬해줌으로써 대명사를

맞게 사용하는 것을 권장하게 한다.

16. 학생과 친구들이 다양한 행동을 하는 것을 녹화한다. 이를 소리 없이 재생하여 학생으로 하여금 적절한 대명사형을 사용하면서 해설하게 한다 (이 활동은 기존 비디오테이프를 사용해도 무방하다.)
17. 학생으로 하여금 글이 없는 책을 이용하여 적절한 대명사 용법을 강조하면서 내용을 설명하게 한다. 이를 녹음한 테이프를 학생으로 하여금 경청하고 대명사 용법이 틀린 부분을 찾아내고 이를 적절하게 교정하게 한다.
18. 하루동안 학생이 대명사를 틀리게 사용한 것을 적는다. 학생에게 이를 건네주고 학생으로 하여금 교정하게 한다. 처음에는 틀린 부분에 표시해서 준다. 학생이 이러한 과제를 잘해냄에 따라 학생으로 하여금 도움 없이 문제를 찾아 교정하게 한다.

• 72. 말을 할 때 문법적으로 완전하지 않게 말한다.

목적

1. 학생은 말할 때 문법적으로 완성된 문장을 사용할 것이다.
2. 학생은 말 할 때의 문장 구조가 개선될 것이다.

목표

1. 학생은 ____번의 시도 중에 ____번은 문법적으로 완성된 문장과 미완성 문장을 구분할 것이다.
2. 학생은 ____번의 시도 중에 ____번은 문법적으로 완성된 문장을 흉내 낼 것이다.
3. 학생은 ____번의 시도 중에 ____번은 구조적인 언어활동에서 문법적으로 완성된 문장을 사용할 할 것이다.
4. 학생은 ____번의 시도 중에 ____번은 문법적으로 완성된 문장을 자동적으로 사용할 것이다.
5. 학생은 ____번의 시도 중에 ____번은 대화중에 문법적으로 완성 문장을 사용할 것이다.

개입방법

1. 학생이 최근에 청력 검사를 받은 적이 없으면 지금 받도록 한다.
2. 학생과 대화하면서 학생이 문법적으로 미완성 문장을 사용하고 있다는 것과 문법적으로 완성된 문장으로 말하는 것에 대한 중요성을 설명해준다.
3. 학생이 집에서 노출되고 있는 문법적 모델의 유형을 확인한다. 부모의 문법 스타일에 부정적인 함축을 두지 않고 표준 문법과 비표준 문법과의 차이를 설명한다.
4. 학생에게 완성된 문장으로 말하는 모델을 보여준다(분명하게, 천천히, 간략하게 말한다; 완성된 문장과 진술과 생각을 사용한다).
5. 학생이 완성된 문장을 사용하지 못하면(예 : "공"이라고 말하고 공을 가리킨다) 학생이 말한 것을 정교한 문장으로 만든다(예 : "그러니까 공 갖고 놀고 싶단 말이지?"). 이렇게 하면 보다 완전한 문장과 생각에 대한 모델을 제공하는 격이 된다.
6. 학생이 말할 때 방해받지 않고 서두르지 않게 한다.
7. 경쟁에 대한 강조를 줄인다. 경쟁적인 활동은 학생으로 하여금 말할 때 서두르게 하기 때문에 완성된 문장과 생각으로 말할 수 없게 된다.
8. 학생으로 하여금 자신이 긴장하고 불안해지고, 말하는 것이 보통보다 더 어려워지는 때와 상황에 대한 목록을 작성하게 한다. 학생이 이러한 상황에서 더 잘 할 수 있는 방법을 찾는 데에 도움을 준다.
9. 학생이 문법적으로 완성된 문장을 맞게 사용하면 상을 준다 : (a) 학생에게 유형의 상을 준다(예 : 학급 보상, 모둠장, 심부름, 5분간 자유 시간 등), 혹은 (b) 학생에게 무형의 상을 준다(예 : 칭찬, 악수, 미소 등).
10. 글이 없는 책의 내용을 학생으로 하여금 문법적으로 완성된 문장으로 설명하게 한다. 이를 녹음한 다음 학생에게 틀어주고, 학생으로 하여금 미완성 문장을 찾아내고 이를 교정하게 한다.
11. 학생이 대화중에 어려움이 있으면 학생에게 이러한 현상은 누구에게도 가끔 일어난다는 사실을 알려준다.
12. 학생이 문법적으로 완성된 문장을 사용하는 다른 학생과 말하고 있는 것을 녹음하여 학생의 이러한 문제에 대한 인식력을 향상시킨다. 학생에게 이 테이프를 틀어주고 학생으로 하여금 완성된/미완성 문장을 식별할 수 있는지 확인하게 한다.
13. 또래 한 사람을 선정하여 학생에게 문법적으로 완성된 문장을 사용하는 방법을 보여주게 한다.
14. 물건, 그림, 그리고 기술(記述) 문장을 이용하여(학생의 능력에 따라) "주어/동사/목적"

을 지적하면서 학생이 "완성된" 문장에 대한 개념을 이해하는지 확인한다.

15. 완성된 문장은 주어에 대한 생각과 주어는 무엇이며 무엇을 하는지를 표현한다는 사실을 학생이 이해하는지 확인한다.
16. 비밀 신호(예 : 귓불 만지기, 검지가락을 위로 들기 등)로 학생에게 문법적으로 완성된 문장을 사용할 것을 상기시킨다.
17. 정기적으로 학생의 말하기를 녹음하여 문법적으로 미완성 문장을 사용하는 것을 지적한다. 녹음을 계속하면서 개선이 보일 때마다 칭찬해준다.
18. 학생의 말하기를 녹음한 후, 학생으로 하여금 문법적으로 미완성 문장을 구별하고 이를 적절하게 수정하게 한다.
19. 학생으로 하여금 학생이 문법적으로 완성된/미완성된 문장을 선택하는 연습문제를 완성하게 한다. 학생으로 하여금 문법적으로 미완성 문장을 수정하여 완성된 문장으로 만들게 한다.
20. 하루동안 학생이 미완성 문장을 사용하는 사례를 적어둔다. 학생에게 이러한 문장을 읽어주고 학생으로 하여금 이를 정정하게 한다.
21. 학생이 가장 자주 사용하는 미완성 문장에 대한 목록을 만든다. 학생과 시간을 내어 이러한 문장을 완성하는 연습을 한다.
22. 학생에게 주어와 동사를 주고 문법적으로 완성된 문장을 말로 만들게 한다.
23. 학생으로 하여금 말로 묘사할 때 사용할 수 있는 문장을 연습하게 한다(예 : 문법적으로 완성된 문장으로 물건, 그림, 활동 등을 묘사한다).
24. 학생에게 일련의 말로 기술(記述) 문장을 주고, 학생으로 하여금 문법적으로 완성된/미완성 문장을 식별하게 한다.
25. 학생으로 하여금 문법적으로 완성된/미완성 문장을 듣고 이를 식별하고 교정하게 한다.
26. 학생으로 하여금 말 잘하는 것이 중요한 다양한 상황을 역할 연기로 묘사하게 한다(예 : 취업 면접 등).
27. 좋은 말하기를 만드는 속성에 대한 목록을 만든다(예 : 시간을 충분히 갖는다, 말을 시작하기 전에 무슨 말을 할지 생각한다 등).
28. 부모로 하여금 학생이 집에서 문법적으로 완성된 문장을 사용하면 상을 줌으로써 학생이 완성된 문장을 사용하는 것을 격려하게 한다.
29. 학생으로 하여금 자신과 친구들을 문법적으로 완성된 문장으로 묘사하게 한다.
30. 학생과 친구들이 다양한 행동을 하는 것을 녹화한다. 이를 소리 없이 재생하여 학생으로 하여금 문법적으로 완성된 문장으로 해설하게 한다. (이 활동은 기존 비디오테이프를 사용해도 무방하다.)

31. 자막을 뺀 연재만화를 이용하여 학생으로 하여금 등장인물들과 그들이 무엇을 하고 있는지를 완성된 문장으로 묘사하게 한다.

73. 상황에 비하여 소리가 너무 크거나 너무 작다.

목적

1. 학생은 자신의 음성의 질과 다른 사람들의 음성의 질을 정확히 분별할 것이다.
2. 학생은 적절한 음성의 크기를 보일 것이다.
3. 학생은 적절한 음성의 질을 보일 것이다.

목표

1. 학생은 ____번의 시도 중에 ____번은 적절한 음성의 크기 수준과 적절하지 않은 것을 식별할 것이다.
2. 학생은 ____번의 시도 중에 ____번은 적절한 그리고 부적절한 음성 크기 수준이 발생하는 개인적 상황을 식별할 것이다.
3. 학생은 ____번의 시도 중에 ____번은 단어를 발음할 때 적절한 음성의 크기 수준을 사용할 것이다.
4. 학생은 ____번의 시도 중에 ____번은 문장를 발음할 때 적절한 음성의 크기 수준을 사용할 것이다.
5. 학생은 ____번의 시도 중에 ____번은 글을 읽을 때 적절한 음성의 크기 수준을 사용할 것이다.
6. 학생은 ____번의 시도 중에 ____번은 대화할 때 적절한 음성의 크기 수준을 사용할 것이다.

개입방법

1. 학생이 최근에 청각진단을 받은 적이 없으면 지금 받도록 한다.
2. 학생과 대화하면서 학생이 부적절하게 큰 음성/작은 음성을 사용하고 있음을 말해주고, 그리고 상황에 따라 적절한 음성의 크기를 사용하는 것에 대한 중요성을 설명한다.

3. 학생에게 적절한 "음성" 모델을 제공한다.
4. 학생이 적절한 질의 음성을 보이면 상을 준다 : (a) 학생에게 유형의 상을 준다(예 : 학급 보상, 모둠장, 심부름, 5분간 자유 시간 등), 혹은 (b) 학생에게 무형의 상을 준다(예 : 칭찬, 악수, 미소 등).
5. 학생이 음성의 크기가 적절한 또래와 말하고 있는 것을 녹음하여 학생의 이러한 문제에 대한 인식력을 향상시킨다. 학생에게 이 테이프를 틀어주고 학생이 크기가 다른 음성의 차이를 들을 수 있는지 확인하게 한다.
6. 학생으로 하여금 자신의 몸을 먼저 긴장시킨 다음에 이완시키게 함으로써 긴장과 이완의 차이를 구분할 수 있게 한다. (학생의 목이나 어깨를 만져서 긴장 상태의 여부를 파악한다.)
7. 음성이 너무 크거나 작거나, 혹은 너무 크거나 작은 사람이 받을 수 있는 부정적인 함의에 관해 학생과 논의한다. 큰 소리는 오만하거나 화난 사람으로 오인될 수 있으며, 작은 목소리는 수줍거나 소심하거나 자신감이 없는 사람으로 오인될 수 있다. 이러한 부정적인 함의를 논의하면 학생이 자신의 음성에 변화를 일으키려고 하는 동기를 제공할 수 있을 것이다.
8. 학생에게 간단한 읽을거리를 주고 학생으로 하여금 이를 다양한 크기 수준에서 읽게 하고 당신은 이를 녹음한다. 학생으로 하여금 이를 경청하고 어떤 크기가 교실 환경에 가장 적절한지 결정하게 한다.
9. 학생으로 하여금 딱딱한 걸상에 앉았다가 일어나면서 콧소리를 내게(예 : "이…" 혹은 "아…" 소리를 냄) 함으로써 후두 긴장을 시범허 보인다.
10. 학생이 이용할 수 있는 긴장 이완 운동을 개발한다(예 : 특정 근육군을 긴장시키고 이완시키기, 머리 돌리기 운동, 이미지화 등).
11. 비상 상황이 아닌 이상 아무도 말하지 않는 "조용한 시간"을 정한다. 부드러운 배경음악도 흘러나오게 한다.
12. 음성 남용으로 인한 음성 문제를 이해하기 위해 학생으로 하여금 짧은 음성 훈련 연습 프로그램을 개발하여 학습 전체와 공유하게 한다.
13. 학생으로 하여금 음성을 남용하는 것 같은 동물의 목소리를 묘사하게 하고(예 : 사자는 으르렁거리고 생쥐는 찍찍 운다) 이를 자신의 음성의 질과 비교한다.
14. 학생으로 하여금 동물에 대해 짧은 이야기를 쓰게 하고 큰 소리와 작은 소리를 번갈아 사용하면서 이를 해설하게 한다.
15. 학생으로 하여금 유명한 사람들, 만화 캐릭터, 학교나 집에 있는 사람들 등의 음성의 크기를 묘사하게 한다. 학생으로 하여금 조용하고 부드러운 소리와 큰 소리 사이의 차이

를 구분하게 한다.

16. 앉을 때나 설 때나 걸을 때에 몸자세를 바르게 한다. 좋지 않은 자세는 정상적인 음성의 크기를 유지해주는 호흡 조절을 방해할 수 있다.
17. 학생으로 하여금 적절한 호흡법을 횡격막을 이용하면서 시범해 보이게 한다.
18. 당신이 긴장하거나, 피곤하거나, 화났을 때에 당신의 음성이 어떻게 달라지는지에 대해 논의한다.
19. 학생으로 하여금 자신의 음성이 너무 커지거나 너무 작아지는 상황에 대한 등급을 매기게 한다. 이러한 상황을 의논하면서 학생으로 하여금 자신의 부적절한 음성의 크기에 대한 인지력을 향상시킨다.
20. 학부모를 개입시켜서 특정 시간에 그리고 특정 장소에서(예 : 노는 시간에, 저녁 식사 시간에, 취침시간에; 실내, 옥외; 식구, 또래, 혹은 권위적인 지위에 있는 사람이 같이 있을 때; 등) 자녀의 음성에 대한 등급(예 : 적절하다, 너무 크다, 거칠다, 숨이 샌다, 쉰 소리가 난다 등)을 매기게 한다.
21. 학생이 특이하게 입을 긴장하거나 다물고 말하는 경우에는 학생으로 하여금 특정 시간에 그러한 현상이 일어나는 횟수를 기록하게 함으로써 그러한 행동에 대한 인지능력을 제고한다.
22. 학생으로 하여금 말할 때 구강 공명을 연습하게 함으로써 음성의 크기 조절을 용이하게 한다.
23. 학생으로 하여금 왜 사람들이 소리 지르거나 큰 소리로 말하는지 그 이유에 대한 목록을 작성하게 한다(예 : 화났을 때, 군중 속에서, 축구 경기에서 등). 이러한 상황이 끝난 후에 목소리 감각이 어떤지 논의한다.
24. 학생으로 하여금 너무 크거나 너무 작은 음성에 대한 청취자들의 반응을 묘사하게 한다(예 : 소리 지르는 것처럼 말하는 사람에 대한 불쾌감, 되풀이해 말해 주기를 요청하는 것 등).
25. 학생으로 하여금 놀 때에 학생과 학생의 친구들이 내는 다양한 소리 효과에 대한 목록을 작성하게 한다(예 : 엔진 소리, 괴물 소리 등). 이것이 이들의 음성에 주는 영향을 논의한다. 시끄러운 소리에 대한 대안을 낸다.
26. 학생이 자신의 음성의 질이 좋을 때와 나쁠 때, 그리고 당시에 처해있는 상황을 확인하는 것을 돕는다(예 : 체육시간 후, 아침 이른 시간, 오후 늦은 시간, 월요일 등).
27. 학생이 목소리가 스트레스 받을 수 있는 활동에 참여하고 있는지를 확인하는 것을 돕는다(예 : 체육시간, 휴식시간, 치어 리딩, 드라마, 성악, 야구, 축구 등). 이러한 상황에서 학생이 자신의 음성을 남용하는 것을 피할 수 있는 방법을 논의한다(예 : 손뼉 치기 vs.

소리 지르기, 상대방한테 가기 vs. 상대방을 향해 소리 지르기, 행동하기 vs. 소리 지르기 등).

28. 학생으로 하여금 자신이 너무 큰 음성이나 너무 작은 음성을 사용할 때에 대한 목록을 만들게 한다. 이러한 상황에서 의사소통을 하는 대안적 방법에 대해 논의한다(예 : 방 건너로 소리 지르는 대신 그쪽으로 가서 말한다, 옥외에서는 소리지르는 대신 호루라기를 사용한다, 속삭이는 대신 정상적인 음성 크기로 말한다 등).
29. 학생으로 하여금 좋은 질의 음성을 사용할 때와 너무 크거나 너무 작은 음성을 사용하는 경우를 식별하게 한다. 이러한 상황에서 음성의 질을 개선하는 방법에 대해 논의한다.
30. 학생이 주의를 끌기 위해 소리 지르는 방법을 사용한다면 학생으로 하여금 다른 방법으로 주의를 끌게 한다(예 : 문장에서 특정 단어에 악센트를 준다, 높낮이를 변화시킨다, 중요한 단어 전에 잠깐 멈춘다, 제스처를 사용한다 등).
31. 학생으로 하여금 적절한 호흡법을 이용하게 하고 음성이 스트레스를 많이 받는 음악 시간에는 "이완된 음성"을 사용하게 한다.
32. 학생으로 하여금 자신이 읽고 있는 이야기 속에서 작거나 큰 함의가 있는 단어를 식별하게 한다(예 : 작은 = 떨다, 더운, 부드러운, 밝은; 큰 = 꽝, 증오, 정지, 악당).
33. 학생으로 하여금 자신의 음성이 너무 작을 때와 너무 클 때마다 그 횟수를 세게 한다(예 : 휴식 시간, 교사에게 말할 때 등).
34. 학생이 감기나 목감기나 후두염에 걸렸을 때에는 목구멍이 어떤 모습이 되는지 논의하고 가능한 한 말을 하지 않는다. 대안으로 속삭이게 하면 안 된다. 왜냐하면 이는 남용하는 행위를 감출 뿐이다.
35. 학생으로 하여금 작은 음성/큰 음성을 내야 하는 짧은 연극이나 촌극에 참여하게 한다.
36. 학생이 너무 크게 말하거나 너무 작게 말하고 있을 때 학생에게 좋은 음성을 사용하도록 상기시킬 수 있는 방법을 마련한다.
37. 학생으로 하여금 자신의 가장 좋은 음성의 수준을 시범 보이게 한다.
38. 어린아이들을 위해서는 꼭두각시 인형을 사용하여 적절한 음성의 크기를 사용하는 연습을 한다.
39. 학생이 말을 크게 하거나 작게 해야 하는 활동을 시작하려고 할 때에 학생으로 하여금 팔찌를 끼거나 스티커를 붙이게 함으로써, 대안 전략을 이용하거나 좋은 질의 음성을 사용하거나 음성의 크기를 적절한 수준으로 사용하도록 상기시킨다.

Ⅱ

부 록

각종 양식

각종 양식

계약서

나, ________________는 ____

____

____

________________________________을 실행할 것을 선서합니다.

이 일은 ____

____

___________을 이행하여야 성공한 것으로 간주합니다.

성명 : ______________________________________

상기 사항을 성공적으로 완성하면 학생을 아래와 같은 상을 받을 것입니다.

____

____

서명 일자 : ______________________________

완성 일자 : ______________________________

전체 개요 양식

과목 : ______________________ 주제 : ______________________ 일반적인 사항　　　　구체적인 사항 누가 :
무엇을 :
어디서 :
언제 :
어떻게 :
왜 :
어휘 :

전체 개요 양식- 대안용

과목 : ____________________ 주제 : ____________________ 일반적인 사항   구체적인 사항 무엇을 :
왜 :
어떻게 :
어휘 :
예 :

지도(Mapping) 양식

주제

누가

왜

무엇을

어떻게

어디서

언제

논리적 서술 양식

주제 : ______________________________	
누가 무엇을 어디서 언제 어떻게 왜	

과제 양식

제목 : ______________________________

	일반적인 사항	구체적인 사항
무엇을 :		
어떻게 :		
자료 :		
언제 :		

제목 : ______________________________

	일반적인 사항	구체적인 사항
무엇을 :		
어떻게 :		
자료 :		
언제 :		

과제 양식

과제 양식

일자____________

조언 :

부모 서명________________________

과제 양식

일자____________

조언 :

부모 서명________________________

2-주간 프로젝트 개요

DAY 1	과제를 정확하게 파악한다. • 마감일을 확인한다.
DAY 2-4	프로젝트 준비 • 과제 자료를 읽는다. • 관련 자료를 조사한다. • 필요한 자료를 수집한다.
DAY 5	읽은 자료를 요약한다. • 누가, 언제, 어디서, 무엇을, 어떻게, 왜에 답변한다.
DAY 6	프로젝트 구성에 대한 초안을 잡는다. • 스케치한다, 척도를 정한다, 개정한다
DAY 7-11	프로젝트 구성 • 모든 자료를 펼쳐놓는다. • 자료를 척도에 맞춘다. • 그린다. 채색한다. • 자른다. • 풀 붙인다. • 페인트칠한다.
DAY 12	마무리하기 • 라벨을 붙인다, 모든 품목이 잘 붙어있는지 확인한다, 등.
DAY 13	내용을 요약하는 패러그래프를 쓴다(DAY 5).
DAY 14	제출한다!

시험 치는 기술

1. 시험지 전체를 살펴본다(예 : OX 테스트, 다항선택 식, 빈칸 채우기 등).
2. 지침을 모두 읽는다.
3. 지침에 나오는 모든 주요 단어나 구절에 밑줄을 긋거나 동그라미를 친다(예 : 위치 확인, 쓴다, 최선의 답을 선택, 주제 아이디어를 식별 등).
4. 지침을 철저하게 이해한 후에 답을 쓴다(즉 : 지침에서 이해하지 못한 부분이 있으면 선생님에게 반드시 질문한다 등).
5. 답을 아는 문제부터 한다. 나머지는 나중에 한다.
6. 답하기 어려운 항목은 주요 단어(예 : 누가, 언제, 어디서, 무엇을, 어떻게, 왜)에 밑줄을 그은 다음에 답한다.
7. 이해하지 못한 항목은 선생님한테 해명을 요청한다.
8. 처음으로 돌아가서 모든 답을 점검한다(예 : 지침을 따랐는지, 수학 연산을 맞게 했는지, 부주의하여 실수한 것이 없는지).

추가 제안 사항

- 어떤 진술이 맞으려면 진술문의 모든 부분이 맞아야 한다(예 : 모두, 결코, 항상 등과 단어를 유념한다).
- 짝 맞추기를 할 때에는 아는 것부터 맞춘다. 사용한 답은 줄을 그어 삭제한 다음 나머지 항목으로 가서 최선의 선택을 한다.
- 어떤 항목은 처음에는 답할 수 없었던 항목에 실마리를 주는 경우가 있다.
- 논술식 답을 쓸 때에는 "누가, 언제, 어디서, 무엇을, 어떻게, 그리고 왜"를 중심으로 답을 구성한다.
- 다항선택식 문제는 답하기 전에 모든 선택을 읽는다. 생소한 선택은 답이 아닐 가능성이 높다.
- OX 문제 내용이 생소해 보이면 틀릴 가능성이 높다

시험공부 하기

1. 시험 범위에 들어가는 정보를 식별한다.
2. 필요한 모든 자료를 식별하고 수집한다(예 : 교과서, 노트북 등).
3. 주요 주제를 식별한다.
4. 주제별로 주요 제목을 식별한다.
5. 제목별로, 개요 양식(Outline Forms)인 누가, 무엇을, 어디서, 언제, 어떻게, 그리고 왜를 식별하거나 밑줄을 긋는다.
6. 학습개념카드와 같은 공부 보조 도구를 사용한다. (양식을 참조한다.)
7. 개요 양식이나 니모닉(mnemonic) 전략을 이용한다.

추가 제안 사항

- 친구와 같이 공부한다.
- 개요양식으로 연습문제를 만들어 이에 답한다.
- 연습문제를 받은 것이 있으면 이를 철저히 공부한다.
- 요약에 나오는 모든 내용을 철저히 이해했는지 확인한다.

학습 개념 카드 공부 보조도구

주제 : ____________________

누가:

무엇을 :

어디서 :

언제 :

어떻게 :

왜 :

주제 : ____________________

누가:

무엇을 :

어디서 :

언제 :

어떻게 :

왜 :

작문 기본틀

제목 : ______________________________

저자 : ______________________________

이야기가 일어나는 장소 : ______________________________

누가 : ______________________________

언제 문제가 생기는가? ______________________________

____

다음에는 ______________________________

____

언제 문제가 풀리는가? ______________________________

____

____

이야기 마지막 부분 : ______________________________

____

____

____

____

가정 통신 샘플

학부모님께,

댁의 자녀 _______________를 통해 과제 시트를 매일 보내고 있습니다. 여기에는 집에서 완성해야 할 과제와 제출 마감 일자에 대한 내용이 들어있습니다.

과제 시트를 매일 점검하여 학생이 숙제하는 것을 모니터 하시길 바랍니다. 과제를 모두 마치면 서명한 후 이를 학생을 통해 학교에 보내주시길 바랍니다. 협조해주셔서 감사합니다.

노트 필기 요령

- 개요 양식
  (예 : 누가, 무엇을 어디서, 언제, 어떻게, 왜)
- 지도 양식
  (예 : 누가, 무엇을 어디서, 언제, 어떻게, 왜)
- 이중 칼럼 양식
  (예 : 누가, 무엇을 어디서, 언제, 어떻게, 왜)
- 과제 양식
  (예 : 무엇을, 어떻게, 자료, 언제)
- 과제 시트
- 2-주간 프로젝트 개요

흔히 사용하는 학업과제 조정방법

- 한 페이지에 나오는 문제의 수를 줄인다(예 : 페이지 당 5 문제; 페이지 당 5문제 있는 과제를 하루에 5페이지를 완성한다).
- 학생이 읽어야 할 주요 단어, 구 혹은 문장에 중요표시를 한다.
- 연습문제집이나 교과서에 불안감을 갖는 학생에게는 한 장씩 떼어낸 것을 준다.
- 읽기 자료의 개요를 학생의 수준에 맞게 준비해주고 주요 개념을 강조한다.
- 자료를 녹음하여 학생이 읽을 때 함께 듣도록 한다.
- 학생에게 테스트나 퀴즈를 소리 내어 읽어준다.
- 학생에게 테스트나 퀴즈를 녹음해 준다.
- 밝은 색종이로 만든 읽기 창을 사용하여 과제에 대한 집중력을 유지한다.
- 밝은 색종이로 만든 읽기 창을 문장이나 패러그래프 위에 놓고 읽음으로써 집중력을 유지한다.
- 학생에게 교육용 조작물을 주고 수학문제를 풀 때 사용하게 한다.
- 문제 용지에서 문제를 재배치해준다(예 : 너무 몰려 있으면 문제 사이에 간격을 넓혀준다).
- 수학 문제, 필체, 등은 그래프용지를 사용한다.
- 학생의 읽기 수준에 맞게 지침을 다시 쓴다.
- 지침을 녹음한다.
- 또래들로 하여금 지침이나 설명을 하게 한다.
- 테스트나 퀴즈를 할 때 시간을 더 준다.

행동문제 예방하기

- 강화장치를 확인한다.
- 학업 능력 수준을 확인한다.
- 사회적 상호작용 기술을 확인한다.
- 과제에 대한 집중력을 확인한다.
- 그룹 행동을 확인한다.
- 기다려야 하는 상황, 과제의 길이, 과제의 난이도 등과 같은 부적절한 행동의 결정 요소를 모니터하고 제한한다.
- 자리를 배정할 때 행동 경향을 고려한다.
- 그룹 참여를 결정할 때 행동 경향을 고려한다.
- 선생은 교실에서 계속해 움직이도록 한다.
- 선생과 학생과의 접촉을 유지한다 : 시각적, 언어적 및 신체적
- 기대치에 대한 기준점은 행동과 실행능력 관찰 결과에 둔다.
- 모양 만들기, 약화시키기, 흉내 내기 기법을 이용하여 점진적인 행동변화를 유도한다.
- 다양한 강화장치를 사용한다.
- 일정을 짤 때 Premack Principle을 이용한다(예 : 더 탐나는 과제를 이용하여 덜 탐나는 과제를 마치게 한다).
- 교과과정을 강화장치로 이용한다.
- 규칙, 득점 카드, 일일 활동 일정 등을 차이식별 자극(discriminative stimuli)로 사용한다.
- 계약을 이용하여 기대 행위를 조건으로 지정하고 강화장치를 식별한다.
- 좌석 배치는 선생과 모든 학생들이 서로 시야를 확보할 수 있도록 하여 선생이 전 학급을 둘러볼 수 있게 한다.
- 활동 일정표에 빈칸이 있으면 안 된다.
- 긍정적이고 단호한 언어를 사용해야 하며 품위를 떨어뜨리게 하거나 모욕적이거나 괴롭히는 말은 하면 안 된다.
- 어떤 형태의 분쟁이라도 일단 발생하면 초기에 개입한다.
- 개입하지 않는다는 핑계로 행동을 무시하면 안 된다.
- 학생의 문제를 해결하기 위해 학업을 일시로 중단한다.
- 악영향이나 재산 파괴나 다른 사람들에 대한 위협을 예방하기 위해 학생을 이동시킨다.
- 다른 교사들과 의논을 하고 협력한다.
- 학생이 어른들로 하여금 서로 다투게 하는 일을 예방하기 위해 가정 통신을 이용한다.

강화장치 조사서

성명 : ______________________ 연령 : ________ 일자 : ______________

1. 방과 후 내가 하기를 좋아하는 것들은______________________________

____

2. 나한테 만원이 있다면 사용하고 싶은 것들은______________________

____

3. 내가 좋아하는 TV 프로는______________________________________

____

4. 내가 학교에서 좋아하는 게임은___________________________________

____

5. 가장 친한 친구는____

____

6. 낮에 내가 좋아하는 시간대는_____________________________________

____

7. 내가 좋아하는 장난감은____

____

8. 내가 좋아하는 CD는____

____

9. 내가 학교에서 좋아하는 과목은___________________________________

____

10. 내가 좋아하는 책 내용은______________________________

11. 시내에서 내가 잘 가는 곳은______________________________

12. 내가 좋아하는 음식은______________________________

13. 내가 좋아하는 실내 활동은______________________________

14. 내가 좋아하는 야외 활동은______________________________

15. 나의 취미는______________________________

16. 내가 좋아하는 동물은______________________________

17. 내가 가장 하기를 원하는 것 3가지는______________________________

이 조사는 개인 혹은 그룹을 대상으로 하여도 되며, 둔서나 달로 하여도 무방하다.

초등학교 연령의 학생들에게 적용되는 강화장치 목록

1. 라디오 듣기	27. 타코
2. 자유 시간	28. 햄버거와 감자 튀김
3. 좋아하는 TV 프로그램 보기	29. 피자
4. 가장 친한 친구와 이야기하기	30. 돈
5. 좋아하는 테이프, CD 듣기	31. 트레이드 카드(스포츠, 매직, 등)
6. 책 읽기	32. 파티
7. 캔디	33. 선생 도우미
8. 스포츠 : 야구, 킥볼, 축구, 하키	34. 실지 견학
9. 자전거 타기	35. 날씨 좋을 때 밖에서 점심 먹기
10. 친구와 재미있는 놀이하기	36. 휴식
11. 동물원 가기	37. 금주의 학생
12. 비행기나 자동차 모형 만들기	38. 우등생 명단
13. 아케이드에 가서 비디오 게임하기	39. 소다음료수 사기
14. 캠핑 가기	40. 퍼즐 풀기
15. 애완동물과 놀기	41. 칠판에 글쓰기
16. 패스트푸드 식당에 가기	42. 껌 볼 기계
17. 팝콘	43. 경주용차
18. 영화구경 가기	44. 색상 마커를 사용하기
19. 체육관에서 놀기	45. 롤러 스케이팅
20. 밖에서 놀기	46. 인형극
21. 교실 청소하기	47. 물 미끄럼타기
22. 꼭두각시 갖고 놀기	48. 스티커
23. 인형과 인형 집을 갖고 놀기	49. 연필
24. 아이스크림	50. 컴퓨터 사용하기
25. 과자	51. 모형 비행기 날리기
26. 식품점에 쇼핑가기	52. 교장 선생님 방문하기

중등학교 학생들에게 적용되는 강화장치 목록

1. 자유 시간
   - 아무 것도 안 하기
   - 잡지 읽기(집에서나 도서관에서)
   - 신문 읽기
   - 편지 쓰기(록 스타, 좋아하는 작가, 정치인, 보호 관찰관, 친구)
   - 또래 개인교사하기(자기 학급 학생 혹은 다른 사람)
   - CD나 테이프 듣기(집, 학교, 도서관)
   - 도서관 가시
   - 취미활동하기
   - 영화 보기
   - 그리기, 스케치, 창작하기
2. 교사 도우미하기(시간에 관계없이)
3. 교장 도우미하기(시간에 관계없이)
4. 야외 수업하기
5. 현장 실습
6. 영화관에 가기
7. 음료수
8. 스포츠 활동으로 오후 시간 보내기(스포츠 하기나 스포츠 구경하기)
9. 게임하기(빙고, 카드, 보드 게임)
10. 카메라 사용하기(사진 찍고 현상하기)
11. 트리비아 게임하기
12. 학교 안 가는 날
13. 코치 도우미(시간의 길이에 관계없이)
14. 피크닉 점심
15. 심부름하기
16. 흥미가 닮은 분야에서 오래 놀기(쇼핑, 미술, 체육)
17. 사무실 업무하기(복사기 사용, 사무실 심부름하기)
18. 도서관 도우미(시간의 길이에 관계없이)
19. 관리인 도우미(시간의 길이에 관계없이)
20. TV 보기
21. 모형 비행기나 모형 자동차 벌기
22. 컴퓨터 사용하기
23. 스포츠 활동에 참여하기
24. 음식이나 간식 쿠폰
25. 스티커

강화장치 메뉴

강화장치 메뉴

강화장치	필요한 점수
메시지 전달하기	15
애완동물 먹이주기	20
쓰레기통 치우기	20
자료 배포하기	20
또래 개인교사하기	25
줄반장하기	25
컴퓨터 사용하기	25
진흙으로 만들기	30
색상 마커 사용하기	30
색상 분필 사용하기	30
시청각 장비 다루기	30
보드 게임하기	35

학급 강화장치 메뉴

강화장치	필요한 점수
테이프 노래	15
야외에서 점심식사하기	20
학급 방문객	25
연기하기	25
영화보기	30
편지 쓰고 붙이기	30
현장실습	30
학급 사진 찍기	30
어른들과 점심식사하기	30
팝콘	35

강화장치 메뉴는 학생들이 강화장치 조사서에 응답한 자료를 바탕으로 작성한 것이다.

득점 카드

이름 : ________________________________

시간	요일				
	월	화	수	목	금
08:00 - 08:50					
09:00 - 09:50					
10:00 - 10:50					
11:00 - 11:20					
11:30 - 12:20					
12:30 - 01:20					
01:30 - 02:20					
02:30 - 03:20					

이는 중등학교 수준의 학생들을 위한 득점 카드로서 특수 혹은 정규 교육 학급에서 사용하여도 된다. 교사는 학생이 교실에서 적절한 행동을 보이면 점수를 배정하거나 점검표시하거나 사인을 한다. 이러한 점수는 학급 규칙, 기대 행동, 학생과 맺은 계약 등에 따라 상대적이다. 3x5 인치 인덱스카드는 윗주머니에 들어갈 정도로 작으며 수치감 때문에 자신의 행동 지원 프로그램을 비공개로 원하는 학생의 입장에도 맞는 것 같다.

득점 기록부

학업적 점수

월요일

화요일

수요일

목요일

금요일

사회적 점수

월요일

화요일

수요일

목요일

금요일

이 득점 기록부는 평가기준을 충족시키면서 완성한 각 과제에 대한 학업적 점수(상부)와 교실 및 교실 주변에서 보인 적절한 행동에 대한 사회적 점수(하부)를 기록하는 양식이다. 이 득점 기록부는 학교 규칙을 지키는 것에 대한 점수를 매기기 위한 것으로 학생이 늘 갖고 다녀야 한다.

학교 환경 규칙

일반적인 사회적 규칙...

- 조용히 한다.
- 자리를 떠나지 않는다.
- 배정된 과제를 한다.
- 손을 든다.

복도 규칙...

- 복도에서는 뛰지 않는다.
- 줄서서 간다.
- 우측통행이다.
- 조용히 걷는다.

카피테리어 규칙...

- 줄에서는 조용히 한다.
- 테이블로 향해 갈 때에 뛰면 안 된다.
- 조용히 말한다.
- 자리에서 떠나면 안 된다.

옥외 규칙...

- 활동에 참여한다.
- 차례를 기다린다.
- 친절히 대한다.
- 때가 되면 줄 선다.

학업적 규칙

- 과제 하나를 마친다.
- 평가기준을 충족시켜 5점을 번다.

옥외 규칙을 제외하고는 이러한 규칙은 전 학년에 적용되며 일반적인 행동 기대치를 위해 공립학교에서 사용되어 왔다.

학생 상담 보고서

학생 성명 : ____________________ 학년 : __________ 일자 : ______________

학교 요원의 성명과 직책 : ____

____

상담 발의 :

정기 상담 ☐ 교사 발의 ☐ 기타 요원 발의 ☐

학생 발의 ☐ 부모 발의 ☐

~~~~~~~~~~~~~~

상담 목적 :

정보 공유 ☐ 진전 상황 검토 ☐ 문제 식별 ☐ 기타 ☐

~~~~~~~~~~~~~~

상담 요약(상담 내용 사본 첨부):

____

____

____

____

상담 후 기대 사항 :

____

____

____

상담 참여자 서명 :

____

____

____

학생 상담 보고서는 문제, 관심사, 진전 상황 등의 식별을 위해 학생과 상담한 내용 기록하는 데에 사용된다.

가정 통신 양식

학생 성명 : ____________________ 학년 : __________ 일자 : ________________

교사 성명 및 담임 반 : ____

학부모 : ____

기타 학교 요원 : ____

상담 유형 :

학부모 학교 방문 □ 교사 가정 방문 □ 학교 외 장소 □

편지 □ 메모 □ 전화 □ 기타 □

~~~~~~~~~~~~~~~~~~

상담 발의 :

학교 일정에 의한 상담 □ 교사 발의 □ 학브모 발의 □ 기타 □

상담 목적:

정보 공유 □ 진전 상황 검토 □ 문제 식별 □ 기타 □

~~~~~~~~~~~~~~~

상담 요약(상담 내용 사본 첨부) :

____

____

____

상담 후 기대 사항 :

____

____

____

상담 참여자 서명 :

____

____

가정 통신 양식은 학부모와 직접, 혹은 전화, 혹은 편지나 메모로 상담한 내용을 기록하는 양식이다.

일일 활동 시간표

일일 활동 시간표

성명 :

	#1	#2	#3	#4	#5	#6	#7	#8	#9	#10
월요일										
화요일										
수요일										
목요일										
금요일										

일일 활동 시간표

성명 :

	#1	#2	#3	#4	#5	#6	#7	#8	#9	#10
화요일										

모든 학생의 개인적인 일일 활동 시간표는 당사자를 위해 개발되었으며 해당 주에 한꺼번에 혹은 하루에 한 번씩 학생의 책상에 붙어둔다. 본 시간표는 당일에 학생에게 배정된 활동이나 과제를 식별하며, 이 시간표는 교사에 의해 하루에 한 번씩 제공된다. 학생들은 시간표를 받으면 다음에 해야 할 일을 잘 이해하게 되며 학생들이 이미 시간표를 갖고 있기 때문에 교사는 자주 방해 받지 않게 되는 이점이 있다.

HB 브레인 연구소

두뇌와 학습 관련 평가 및 솔루션 시스템(BLESS) 소개

(Brain Learning Evaluation Solution System)

www.braintrainingcenter.co.kr, www.hbrd.co.kr

E-mail : hbtest@hbrd.co.kr

Tel) 02-569-7308, fax) 02-421-1275

평가(ASSESSMENT)

학습관련 기능을 이해 → 학습 정보처리 과정 (포괄적 선별) 평가

개인별 학습 선호 방식 및 사고 특성을 이해 → 신경학적 지배성 유형 평가 / 두뇌 사고 유형 평가

	학습과 관련된 두뇌기능 평가 (보조적으로 12영역 진단 평가 제공)	학습 선호 유형 평가	진로 적성 평가
솔루션 Ⅰ. (평가 프로그램)	1) 결과표 및 간략한 설명 제공 (학생용) 2) 교사 및 카운셀러용 결과 제공 ① 결과에 따른 위험군 학생에 대한 도움말, 대처방식 매뉴얼 제공(Online 방식) ② 책자 제공 (Offline 방식)	개인별 유형, 특징, 도움말 제공	두뇌우성, 현재 사용하고 있는 두뇌, 내향성/외향성, 정서상태 평가 및 도움말 제공.
	※ 평가항목 입력기능(감각입력:시각, 청각, 운동지각)→ 감각프로세싱→ 정서기능(변연계) → 대뇌피질프로세싱→ 실행기능(전두엽) → 출력기능, 난독경향, 부적응현상	좌/우 두뇌와 학습 관련 좌/우 눈, 귀, 손, 발의 지배성 간의 협응기능을 평가 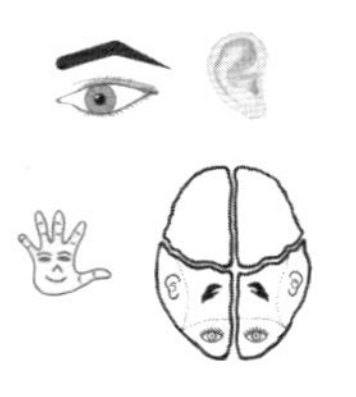	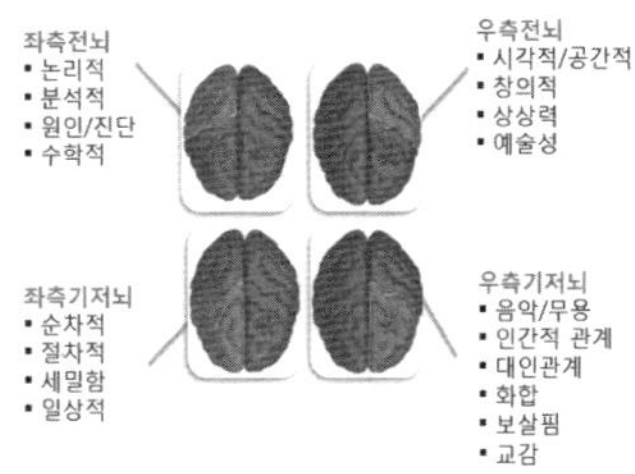 • 외향성 15% • 내향성 외향성 균형 70% • 내향성 15% • 정서 - 스트레스
솔루션 Ⅱ	위험군 정밀검사 → 두뇌 훈련 적용 대상 가능 학생에 대한 평가. 평가 내용 : 읽기 분석, 눈운동 검사, 청취력 검사, 감각운동통합능력 평가	결과에 대한 카운셀링	결과에 대한 카운셀링

구분	프로그램	설명
솔루션 Ⅲ. (두뇌 훈련 프로그램)	 읽기분석기(ReadAlyzer)	양눈의 정확히 반응하는 가에 대한 협응 정도와 읽기의 속도, 정확도 등을 평가해주는 측정도구.
	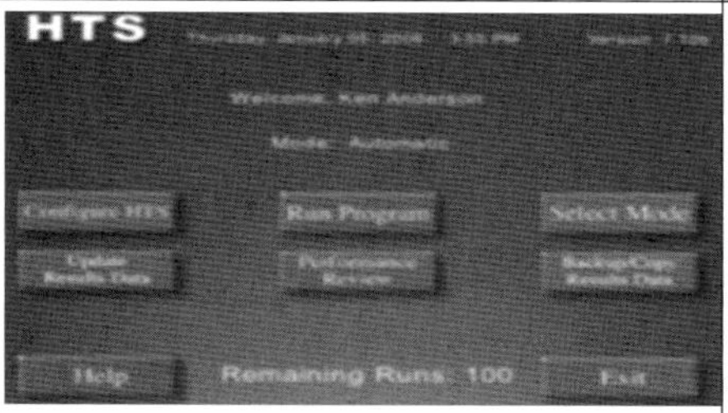 시지각 훈련 프로그램 (HTS, PVT,PTSII)	안구 근육의 운동으로 두뇌의 의사소통을 촉진, 시각적인 자극으로 인한 눈의 피로, 두통 등 시지각 문제로 나타날 수 있는 신체적 증상을 개선시키는 훈련 프로그램
	 청지각 훈련 프로그램 (LiFT: Listening Fitness Training Program)	음악을 들을 때 나오는 소리의 주파수를 사용하여 Listening 기술들을 향상시키기 위한 훈련 프로그램. 특수하게 만들어진 음성훈련 도구를 이용하여 무작위적으로 들리는 좌우 소리의 변화, 소리의 특정 주파수 제거 듣기 훈련 등으로 청각적 음성 처리 능력을 훈련하는 프로그램.
	 감각운동 통합 훈련 프로그램 (IM : Interactive Metronome Program)	타이밍과 리듬을 이용한 운동 정보 처리, 계획성, 순차적 처리 기능, 집중력을 지속적으로 개선시켜 주는 훈련 프로그램.
솔루션 Ⅳ. (연수 프로그램)	1. 담임교사가 담당학생의 두뇌 평가에 대한 개인별 특성을 이해하고 대처하는데 대한 지식을 제공(Online 원격연수) 2. 학교 내에서 두뇌와 학습에 대한 보다 심층적 지도를 할 수 있는 리더 양성(Offline 집체 연수) 3. 진로적성 담당교사 연수 및 라이프 코칭 전문가 교육(진로 적성 평가) 4. 교원 및 학부모 연수프로그램 운영(Online 원격연수 및 Offline 집체 연수)	

교재구입, 전문가 과정, 평가 및 훈련 프로그램 등에 관한 자세한 안내와 정보를 원하시면 아래로 연락주시면 안내해 드리겠습니다.

www.braintrainingcenter.co.kr, www.hbrd.co.kr
btsa@hbclinic.co.kr Tel) 02-569-7308, fax) 02-557-7301

이럴 땐 이렇게! 상황별 학습지도 길라잡이(하)

편집자 : Samm N. House
편저자 : 박형배
펴낸곳 : 하이퍼포먼스브레인연구소 (HPBI)

초판발행일 : 12월 20일

주소 : 서울시 송파구 잠실동 175-6, 잠실J타워 5층
전화 : 02-569-7308
팩스 : 02-557-7301
http://www.braintrainingcenter.co.kr/

편집 인쇄 : 행림미디어
전화 : 02-790-1180

ISBN 978-89-967932-2-9 12370

값 20,000원

잘못 만들어진 책은 교환해 드립니다.